Interpretationen
Unterrichtsmodell

EINFACH RELIGION

Der Besessene von Gerasa

Mk 5, 1–20

Erarbeitet von
Volker Garske und Ulrike Gers

Herausgegeben von
Volker Garske und Hermann-Josef Vogt

10. – 13. Schuljahr

Schöningh

Bildnachweis
63: Entnommen aus: Willibald Bösen, Der letzte Tag des Jesus von Nazaret. Illustration (im Hintergrund) von Klaus-Peter Hüsch, S. 337, © Verlag Herder, Freiburg im Breisgau, 1999 – **82:** The Munch Museum/The Munch Ellingsen Group/VG Bild-Kunst, Bonn 2007 – **112f.:** © Herbert Falken

www.schoeningh-schulbuch.de
Schöningh Verlag, Jühenplatz 1–3, 33098 Paderborn

Druck 5 4 3 2 1 / Jahr 2012 11 10 09 08
Die letzte Zahl bezeichnet das Jahr dieses Druckes.

Umschlaggestaltung: Peter Wypior
Umschlagmotiv: Szene aus dem Film „Requiem“ mit Sandra Hüller
(BRD 2005, Regie: Hans-Christian Schmid), © X-Verleih/Cinetext
Druck und Bindung: AZ Druck und Datentechnik GmbH/Kempten (Allgäu)

ISBN 978-3-14-053600-4

Der Besessene von Gerasa (Mk 5, 1–20)

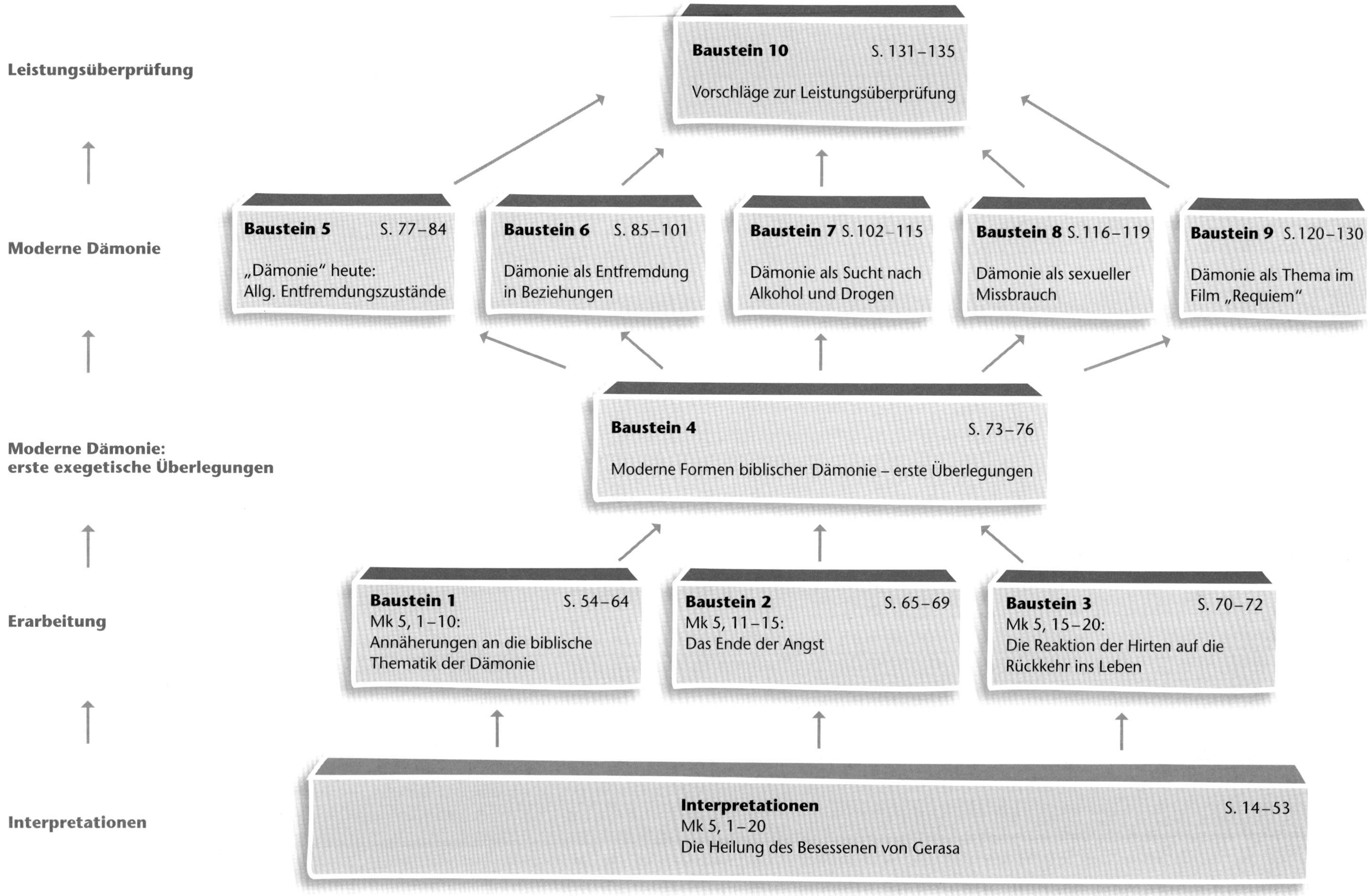

Inhaltsverzeichnis

Kompetenzen

- didaktisches und exegetisches Problembewusstsein entwickeln
- den aktuellen historisch-kritischen exegetischen Forschungsstand bedenken und akzeptieren lernen
- den tiefenpsychologischen exegetischen Schwerpunkt erfassen, würdigen und sich durch ihn angesprochen fühlen
- die Aktualität von Mk 5, 1–20 realisieren

Methoden

- historisch-kritische Exegese
- tiefenpsychologische Exegese
- literaturwissenschaftliche Analyse der Erzählelemente

Kompetenzen

- fiktionale Literatur mittels handlungs- und produktionsorientierter Arbeitsaufträge deuten
- die Deutungen mit der biblischen Erzählung formal und inhaltlich vergleichen
- dabei die modernen Bezüge der biblischen Thematik realisieren und ihre Aktualität feststellen
- von den recherchierten Kooperationsmöglichkeiten des RU mit anderen Fächern angesprochen und überzeugt sein

Methoden

- kognitive sowie handlungs- und produktionsorientierte Methoden der Analyse fiktionaler Texte
- Kurzreferate im Rahmen von fächerverbindendem bzw. -übergreifendem Unterricht

Themen

- Beschreibung und Problematisierung von unterschiedlichen Facetten der Alkohol- und Drogensucht in der Popmusik, in einem Chanson, in der Presse und in einer Kurzgeschichte

Medien

Kompetenzen

- Alkohol- und Drogengenuss als moderne Formen der Dämonie erläutern und akzeptieren
- sich das Leben von Süchtigen vorstellen und beschreiben
- Ursachen und Folgen von Süchten benennen
- mittels kreativer Mal- und Schreibaufträge Bilder und Texte sinnvoll komplettieren und für die Originale sensibel werden
- moderne Kunstwerke mit der biblischen Erzählung vergleichen

Kompetenzen

- die zentralen Problemkreise des Filmes verstehen
- exemplarische Sequenzanalysen vornehmen, dazu Beobachtungen zur Filmtechnik und zum Inhalt anstellen und Hypothesen zur Filmdeutung bilden
- die Intertextualität (Bezüge zu Kirchenliedern, zur Rockmusik) erkunden und in den Szenenkontext einordnen
- die katholische Sozialisation der Hauptfigur kritisch hinterfragen und einen Zusammenhang zwischen der Erziehung und den Anfällen herstellen
- Einfühlungsvermögen für die unterschiedlichen Rollen entwickeln und die Charaktere differenziert beurteilen
- die These von personal zu denkenden Dämonen vor dem Hintergrund der exegetischen Arbeitsergebnisse zu Mk 5, 1 – 20 prüfen und konsequent verwerfen
- begründet Handlungsalternativen konzipieren

Methoden

- Film- bzw. Sequenzanalysen mit kognitiv und kreativ ausgerichteten Leitfragen

Themen

- die krank machende oder heilende Begegnung mit Menschen
- Aktualisierungen der biblischen Besessenheitsthematik: Isolation, soziale Entfremdung, Alkoholismus, Drogen
- Ausblick auf die Theologie der Befreiung

Medien

Film: Dieter Bartel. Die Hölle auf Erden. Ein Paderborner Theologe in Brasilien

Kompetenzen

Den in der Reihe erworbenen Wissensstand überprüfen und richtig einschätzen,

- indem man sich heilender oder krank machender Beziehungen bewusst wird;
- indem man diverse Formen moderner Dämonie wiedererkennt und erläutert;
- indem man die soziale Problematik von Mk 5, 1 – 20 auf den Lebenskontext brasilianischer Straßenkinder überträgt.

Methoden

- Gedicht-, Lied- und Filmanalyse mit kognitiv ausgerichteten Leitfragen
- historisch-kritische und tiefenpsychologische Exegese

Vorwort

Der vorliegende Band eröffnet eine Reihe von Unterrichtsmodellen, die von Lehrerinnen und Lehrern erprobt wurden und an den Bedürfnissen der Schulpraxis in den Sekundarstufen orientiert sind.

Zunächst werden zu den verhandelten theologischen Aspekten, die den Anforderungen von Richtlinien und Lehrplänen verschiedener Bundesländer für den katholischen Religionsunterricht sowie der aktuellen Religionsdidaktik Rechnung tragen, ausführliche Sachanalysen angeboten, die den Kolleginnen und Kollegen den souveränen Umgang mit den Inhalten ermöglichen. Die Analysen spiegeln den aktuellen Forschungsstand zum jeweiligen Schwerpunkt.

Vor dem Hintergrund dieser Sachinformationen werden dann Unterrichtsbausteine empfohlen, die ihrerseits eine Analyse der eingesetzten Medien und einen methodischen Kommentar zur Lernorganisation beinhalten. Kopierfähige Arbeitsblätter berücksichtigen handlungsorientierte Methoden ebenso wie eher traditionelle Verfahren der Erarbeitung. Beispiele zur Leistungsüberprüfung, denkbare Tafelbilder, Projektvorschläge und Kooperationsmöglichkeiten mit anderen Fächern wie Deutsch, Englisch, Kunst, Musik, Pädagogik ergänzen das Angebot. Das Bausteinprinzip ermöglicht die problemlose und variable Konzeption von Unterrichtsreihen mit verschiedenen Schwerpunktsetzungen.

Diese Bausteine widmen sich im vorliegenden, für die 10.–13. Klasse konzipierten Heft „Der Besessene von Gerasa (Mk 5, 1–20)" zunächst dem biblischen Text selbst, bevor vertiefende Transferübungen die Schüler für moderne Formen des Dämonieverständnisses sensibilisieren sollen. Die in den Bausteinen eingesetzten Medien (Sachtexte, fiktionale Texte, Bilder, Film, Popmusik) werden analysiert und ihr Einsatz methodisch kommentiert.

Das Thema des ersten Bandes steht als Pars pro toto für das Ziel der Reihe „EinFach Religion", den biblischen Erzählungen einen besonderen Raum zu geben. In dem bemerkenswerten Artikel unter dem Titel „Können wir noch lesen?" (in: „Die Zeit" vom 18. 08. 1995) wies der Literaturwissenschaftler Albrecht Schöne auf eine schleichende Kulturrevolution hin. Schöne beobachtete unter seinen Studenten eine „nahezu vollständige Unkenntnis auch nur der Titel biblischer Schriften". Er plädierte daher für eine intensivere Lektüre der Bibel in der Germanistik als unerlässliche Voraussetzung der Interpretation überkommener Kunstwerke.

„EinFach Religion" möchte diesem Problem insofern entgegenwirken, als die biblischen Erzählungen mit ihrem oft überraschenden Aktualitätsbezug einen wichtigen Schwerpunkt innerhalb der Schriftenreihe bilden. Die Interpretationen orientieren sich stets am aktuellen Forschungsstand, die methodischen Zugänge entsprechen modernen Didaktiken – Voraussetzungen und Garanten zugleich für eine spannende, zeitgemäße Lesereise also.

„EinFach Religion" möchte zudem Arbeiten vorstellen, die der Religionsdidaktik neue Impulse verleihen können. So sollen auch junge Nachwuchskräfte eine Chance zur Veröffentlichung erhalten, die in besonders kreativer und wissenschaflich reflektierter Weise in Studium, Referendariat und ersten Berufsjahren motivierende Perspektiven entworfen und erprobt haben.

Herausgeber und Autoren stehen für eine humane religiöse Bildung und Erziehung, die sich kritischer Fragen an Gesellschaft, Schule und Kirche nicht entziehen und Wert auf konfessionelle Kooperation und interreligiöse Offenheit legen.

Volker Garske

Dein Reich,
das ist der Streik
der seelisch ebenso wie körperlich
am Arbeitsplatz Zerbrochenen.

Dein Reich,
das ist zu kämpfen
um die Würde jedes Menschen.

Dein Reich,
das ist die Wahrheit,
die wir deutlich fühlen.

Darum: zerbrich das Lügenreich,
in welchem Menschen
über Menschen herrschen,
vereitle die Eitelkeit der Mächtigen,
nimm weg aus unseren Herzen
die angstgeduckte Fügsamkeit,
die falsche Anpassung,
den Untertanengeist des faulen,
kopfnickenden,
selbstverlorenen Gehorsams.

Aus: Eugen Drewermann, Das Vaterunser, Patmos Verlag, Düsseldorf 2003, S. 25, 28

1 Dämonie als Thema im RU. Schwierigkeiten und Chancen

1.1 Dämonen haben Konjunktur

Innerhalb weniger Monate feierten in den Jahren 2005 und 2006 zwei Kinofilme in Deutschland Premiere, deren Stoff auf den Tatsachen eines 30 Jahre zurückliegenden Ereignisses beruht. Am 1. Juli 1976 starb die erst 23-jährige Anneliese Michel aus Klingenberg am Ende einer langen Kette von „Teufelsaustreibungen" im Namen der Katholischen Kirche. Während dieses letzten von einem deutschen Bischof erlaubten „Großen Exorzismus" (so der offizielle Terminus) versuchten zwei katholische Priester in 67, auf Tonbändern dokumentierten Sitzungen eine aus ihrer Sicht besessene Frau vom Teufel zu befreien. Das Landgericht Aschaffenburg verurteilte die Exorzisten und die Eltern der jungen Studentin wegen unterlassener Hilfeleistung mit Todesfolge zu Gefängnisstrafen mit Bewährung. Das Gericht berief sich in seinem Urteil auf die medizinischen Gutachten, nach denen Anneliese Michel an einer Epilepsie, einer Psychose und einer Unterernährung wegen Nahrungsverweigerung litt.[1]

→ Baustein 9

„Dämonie" als aktuelles Thema in den Medien

Die Kinofilme „Der Exorzismus von Emily Rose" und „Requiem" griffen diesen Fall auf und sorg(t)en dafür, dass sich auch in den Köpfen unserer Schüler konkrete Bilderwelten mit Begriffen wie „Dämonen", „Teufel" und „Exorzisten" nachhaltig vernetz(t)en. Vielen von ihnen wird der kirchliche Kontext des Exorzismus auf der Kinoleinwand nicht neu gewesen sein, überschrieb die Bild-Zeitung doch bereits im Mai 2004 ein Titelblatt mit der reißerischen Headline „Exorzist soll Caroline Beil Geister austreiben". Je ein Foto der TV-Moderatorin und des Paters Gabriel Amorth, „Chef-Exorzist des Papstes" (so die Zeitung), ergänzten den Artikel. Und im Innenteil erfuhr der Leser: „Dämonen, weichet aus Caroline Geister-Beil! Ein Exorzist des Vatikan (sic!) soll die TV-Moderatorin entspuken".
Doch damit nicht genug der medialen Präsenz des Besessenheitsthemas: Immer wieder berichten deutsche Medien darüber, dass an der römisch-päpstlichen Hochschule „Regina apostolorum" den Klerikern eigene Kurse zur Einübung in den neuen „Großen Exorzismus" (1999) angeboten werden.[2] Die Politsendung „Monitor" (WDR) berichtete im Herbst 2005 über ein Treffen Benedikts XVI. mit italienischen Geistlichen, die er zur exorzistischen Tätigkeit ermutigte. Auch wenn der Vorsitzende der Deutschen Katholischen Bischofskonferenz, Kardinal Lehmann, deutlich auf Distanz zu den vom Vatikan geforderten und geförderten Exorzismen ging, indem er auf deren Alternativen von Medizin, Seelsorge und Liturgie verwies, so hinterlassen auch diese Fernsehbilder einen äußerst zwiespältigen Eindruck beim (jugendlichen) Zuschauer. Problematisch dabei ist nicht allein die Tatsache, dass die genannten Beispiele der Medien grundsätzlich eine diffuse öffentliche Vorstellung von Besessenheit prägen, sondern dass sie uns Lehrern eine schwere Hypothek im RU hinterlassen, da das Motiv der Dämonie im Rahmen der Reihen zu Wundergeschichten auch für uns Relevanz besitzt.

---

[1] Vgl. U. Niemann, Das Böse und die Psychiatrie. Zur Diskussion über Besessenheit und Exorzismus, in: Herder Korrespondenz 60 (2006) 3, 119–123

[2] Vgl. auch zum Folgenden U. Niemann, Das Böse, 119f. sowie Auf Teufel komm raus, in: Der Spiegel 2/2008, 64–68

Fragwürdige Bilder von Dämonie

Ergänzen wir den medialen Befund noch exemplarisch um die Fälle einer aktuellen „Mysteryserie“ aus dem Spätprogramm des Fernsehens (kabel eins), „Buffy – im Bann der Dämonen“, und bedenken wir, dass Jugendliche (nach unseren Erfahrungen besonders der SI) für spiritistische Sitzungen sensibel und für magische Themen der Heavy-Metal-Musik offen sind, dann ist das Fazit zur Konjunktur der Dämonie schnell gezogen. Noch bevor sich Schüler von der biblischen Sache der Besessenheit ein Bild machen können, dürfte sich in ihrem Bewusstsein folgendes Profil zur Dämonie gebildet haben, zu dem sie sich auf die je eine oder andere Weise verhalten müssen:
Erstens hat man – nach offizieller katholischer Lehre[1] – offensichtlich auch heute noch mit Dämonen zu rechnen. Sie gehören wie selbstverständlich zu unserer Kultur und bedrohen als personal gedachte Wesen den Menschen. Teufel, Dämonen oder Geister „ziehen“ auf gefährliche Weise den Menschen „in ihren Bann“. Obgleich die Dämonen auch selbstredend zu unserer Welt gehören, so sind zweitens die konkreten Fälle, über die in den Medien berichtet wird, eher selten, dafür aber umso „mysteriöser“ und spektakulärer. Ihrem „Spuk“ haftet etwas Gefährliches, durchaus Tödliches an, und weil das so ist, sind nur eigens dafür ausgebildete (kirchliche) Experten in der Lage, ihnen das Handwerk zu legen. Die deshalb erfolgenden Teufelsaustreibungen bestehen aus magischen Ritualen, die den Teufel oder die Geister als unsichtbare Personen ansprechen und beschwörend – die Bild-Zeitung kopiert die Imperative der Exorzisten – vertreiben sollen. Mit der Frage nach der persönlichen Beurteilung derartiger Befunde durch Jugendliche sind wir bei dem didaktischen Problemaufriss zur Dämonie.

1.2 Didaktische Schwierigkeiten

Mit zweierlei Reaktionen der Schüler auf die medial vermittelten Eigenschaften der Dämonie ist nun zu rechnen: Ein (u. E. größerer) Teil lehnt aufgrund des eigenen rational-aufgeklärten Weltbildes den Glauben an die Geistermacht ab, aus der Ablehnung sprechen nicht selten ironische Skepsis bis hin zum Spott. Ein sicher geringerer Teil dürfte jedoch z. B. ob der immer noch befragten Horoskope und der heimlichen Zauberpraktiken in der Jugendkultur mit dem Geisterglauben sympathisieren. Dieses in unserer Zeit mehr oder weniger offen herumspukende und mit offizieller kirchlicher Lehre unterstützte Weltbild stellt uns Religionslehrer vor große didaktische Probleme.

Das skizzierte maßgebende Verständnis von Dämonie und seine (ironisch kommentierte oder wohlwollende) Beurteilung durch Schüler erhärten sich nämlich sogleich, wenn im RU unbefangen eine Wundergeschichte wie die von der Heilung des Besessenen nach Mk 5, 1–20 gelesen wird. Die Erzählung scheint bei oberflächlicher Betrachtung zunächst alle Klischees zu bestätigen: Wie im Fall der Epileptikerin Anneliese Michel schreit auch hier ein offenbar psychotisch Besessener, wie dort beschwört auch im biblischen Text der Exorzist, ebenfalls ein Experte auf seinem Gebiet, emphatisch den Geist bzw. die Dämonen. Nicht ein Wort aus dem zitierten Zeitungsartikel konkurriert ernsthaft mit dem biblischen Vokabular. Ein wörtliches Verständnis der Erzählung lässt sich insgesamt problemlos in die zeitgenössische Darstellung der Dämonie integrieren, auch wenn im Fall der Anneliese Michel der (biblisch erwähnte) Erfolg ausblieb. Der Grund für diese leichte Adaption: „Das Neue Testament teilt, wie das Judentum, die Weltanschauung seiner Zeit, wonach überall auf Erden, in

wörtliches Textverständnis

[1] So lehrt der Katechismus der Katholischen Kirche: Heute wie in biblischer Zeit sind Dämonen und der Teufel als gefallene Engel „geistige“ und „personale Wesen“, denen die Sünde niemals vergeben werden kann. Die Personalisierung des Teufels wird wie folgt kommentiert: „Satan ist auf der Welt aus Hass gegen Gott und gegen dessen in Jesus Christus grundgelegtes Reich tätig. Sein Tun bringt schlimme geistige und mittelbar selbst physische Schäden über jeden Menschen und jede Gesellschaft. Und doch wird dieses sein Tun durch die göttliche Vorsehung zugelassen […].“ Ecclesia Catholica, Katechismus der Katholischen Kirche, Oldenbourg 1993, 131

der Luft und in der Unterwelt, Dämonen herrschen."[1] Verhängnisvoll ist nun, dass Schüler, die innerhalb konservativer kirchlicher Strukturen aufwachsen und folglich die antike Weltanschauung bedenkenlos übernehmen, an dem wörtlichen Verständnis der biblischen Exorzismen als einem Kriterium rechter Gläubigkeit festhalten.[2] Diese Hypothek wiegt schwer und es ist eine didaktische Herausforderung, dass „ein beträchtlicher Teil der Christenheit den Gottesglauben ohne die Überzeugung von einem persönlichen Teufel und von leibhaft herumspukenden Dämonen gefährdet sieht."[3] Der Religionslehrer sitzt hier gleichsam zwischen den Stühlen, denn die vom Vatikan vertretene und durch ein biblizistisches Verständnis von Mk 5, 1–20 bestätigte Dämonenlehre widerspricht – wie noch ausführlich zu belegen sein wird – dem aktuellen exegetischen Befund. Aber nur an diesem hat er sich zu orientieren, soll das Fach seine wissenschaftliche Seriosität nicht einbüßen. Und genau hier steckt der Teufel im Detail, und er sorgt bei nicht genauer exegetischer Differenzierung für Konfusion. Folgen wir Lehrer dem wissenschaftlichen Stand, müssen wir zunächst konstatieren, dass ausgerechnet die ntl. Besessenenheilungen einen historischen Kern besitzen.

Religionslehrer zwischen Biblizismus und Exegese

→ Kapitel 2

Nun könnten sich konservative Theologen und Schüler in ihrem Entwurf der Geisterwelt bestätigt fühlen, wenn der Religionslehrer – wie er es irgendwann machen *muss* – darauf verweist, dass die Erzählung Mk 5, 1–20 bei aller theologisch und christologisch motivierten dichterischen Ausschmückung in der Tat auf den historischen Jesus zurückgeht.[4] Im Unterschied nämlich zu den völlig unhistorischen und nachösterlich geprägten Epiphanien, Rettungs- und Geschenkwundern schreibt die historisch-kritische Exegese den Exorzismen und den Heilungs- und Normenwundern „einen Ursprung beim historischen Jesus"[5] zu.

Exorzismen haben einen Ursprung beim historischen Jesus

Diese exegetische Prämisse verkompliziert die Unterrichtsvorbereitung und -planung und dürfte bei ausbleibender Erläuterung für Gelächter unter den kritischen Schülern, aber für nachhaltiges Nicken bei der konservativen Fraktion sorgen. Beide Positionen, in Anlehnung an Eggers als auffällig unbeholfen im Umgang mit biblischer Poesie charakterisiert,[6] werden den exegetischen Deutungen von Mk 5, 1–20 nicht gerecht, wie eine breitere Sachanalyse belegen wird. Aber gerade die doppelte Absage – einmal an ein vordergründiges Fürwahrhalten der biblischen Ereignisse, dann aber auch an einen zu voreiligen „Aktenschluss" vom Standpunkt einer aufgeklärten Weltsicht aus, die von solcher Erzählung keinen Mehrwert, keinen Sinnüberschuss, keinen echten Gewinn für das eigene Leben erwartet – gerade diese zweifache Verneinung birgt in sich die Suche nach einem dritten, didaktische Chancen versprechenden Weg.

1.3 Perspektiven auf mögliche Chancen

Frage nach der Therapie Jesu

1. Die Exegese führt grundsätzlich die Heilung von Dämonie auf den historischen Jesus zurück. Wenn an der Tatsache, *dass* er geheilt hat, keine Zweifel bestehen, muss der Blick auf die Forschung für Lehrer und Schüler gleichermaßen deutlich machen, *inwieweit* er als Mensch in der Lage war, Besessene zu *heilen*. In kritischem Schülersinn gefragt: Wie hat man sich den Heilungsvorgang medizinisch zu erklären, wenn es sich dabei nicht um

---

1 E. Käsemann, Die Heilung der Besessenen. Neutestamentliche Gesichtspunkte zur Heilung der Krankheit unserer Zeit, in: Gelbe Beilage. Nachrichten aus der ärztlichen Mission (1988) H.1, 1–5, 1

2 Vgl. zu diesem Missverständnis von Wundergeschichten T. Eggers, Wenn das Wunder Schule macht. Ein Beitrag zur Bibeldidaktik und zum Religionsunterricht, Düsseldorf 1991, 30; vgl. V. Garske, „Er ging auf dem See" – Raumsymbolik in Bibel, Literatur und Popmusik. Analysen und didaktische Perspektiven für den Religionsunterricht in den Sekundarstufen, Essen 2005, 16ff.

3 E. Käsemann, Heilung, 1

4 Vgl. G. Theißen u. A. Merz, Der historische Jesus. Ein Lehrbuch, Göttingen [2]1997, 265f.

5 G. Theißen u. A. Merz, Der historische Jesus, 268

6 Vgl. V. Garske, See, 17; vgl. T. Eggers, Wenn das Wunder Schule macht, 29

einen magisch anmutenden Zaubertrick Jesu, eine göttliche Durchbrechung der Naturgesetze handeln soll?

2. Die Beantwortung der Frage kommt zwangsläufig um die Deutung des Krankheitsbildes nicht umhin. Wenn Jesus Besessene erfolgreich therapieren konnte, muss die Frage erlaubt sein, *wovon* er eigentlich die Menschen befreite. Was meint also der biblische Erzähler, wenn er von Besessenheit und Dämonen spricht?

Frage nach zugrunde liegenden Krankheitsbildern

3. Aufschlüsse in diesen Fragen führen zu Jesu Motivation und Zielperspektive: Was versprach er sich von diesen Heilungen, *warum* und *wozu* also sein Einsatz für eine Genesung dieser Art? Eine Diskussion über die Absichten Jesu lenkt auch den Blick auf die urgemeindlichen Deutungen, die sie dem historischen Jesus im Nachhinein anhefteten und durch zusätzliche dichterische Motive zum Ausdruck brachten. Mindestens in der gymnasialen Oberstufe wird man zwischen diesen urgemeindlichen und den ursprünglichen Interessen und Zielen Jesu zu unterscheiden haben.

Ziele der Heilung?

4. Allerdings darf eine derartige, in der Unterrichtsvorbereitung unerlässliche Differenzierung nicht in ein exegetisches Proseminar für Schüler übergehen, so als müsse das (leicht zu lernende und abzufragende) Strukturschema oder das urgemeindliche Interesse an dem Motiv einer Besessenenheilung in der Abiturprüfung gewusst, daneben aber der (hermeneutisch schwierigere) Dialog mit der gegenwärtigen Lebenserfahrung der Schüler ruhigen Gewissens beiseite geschoben werden. „Wundergeschichten sind Geschichten von der Wendung konkreter Not. Sie fragen uns: Inwiefern ist die in dieser Geschichte angesprochene Not auch deine Not?“[1] Mit der Korrelationsdidaktik argumentiert, wäre demnach die Erzählung Mk 5, 1–20 didaktisch obsolet, wenn sie und deren Auslegungen nicht zu Berührungspunkten mit den Sorgen und Nöten der Schülerwelt gelangten. Falls wir klären können, wie und wovon Jesus Besessene heilte, falls wir also die metaphorische Dimension hinter der Wörtlichkeit des Textes entschlüsseln können, dann muss sich konkret bewahrheiten, was die aktuelle Didaktik allgemein der Besessenenheilung nach Mk 5, 1–20 an Gewinnchancen unterstellt: Dass sie deshalb zu den zu favorisierenden Erzählungen im RU gehört, da insbesondere sie mit altersbedingten Problemlagen der Schüler korrespondiert und in ihrer Bildkraft zu den eingängigsten Wundergeschichten überhaupt zählt.[2] Der vorliegende Band unternimmt den Versuch, diese These zu verifizieren, die (lediglich) angedeutete Korrespondenz in Gänze vorzustellen und sie für eine altersgerechte methodische Erschließung in den Sekundarstufen fruchtbar zu machen.

→ Bausteine 4–10

Mk 5, 1–20 betrifft die Schülerwelt

5. Dieses Vorgehen liegt ganz auf einer Linie der aktuellen Bibeldidaktik Theißens, der für ein Bibelstudium in Schule und Universität einen Kanon der wichtigsten Textsorten, Gattungen und Grundmotive unter dem Stichwort „Elementarisierung“ vorsieht, welcher einen Grundbestand an biblischer Allgemeinbildung sichern soll. Der erst kürzlich von Halbfas veröffentlichte Bibelkommentar stellt für Theißen diesbezüglich einen beispielhaften Versuch der Konzentration auf repräsentative Erzählungen und Motive dar.[3] Eins der für das biblische Basiswissen unverzichtbaren ntl. Motive dort: die Dämonie.[4]

Mk 5, 1–20 ist eine repräsentative biblische Erzählung

---

1 R. Englert, „Das kann nicht wahr sein!“ Wundergeschichten, in: U. Baumann u.a. (Hg.), Religionsdidaktik. Praxishandbuch für die Sekundarstufe I und II, Berlin 2005, 194

2 Vgl. R. Englert, Wundergeschichten, 196; vgl. ebenso I. Baldermann, Einführung in die Bibel, Göttingen [4]1993, 132

3 Vgl. G. Theißen, Zur Bibel motivieren. Aufgaben, Inhalte und Methoden einer offenen Bibeldidaktik, Gütersloh 2003, 170

4 Vgl. H. Halbfas, Die Bibel. Erschlossen und kommentiert von Hubertus Halbfas, Düsseldorf 2001, 368f.

6. Den skizzierten Prinzipien der Korrelation und der Elementarisierung folgend, verspricht das vorliegende Heft eine letzte Gewinnchance für den RU zu eröffnen. Es ist, so stellt Eggers beispielhaft heraus, didaktisch unsinnig, die atl. Sage von Jakobs Kampf mit Gott (vgl. Gen 32, 23–33) theoretisch als Identifikationsmuster für das Leben der Schüler zwar zu begreifen und als formelhaftes Wissen zu lehren, gleichzeitig aber in der Struktur des RU dem langwierigen existenziellen Prozesscharakter des Glaubens nicht zu entsprechen. Die deshalb angemahnte „strukturelle Äquivalenz"[1] zwischen den biblischen Erzählungen und den Lernprozessen im RU muss auch für Mk 5, 1–20 gelten – und zwar für beide Parteien gleichermaßen. Es geht nicht nur am Prinzip der Korrelation vorbei, sondern trägt in der Tat „Mitschuld an religiösen Fehlentwicklungen und Deformationen"[2] von Schülern *und* Lehrern, wenn punktuell im Rahmen der Erzählung eines Exorzismus die heilende und befreiende Dimension der Reich-Gottes-Botschaft Jesu thematisiert wird, während die Dämonen (im übertragenen Sinn) im Klassen- und auch Lehrerzimmer über das Schuljahr nur so ein und aus gehen. Es wird nämlich in einem eigenen Kapitel noch zu zeigen sein, dass viele moderne Krankheitsbilder, die Mediziner und Psychologen sowohl bei den verhaltensauffälligen Schülern als auch bei den unter dem aktuellen Schulalltag der Sekundarstufen immens leidenden Kollegen erkennen, nahezu identisch sind mit jenen, die die Exegese der biblischen Dämonie zuschreibt. Wenn Theißen mit seiner (bibel-)didaktischen Position recht hat, dass „Lehrer und Schüler [...] gerade im Religionsunterricht vor denselben elementaren Fragen des Lebens stehen" und das „Elementare [...] nicht nur für Schüler, sondern auch für Lehrer lebensbedeutsam (ist)"[3], dann mutet es nur absurd an, wenn wir Religionslehrer – den schulpolitischen Anweisungen Folge leistend – permanent das Gefühl haben, einer ganzen Armee von oft widersprüchlichen Befehlen ausgesetzt und zum hektisch agierenden Befehlsempfänger degradiert zu sein. Gleichzeitig haben wir im Unterricht mit einem gequälten Lächeln auf den Lippen und aufgestauten Aggressionen im Bauch auf die wunderbar beruhigende Macht Jesu zu verweisen und Schüler für diese Botschaft zu begeistern. So soll dieses Heft nicht nur methodische Perspektiven eröffnen, sondern auch den Unterrichtenden zur biblisch motivierten Reflexion über das eigene (Schul-)Leben anregen. Damit soll gesagt sein: Wie vielleicht keine andere Wundergeschichte bringt Mk 5, 1–20 gemäß der gleich folgenden Analyse zwar versteckt, doch wissenschaftlich letztlich gut nachweisbar zentrale Konflikte des Schullebens zur Sprache – und sie deutet ihre Lösungen an.

→ Kapitel 3.5

Mk 5, 1–20 ist auch für die Welt der Lehrer bedeutsam

1.4 Hermeneutische Prämissen

Bleibt abschließend noch zu klären, mit welcher Interpretationsmethode wir den Text von Mk 5, 1–20 in der Unterrichtsvorbereitung erarbeiten wollen, um im Sinne der Prinzipien von Korrelation und Elementarisierung didaktische Gewinne anzuvisieren. Für eine voranzustellende Sachanalyse ist einerseits mit Berg grundsätzlich zu erwägen, „dass ein einziger Zugang den Reichtum der Erfahrungen und Zusagen, die ein Text in sich schließt, kaum ausschöpfen kann; darum ist es sinnvoll, ja notwendig, mehrere Ansätze miteinander zu verbinden."[4] Es werden daher sowohl synchrone als auch diachrone exegetische Arbeitsergebnisse berücksichtigt. Andererseits sollen im Anschluss an eine Analyse des Textes methodische Arbeitsformen gefunden werden, die einer „Hermeneutik der Identitätsfindung" (auch des Lehrers!) und einer „Didaktik der Korrelation" verpflichtet sind.[5] Das von Berg zur genaueren Eingrenzung des Methodenrepertoires bestimmte Kriterium der Erfahrungsrele-

[1] T. Eggers, Wenn das Wunder Schule macht, 23
[2] T. Eggers, Wenn das Wunder Schule macht, 23
[3] G. Theißen, Bibel, 128
[4] H.K. Berg, Ein Wort wie Feuer. Wege lebendiger Bibelauslegung, München 1991, 408
[5] Vgl. T. Eggers, Wenn das Wunder Schule macht, 34f.; vgl. R. Englert, Wundergeschichten, 195ff.

vanz wird dabei von Seiten der aktuellen Wundergeschichtendidaktik ebenfalls bemüht.[1] Es lenkt den Blick auf eine Analysemethode, die in der gegenwärtigen Religionsdidaktik immer stärker fokussiert wird, auf die Tiefenpsychologie, insbesondere die Eugen Drewermanns.

Schwerpunkt: Tiefenpsychologische Auslegung

Die Päpstliche Bibelkommission betont grundsätzlich, dass die „psychologischen und psychoanalytischen Forschungen zur Bereicherung der biblischen Exegese bei(tragen)." Und sie sieht die „Notwendigkeit gemeinsamer Bemühungen der Exegeten und Psychologen [...], so z. B. wenn es darum geht, [...] die bildliche Sprache der Bibel zu entschlüsseln, die metaphorische Tragweite der Wundererzählungen [...] zu bestimmen."[2] Für Drewermanns Ansatz spricht in meinem Arbeitsrahmen zum einen die Tatsache, dass er aufgrund seines überzeugenden Beitrages für einen korrelativen RU mittlerweile in den neuesten Oberstufenlehrwerken mit seinen Wundergeschichtendeutungen, nicht zuletzt zu Mk 5, 1–20, vertreten ist[3] und auch sonst gewinnbringend in der didaktischen und exegetischen Diskussion über den Einsatz von Wundergeschichten im RU eingebunden wird. „(Es) gelingt [...] Drewermann in beeindruckender Weise, dass sich die heutigen Adressaten der neutestamentlichen Wundergeschichten mit dem, was ihnen auf der Seele brennt, in den Texten wiederfinden und Hoffnung auf Heilung aus ihnen gewinnen können. [...] In solcher neuen Unmittelbarkeit, welche den ‚garstigen Graben' zwischen Text und Gegenwart überwindet, liegt die große Stärke tiefenpsychologischer Wunderauslegung."[4] Das Plädoyer für seinen Deutungsansatz leitet sich also aus dem Versuch ab, heutige und biblische Lebenserfahrungen konsequent aufeinander zu beziehen. Die theologischen, religionspädagogischen und -didaktischen Argumente für eine starke Berücksichtigung der Tiefenpsychologie, die sich für eine Erarbeitung von Mk 5, 1–20 im RU „in besonderer Weise"[5] anbietet, werden durch eine weitere Erklärung unterstützt.

Würdigung der Tiefenpsychologie

Schon immer hat sich die historisch-kritische Exegese an literaturwissenschaftlichen Prämissen zur Deutung biblischer Texte orientiert. Neu ist in diesem Zusammenhang (besonders in der atl. Forschung) die explizite Beobachtung und Auswertung des Zusammenspiels der Erzählelemente von Perspektive, Figuren, Zeit, Raum und Sprache.[6] Hinter einer Analyse der bei guten Schriftstellern stringent aufeinander bezogenen Erzählelemente steckt das Bemühen, biblische Texte konsequent „als literarische Kunstwerke"[7] zu verstehen. Die Interpreten unterstellen der biblischen Erzählung eine – durchaus durch mehrere redaktionelle Hände geformte – Kompositionstechnik, die die Erzählelemente aussagekräftig und ästhe-

---

1 Vgl. H.K. Berg, Feuer, 408; vgl. R. Englert, Wundergeschichten, 195

2 Päpstliche Bibelkommission, Die Interpretation der Bibel in der Kirche. Das Dokument der Päpstlichen Bibelkommission vom 23.4.1993 mit einer kommentierenden Einführung von Lothar Ruppert und einer Würdigung von Hans-Josef Klauck, Stuttgart 1995, 116f.

3 Vgl. E. Breit, Jesus der Nazarener (Reihe: G. Neumüller (Hg.), Im Dialog. Kurs Religion für die Sekundarstufe II. Band 2), München 1995, 72–75; vgl. G. Bubolz u. U. Tietz (Hg.), Jesus begegnen. Impulse aus dem Evangelium (Reihe: Akzente Religion 3), Düsseldorf 1999, 59–62

4 B. Kollmann, Wundergeschichten, 158f.; vgl. zu einer didaktischen Würdigung T. Eggers, Wenn das Wunder Schule macht, 28ff., und F. Albrecht, Blindheit und Lähmung. Heilungserzählungen als Schlüsseltexte für Erfahrungen von Kindern und Jugendlichen, Münster 1999, 107f., 148; vgl. schließlich die Wertschätzung Drewermanns von H.K. Berg, Methoden biblischer Texterschließung, in: G. Adam u. R. Lachmann (Hg.), Methodisches Kompendium für den Religionsunterricht 1. Basisband, Göttingen ^{4}2002, 163–186, 164; zur geforderten Kooperation der Religionspädagogik mit der Tiefenpsychologie, insbesondere mit E. Drewermanns Ansätzen, um Glaubenssymbole auf „relevante Lebensthemen hin zu entschlüsseln", vgl. N. Mette, Religionspädagogik, Düsseldorf ^{2}2000, 168; vgl. umfassend V. Garske, See, dort mit didaktischen und methodischen Überlegungen zu einer Begegnung von Tiefenpsychologie und Popmusik sowie Literatur im RU

5 E. Breit, Jesus, 73

6 Vgl. zu den folgenden Ausführungen den auch für Religionslehrer ohne literaturwissenschaftliche Vorkenntnisse sehr leicht zugänglichen Beitrag von F. Waldherr, Elemente erzählender Prosa, in: Deutsch betrifft uns (1990) H 5, 1f.; vgl. umfassender V. Garske, See, 25–29

7 S. Bar-Efrat, Wie die Bibel erzählt. Alttestamentliche Texte als literarische Kunstwerke verstehen, Gütersloh 2006; vgl. U. Utzschneider, Arbeitsbuch literaturwissenschaftliche Bibelauslegung. Eine Methodenlehre zur Exegese des Alten Testaments, Gütersloh 2001, besonders 150–187

Nähe von Tiefenpsychologie und Literaturwissenschaft

tisch anspruchsvoll vernetzt. Dieses Gefüge zu entflechten ist Aufgabe einer literaturwissenschaftlich (seriös) arbeitenden Interpretation. Nun lässt sich ausmachen, dass Tiefenpsychologie und Literaturwissenschaft in einem ganz bestimmten Punkt zusammenkommen, indem sie beide nämlich auf das Sinn gebende Wechselspiel von Figurenanlage und Raumsymbolik verweisen. Die Figuren sind „zentral für die Konstruktion eines epischen Textes“[1], da sie die Handlung in Gang setzen. Nicht nur muss bedacht sein, wie der (biblische) Dichter die Beziehungen der Figuren untereinander, also die Beziehungskonstellation gestaltet, vielmehr gilt besonderes Augenmerk den charakteristischen Merkmalen einer einzelnen Figur. Zur Unterstützung der Charakteristik dient dem Schriftsteller die Raumskizze. Der Raum, so lautet die literaturwissenschaftliche These, ist dabei stets „mehr als nur Schauplatz oder Kulisse der Handlung. Vielmehr ist es so, dass sich mit der Schilderung des Raumes eine inhaltliche Aussage verbindet. Dabei geht es dem Erzähler darum, zwischen der äußeren Welt und der *seelischen* Situation seiner Figuren Bezüge herzustellen.“[2] Nach dem Gesagten unterliegt die Landschaftsbeschreibung eines Dichters keineswegs dem Gesetz der Zufälligkeit, sondern sie muss im Zusammenspiel mit der Figurenpsyche gesehen werden. Wer also nach einem Transfer biblischer Erzählungen in die heutige Welt sucht, dem sollte klar sein, dass – allein literaturwissenschaftlich argumentiert – die Psyche der Figuren zur Deutung der Geschichte wesentlich beiträgt und damit die Frage der Korrelation v. a. eine Frage der Begegnung unserer seelischen Konflikte mit denen der biblischen Figuren darstellt. Eine Grundregel der tiefenpsychologischen Auslegung entspricht exakt dieser literaturwissenschaftlichen Prämisse zur Textanalyse: Die Raumsymbolik einer biblischen Erzählung spiegelt immer innere Kräfte und Zustände des Menschen.[3] „Gerasa“ ist demzufolge nicht zufällig Schauplatz einer Besessenenheilung. Wir werden in der jetzt folgenden Textanalyse (Kapitel 2) gezielt darauf zu achten haben, welche Verweiskraft die Ortsangaben von Mk 5, 1–20 bezüglich der psychischen Verfassung der Figuren haben. Hier liegt der Schlüssel zu einer stichhaltigen Korrelation zwischen biblischer und heutiger (Schul-)Welt (Kapitel 3.5) und begründeten Auswahl geeigneter methodischer Zugänge im RU.

bedeutsames Zusammenspiel von Figuren und Raum

→ Kapitel 2
→ Baustein 1

2 Die Heilung des Besessenen von Gerasa (Mk 5, 1–20). Eine Sachanalyse

2.1 Dämonen im antiken Weltbild

Wie oben bereits angemerkt, teilt die Zeit Jesu und des Neuen Testaments die antike Weltanschauung, wonach Dämonen als unsichtbare Wesen in der Welt zu Hause sind. In Krankheiten z. B. sind böse Geister am Werk, die man sich personal als Dämonen vorstellt. Für einen Griechen wie Homer war völlig klar, dass die Seele des Menschen derartigen unkontrollierbaren Mächten ausgeliefert sein konnte, „ganz gegen ihren Willen steige etwas in ihnen auf, – etwas Unheimliches, etwas Dämonisches, etwas Plötzliches, wie ein wildes Tier, das von ihnen Besitz ergreife“[4]. Das Motiv der Besessenheit dient den Griechen wie den Hebräern folglich „in einem dämonengläubigen Milieu der Erklärung psychopathischer Er-

„Dämonie“ dient als Konstrukt der Mitteilung und Erklärung psychopathischer Nöte

[1] F. Waldherr, Deutsch betrifft uns, 1
[2] F. Waldherr, Deutsch betrifft uns, 2, Kursivdruck V.G.; vgl. ganz analog E. Hermes, Abiturwissen Erzählende Prosa, Stuttgart 1985, 43–48
[3] Vgl. E. Drewermann, Tiefenpsychologie und Exegese. Band I: Die Wahrheit der Formen. Traum, Mythos, Märchen, Sage und Legende, Düsseldorf [6]2001, 376 f.
[4] E. Drewermann, Ein Mensch braucht mehr als nur Moral. Über Tugenden und Laster, Düsseldorf [2]2002, 78 f.

scheinungen und verhilft den Betroffenen zu einer Form, ihre Nöte zu artikulieren und ihrer Identität Ausdruck zu verleihen."[1] Die Dämonie ist demnach ein sozial erlerntes gedankliches Konstrukt, das es ihnen erlaubt, die erfahrene Bedrohung mutig so artikulieren zu dürfen, dass sie überhaupt erst einmal öffentlich wahrgenommen werden und sie ihren Protest gegen den Zustand des Bösen zum Ausdruck bringen können. Ihre Sprache ist dabei zutiefst mythisch geprägt.[2] Wie kam es zur Herausbildung dieses mythischen Konstrukts?

Spuren im AT: Urzeitmythen

Die Spuren führen zum Urzeitmythos vom Chaoskampf, wie er in der Genesis bei der Schöpfung geschildert wird. Die Chaosmächte von Sturm, Dunkelheit und Wasserkraft spielen hier von Anfang an den Part der Widersacher des Schöpfergottes. In diesen Rahmen der Urzeitmythen gehört auch die Erzählung vom Sündenfall der Engel (Gen 6, 1–4). Sie, die ihren himmlischen Wohnsitz widerspenstig verlassen haben, paaren sich, weiblicher Erotik verfallend, mit menschlichen Frauen, die ihrerseits nun zu Riesen mutierende Kinder gebären. Als sich diese Riesen im Streit erschlagen, fahren aus ihnen Dämonen aus, die fortan körperlos auf der Erde ihr Unwesen treiben.[3]

die Wahrheit des Mythos ist hochaktuell

Derartige Mythen haben ätiologische Funktion, d. h. Chaosmächte und Dämonen repräsentieren und erklären das Böse in der Welt, das sich zwar partiell immer wieder in Umweltkatastrophen, politischen Niederlagen und auch ganz persönlichen Anfeindungen wie Krankheiten ausdrücken kann, ohne aber abschließend über die von Gott gegebene Ordnung zu siegen. Dabei kann auch der Mensch zum Anwalt Gottes werden und sich in Gestalt des Exorzisten, Arztes, Propheten oder Königs an der Heilung einer von Widersachern bedrängten Welt beteiligen. Obgleich die mythischen Inhalte unserem aufgeklärten Weltverständnis auf den ersten Blick fremd erscheinen müssen, können die hinter den Bildern aufschimmernden Erfahrungen sehr wohl aktuell und interessant sein. So liegt die didaktische Herausforderung im Folgenden darin, das mythische, fiktionale Erzählmaterial zwar einerseits als *Dichtung* zu interpretieren, andererseits aber die *Wahrheit* der Erfahrungen der Menschen unter dem mythischen Sprachmantel sichtbar werden zu lassen, damit die Jesusüberlieferung ebenso wenig diskreditiert wird wie die exegetischen Forschungsergebnisse, die da unverrückbar lauten: „Dämonenaustreibungen gehören zu den am sichersten bezeugten Taten Jesu und stehen im Zentrum seines Wunderwirkens."[4]

2.2 Jenseits vom See – jenseits vom Chaos?!

→ Bausteine 1–3

Wie angekündigt, legt meine Auslegung gesteigerten Wert auf das Zusammenspiel von Figurencharakterisierung und Raumsymbolik mit dem Ziel einer Entschlüsselung des Motivs der Dämonie sowie des zugehörigen Heilungsvorganges. Daher folgt sie dem Text in der Übersetzung von F. Stier[5] (vgl. **Zusatzmaterial 1**, S. 22). Sein genauer Blick für die Raum- und Figurenfacetten im Original überzeugt sprachlich eher als die Herder-Einheitsübersetzung, die in den meisten Schulen verwendet werden dürfte. Die sich überwiegend an der Chronologie des Textes orientierende Analyse fällt um der Sache einer geflissentlichen Unterrichtsvorbereitung willen so breit wie nötig aus, bemüht sich jedoch an vielen Stellen um Forschungsergebnisse bündelnde Passagen.

[1] B. Kollmann, Wundergeschichten, 68; vgl. G. Theißen u. A. Merz, Der historische Jesus, 283
[2] Vgl. G. Theißen, Wundergeschichten, 248
[3] Vgl. B. Lang, Teufel, Satan, Dämonen, in: P. Eicher (Hg.), Neues Handbuch theologischer Grundbegriffe. Band 4, München 2005, 261
[4] B. Kollmann, Wundergeschichten, 68; vgl. G. Theißen u. A. Merz, Der historische Jesus, 256f.
[5] Vgl. E. Drewermann, Tiefenpsychologie und Exegese. Band II: Wunder, Vision, Weissagung, Apokalypse, Geschichte, Gleichnis, Düsseldorf [6]2001, 247

Mk 5, 1–20 gemäß der Einheitsübersetzung

[1]Sie kamen an das andere Ufer des Sees, in das Gebiet von Gerasa. [2]Als er aus dem Boot stieg, lief ihm ein Mann entgegen, der von einem unreinen Geist besessen war. Er kam von den Grabhöhlen, [3]in denen er lebte. Man konnte ihn nicht bändigen, nicht einmal mit Fesseln. [4]Schon oft hatte man ihn an Händen und Füßen gefesselt, aber er hatte die Ketten gesprengt und die Fesseln zerrissen; niemand konnte ihn bezwingen. [5]Bei Tag und Nacht schrie er unaufhörlich in den Grabhöhlen und auf den Bergen und schlug sich mit Steinen. [6]Als er Jesus von weitem sah, lief er zu ihm hin, warf sich vor ihm nieder [7]und schrie laut: Was habe ich mit dir zu tun, Jesus, Sohn des höchsten Gottes? Ich beschwöre dich bei Gott, quäle mich nicht! [8]Jesus hatte nämlich zu ihm gesagt: Verlass diesen Mann, du unreiner Geist! [9]Jesus fragte ihn: Wie heißt du? Er antwortete: Mein Name ist Legion; denn wir sind viele. [10]Und er flehte Jesus an, sie nicht aus dieser Gegend zu verbannen. [11]Nun weidete dort an einem Berghang gerade eine große Herde Schweine. [12]Da baten ihn die Dämonen: Lass uns doch in die Schweine hineinfahren! [13]Jesus erlaubte es ihnen. Darauf verließen die unreinen Geister den Menschen und fuhren in die Schweine und die Herde stürzte sich den Abhang hinab in den See. Es waren etwa zweitausend Tiere und alle ertranken. [14]Die Hirten flohen und erzählten alles in der Stadt und in den Dörfern. Darauf eilten die Leute herbei, um zu sehen, was geschehen war. [15]Sie kamen zu Jesus und sahen bei ihm den Mann, der von der Legion Dämonen besessen gewesen war. Er saß ordentlich gekleidet da und war wieder bei Verstand. Da fürchteten sie sich. [16]Die, die alles gesehen hatten, berichteten ihnen, was mit dem Besessenen und mit den Schweinen geschehen war. [17]Darauf baten die Leute Jesus, ihr Gebiet zu verlassen. [18]Als er ins Boot stieg, bat ihn der Mann, der zuvor von den Dämonen besessen war, bei ihm bleiben zu dürfen. [19]Aber Jesus erlaubte es ihm nicht, sondern sagte: Geh nach Hause, und berichte deiner Familie alles, was der Herr für dich getan und wie er Erbarmen mit dir gehabt hat. [20]Da ging der Mann weg und verkündete in der ganzen Dekapolis, was Jesus für ihn getan hatte, und alle staunten.

Mk 5, 1–20 gemäß der Übersetzung von F. Stier

[1]So kamen sie zur Jenseite des Sees, in das Land der Gerasener. [2]Als er aus dem Boot stieg, gleich trat ihm da aus den Grüften ein Mann mit unreinem Geist entgegen. [3]Er hatte seine Behausung in den Grüften, und auch mit Ketten vermochte ihn niemand mehr zu binden. [4]Denn oft war er mit Fußfesseln und Ketten gebunden worden, aber zerrissen waren von ihm die Ketten und die Fußfesseln zerrieben worden, niemand war stark genug, ihn zu bändigen. [5]Und die ganze Zeit hindurch, nachts und tags, war er in den Grüften und in den Bergen, schrie und schlug sich mit den Steinen. [6]Als er Jesus von ferne sah, lief er und fiel vor ihm nieder, [7]und schrie mit lauter Stimme: Was willst du von mir, Jesus, Sohn des Höchsten Gottes? Ich beschwöre dich bei Gott: Quäle mich nicht! [8]Denn er hatte zu ihm gesagt: Fahr aus, unreiner Geist, aus dem Menschen! [9]Nun fragte er ihn: Wie heißt du? Legion heiße ich, sagt er ihm, denn viele sind wir, [10]und bat flehentlich, sie doch nicht aus dem Land hinauszuschicken. [11]Dort aber, am Berg, weidete gerade eine große Herde Schweine, [12]und da baten sie ihn: Schick uns in die Schweine, dass wir in sie einfahren! [13]Er gewährte es ihnen, und herausfuhren die unreinen Geister und hinein in die Schweine, und da schoss die Herde die Steile hinab in den See, an die zweitausend, und ersoff im See. [14]Da flohen ihre Hirten und meldeten es in der Stadt und den Höfen, und sie kamen, um zu sehen, was da wirklich geschehen ist. [15]So kommen sie zu Jesus und betrachten den Besessenen, wie er dasitzt, bekleidet und gesunden Sinnes – ihn, der die Legion gehabt hatte. Da überkam sie Furcht. [16]Und die es gesehen, erzählten ihnen, wie dem Besessenen und was den Schweinen geschehen war. [17]Da begannen sie ihn zu bitten, er möge wegziehen aus ihrem Gebiet. [18]Als er ins Boot einstieg, bat ihn der Besessene, mit ihm sein zu dürfen. [19]Doch er ließ ihn nicht, sondern sagte ihm: Geh heim zu den Deinen und melde ihnen, was alles der Herr dir getan und sich deiner erbarmte. [20]Da ging er von dannen und fing an, im Zehnstädteland zu verkünden, was alles Jesus ihm getan. Und alle staunten.

Unsere Erzählung ist gerade einmal zwei Sätze und Verse alt, da sieht sich der Leser gleich mit drei unterschiedlichen Raumangaben konfrontiert: Wir befinden uns erstens am „jenseitigen Ufer des Sees", zugleich zweitens im Gebiet der „Gerasener" und drittens müssen in unmittelbarer Nähe der Landung „Grüfte" vorhanden sein.

symbolische Raumattribute Seeufer – Gerasa – Gräber

Markus[1] eröffnet die Ankunft am anderen Ufer gemäß der Übersetzung von Stier mit dem Adverb der Art und Weise „so" und bietet damit ein sprachliches Scharnier zur vorausgehenden Perikope an – im Unterschied zur Einheitsübersetzung, die lediglich lapidar notiert: „Sie kamen an das andere Ufer". Unwillkürlich kann der Leser zurückfragen: *Wie, auf welche Art und Weise* kamen sie denn „so" am anderen Ufer an? Aus dem fantastisch ausgeschmückten Kontext der Szene (Mk 4, 35–41) wird ersichtlich, dass Jesus abends mit seinen Jüngern und weiteren Booten vom gegenüberliegenden Ufer aufgebrochen war, um hier an dieser Stelle zu landen. Nach einheitlicher exegetischer Auskunft kann es sich bei dem See nur um den See Gennesareth handeln, an dessen Ufern Jesus die Menschen insbesondere mittels vieler Gleichnisse (so Mk 4) über das Reich Gottes belehrte. Während der nächtlichen Überfahrt – so der Erzähler – bedrohte dann ein heftiger Wirbelsturm die Insassen, doch Jesus lag zum Erstaunen aller im hinteren Teil des von Wellen angegriffenen Bootes und schlief. Durch die völlig verängstigten Jünger geweckt, drohte er dem Wind und befahl der aufgepeitschten See erfolgreich: „Schweig, sei still!" (4, 39), sodass eine ruhige Weiterfahrt garantiert war. Der Erzähler hatte also bislang mithilfe der Raumattribute „Abend" (= Dunkelheit), „hoher Wellengang" und „Wirbelsturm" die bedrohliche Lage Jesu und der Jünger in den Booten umschrieben. Um zu verstehen, was es heißt, wenn die Seefahrer „so", also nach dieser nächtlichen Strapaze nun wieder in ruhigen Fahrwassern am anderen Ufer ankommen, lohnt ein Blick in die literarischen Vorlagen des Erzählers Markus, auf die er zurückgegriffen haben dürfte. Die Spuren führen ins Alte Testament und damit in die antiken Mythen. Dieser Umweg ist zwingend erforderlich, um die Vorstellung eines supranaturalistischen Eingriffs Jesu im Sinne eines Deus-ex-machina des antiken Theaters bereits hier zu zerstören. Die mythischen Topoi zur Sturmstillung hängen aufs Engste mit der Dämonenaustreibung zusammen.[2]

die Sturmstillung als Overtüre

Der Erzähler Markus malt ein lebensbedrohliches Szenarium, das seine Leser auf dem Hintergrund atl. Topik sehr wohl einzuschätzen wussten. Schon die biblischen Erzähler der Genesis (Priesterschrift) nutzten die in der antiken Welt breit belegte Trias von Wassermacht, Dunkelheit und Sturm, um sie als Chaosmächte zum Gegenspieler Gottes avancieren zu lassen (vgl. Gen 1, 1–3). Dass Gott letztlich der Tohuwabohu-Erde Leben abringt und die chaotischen Fluten eindämmt, hindert die Chaosmächte gemäß den antiken Mythen nicht daran, das Leben auf der Erde auch weiterhin zu bedrohen. Bei aller Souveränität des Schöpfergottes gilt grundsätzlich: „Solange es *diese* unsere Erde gibt, wird sie nach den (meisten) schöpfungstheologischen Konzeptionen der Bibel in einem Wechselspiel von Chaos und Kosmos, von Tod und Leben, von Selbstdestruktion und Selbstorganisation leben – im Kraftfeld jenes Lebens, das der Schöpfergott ‚als Anfang' mit ihr teilt."[3] Der Schöpfungsmythos wählt die Form des Chaoskampfes natürlich nicht, um eine naturwissenschaftliche Erklärung der Weltentstehung abzugeben, sondern um die Weltordnung und das eigene Leben *wesenhaft* zu beschreiben. Die antagonistische Gegenwart ist nichts anderes als die permanente Wiederholung dieses wesenhaften Ursprungs. Die Schifffahrtserzählung bei Markus

Chaosmächte sind Gegenspieler Gottes

[1] Wenn vom Erzähler Markus die Rede ist, sind die vormarkinischen Redaktoren immer mitgemeint; nach der äußerst genauen Untersuchung von Pesch dürfte schon vor Markus die Seesturmerzählung mit den folgenden Wundern zu einem Zyklus verbunden worden sein, vgl. R. Pesch, Der Besessene von Gerasa. Entstehung und Überlieferung einer Wundergeschichte, Stuttgart 1972, 16f.

[2] Vgl. zum Folgenden V. Garske, See, 39–51

[3] K. Löning u. E. Zenger, Als Anfang schuf Gott. Biblische Schöpfungstheologien, Düsseldorf 1997, 34; vgl. U. Steffen, Drachenkampf. Der Mythos vom Bösen, Stuttgart 1984, 8; vgl. V. Garske, See, 42

mythische Bilder beschreiben das Wesen des Lebens zu allen Zeiten

belegt es: Jeden Tag kann sich der Kampf zwischen den Chaosmächten und dem Leben wiederholen. Nur vordergründig spielt sich dabei in unserem Fall die Handlung im Naturbereich ab. Obwohl der Mythos seinen Ursprung ganz sicher bei Völkern besitzt, die in der Nähe des Meeres leben und seine Gefahren genau kennen, verblasst jedoch im Laufe der Menschheitsgeschichte dieser direkte Bezug zu den natürlichen chaotischen Mächten. Irgendwann nutzen auch die Israeliten die mythische Bilderwelt, um in den Naturelementen von Meer, Wind und Dunkelheit ausgezeichnete Metaphern zu entdecken, die ihre Bedrohung durch außenpolitische Feinde sehr anschaulich zum Ausdruck bringen. Der z. B. in Ps 74, 10–17 und Hi 26, 10–13 geschilderte Kampf gegen das Meer, meist symbolisiert durch Seeungeheuer, spiegelt politische Konflikte.[1] Hochaktuell erscheint dabei der Versuch, aus dem Naturmythos nichts als ein Alibi für einen „heiligen Krieg" werden zu lassen, das Böse also aus dem kosmischen und natürlichen Bereich in den politisch-historischen und anthropologischen zu verlagern.

mythische Bilder: Projektionsfläche politischer Konflikte

Und nun der entscheidende exegetische Gedanke: Die Verquickung von Schöpfungsmythos und Kriegsmetaphorik hinterlässt Spuren im NT. Die Drohgebärde aus Hi 26, 10–13 („Durch seine (Jahwes) Kraft stellt still er das Meer") wird von Mk aufgegriffen. „Das Motiv klingt lange nach; noch Jesus gebietet durch ein drohendes Wort Wind und Wellen Einhalt und bringt so seine Boot fahrenden Jünger und sich selbst außer Gefahr."[2] Selbstverständlich geht es dem Erzähler Markus nicht darum zu demonstrieren, dass Jesus die realen Naturgewalten außer Kraft setzen kann. Eher ist ihm daran gelegen, seine Gemeinde in den ängstlichen Jüngern zu spiegeln, die offensichtlich politischen Anfeindungen ausgesetzt ist. Hintergrund sind die zunehmenden Spannungen zwischen Synagoge und der jungen Kirche im römischen Reich.

mythische Bilder: Projektionsfläche persönlicher Anfeindungen

Wenn nun der Mythos auf symbolische Weise die dem Leben wesenhafte und jederzeit präsente Gefahr von „bodenloser, vernichtender Verlorenheit"[3] gerade auch „im persönlichen Leben"[4] thematisiert, dann muss man der Korrelationsdidaktik zustimmen, die die ntl. Rettungswunder wie den Seewandel Jesu nach Mt 14, 22–33 nicht allein unter ekklesiologischen Bezügen verhandelt, sondern als Geschichten über die psychischen und physischen Zustände des einzelnen Gemeindemitglieds interpretiert.[5] Die Altorientalen erblickten im Mythos immer schon eine Gelegenheit der dichterischen Bewältigung persönlicher Anfeindungen, wie z. B. durch Krankheit und Leid. So bewältigt der in der Schifffahrtserzählung durchschimmernde Mythos Ängste vor privaten wie politisch bedingten Leiderfahrungen und verleiht dem Leben auf dichterische Art Sinn. Die Tatsache, dass Jesus den Wellen und Winden wie Personen drohen und befehlen kann, ist nach antikem Weltbild nicht losgelöst von der Vorstellung dämonischer Mächte zu verstehen. Die Sturmstillung hat insofern „auch eine personale Seite: die Hilfsbedürftigen sind Personen; oft werden auch die dämonistisch verstandenen Wasser personifiziert vorgestellt, daher die Verwandtschaft der Rettungswunder mit den Exorzismen."[6] Wie erklärt sich die Nähe der beiden Erzählgattungen?

---

1 Vgl. B. Lang, Jahwe der biblische Gott. Ein Porträt, München 2002, 97

2 B. Lang, Jahwe, 81

3 O. Keel, Die Welt der altorientalischen Bildsymbolik und das Alte Testament. Am Beispiel der Psalmen, Zürich u.a. 1972, 47

4 B. Lang, Jahwe, 84

5 Vgl. T. Eggers, Gott und die Welt 9/10. Kommentar, Düsseldorf 1996, 169ff.; vgl. H. Halbfas, Religionsunterricht in den Sekundarschulen. Lehrerhandbuch 6, Düsseldorf 1993, 343

6 R. Kratz u. R. Pesch, So liest man synoptisch. Anleitung und Kommentar zum Studium der synoptischen Evangelien. III: Wundergeschichten. Teil II: Rettungswunder, Geschenkwunder, Normenwunder, Fernheilungen, Frankfurt a.M. 1976, 11; vgl. zum Zusammenhang von Dämonie und Chaoskampf U. Steffen, Drachenkampf, 252f.; vgl. zu den Wasserstellen als bevorzugten Orten der Dämonen E. Drewermann, Das Markusevangelium. Zweiter Teil. Bilder von Erlösung, Düsseldorf [6]2003, 28, Anm. 15

Verwandtschaft von Rettungswundern und Exorzismen

Hermeneutischer Parameter zum tiefen Verständnis der Seemetaphorik als Bild für eine Dämonieanfeindung bildet der in zahlreichen ntl. Wundergeschichten vorzufindende Gegensatz von Angst und Vertrauen[1]. Sprachen die Menschen in alter Zeit aus purer Angst vor dem Meer von dämonischen Mächten, so bleibt der Wortschatz zur Zeit Jesu erhalten, auch wenn die Menschen gar nicht in der Nähe eines Meeres zu Hause sind. Aus dem dämonischen Meer ist längst eine personal gedachte unheilvolle Macht geworden, die mich persönlich in Verlassenheit und Todesnähe bringen kann. Der Vorwurf der Jünger „Meister, kümmert es dich nicht, dass wir zugrunde gehen?" lässt sich mit seiner geografischen Angabe („zugrunde") wie in Ps 88,6 nur als Existenzial auslegen. Noch in unserer Sprache nutzen wir dieses Existenzial der Tiefe, wenn wir meinen, im Schulalltag „den festen Boden unter den Füßen zu verlieren", „haltlos" zu werden; so weiß jeder Schüler, was es heißt, im Leistungsstand „abzusacken", bis einem „das Wasser bis zum Halse steht". In jeder Klassengemeinschaft drohen Schüler „unterzugehen", für manchen Kollegen gibt es im Lehrerzimmer „kein Halten mehr", er hat dort „nasse Füße bekommen": oder man ist derart „tief gesunken", dass man sich „erniedrigt" fühlt usw.

Im Zentrum: der Gegensatz von Angst und Vertrauen

Chaosmächte als Symbole für Angst und Entfremdung

Auch der von den Jüngern ängstlich erwartete „Untergang" spiegelt demnach eine Befindlichkeit, die sich mit einem Wort umschreiben lässt, „das moderner Theologie oder Philosophie entsprungen sein könnte: ENTFREMDUNG"[2]. Nun ist die existenzielle Assoziationskette komplett, die Markus durch die Nennung der dämonischen Chaosmächte seinen Lesern anbietet, bevor er uns in Gerasa mit an Land nimmt. Entfremdung, bloße Erniedrigung der Existenz in der Angst bis hin zu dem Moment der Krise, da man befürchtet, die Kontrolle über das eigene Leben (= „Boot") zu verlieren. Die erzählte Perikope gilt den Menschen der mk Gemeinde ebenso wie unseren Schülern und Lehrern. „Vom Erleben der Angst her lassen sich die einzelnen Krankheits- und Unheilssituationen selbst als konkrete Verdichtungen, als Artikulationen der Daseinsangst verstehen, die in jedem Menschen angelegt ist."[3] Man kann es demnach im Vorfeld des RU auf dem Hintergrund der dämonischen Chaosmächte nicht deutlich genug sagen: Es geht Markus bei seiner Korrelation von Raumgestaltung und innerer Verfassung der Figuren um nichts weniger als um eine lebensbedrohliche Lage. Unstreitig enthält die Seesturmgeschichte historisch interessante Reminiszenzen an die Gefahren des Sees Gennesareth, an „plötzliche, vom Westen bzw. Nordwesten herabfallende Winde, die die Seeoberfläche zu haushohen Wellen aufwühlen können"[4], doch für uns und unsere Schüler wird der Text vor allem dann lebendig, wenn wir von den historischen Ereignissen abstrahieren und die Naturbilder als wesentliche, über alle Zeiten hinweg gültige Lebenserfahrungen begreifen.

Raumkontraste: Sturmstillung versus Gräber

Das also muss es dann heißen, *„so"* am jenseitigen Ufer des Sees anzukommen: Gesättigt mit der Erfahrung, dass man gerade noch (im Angesicht „dämonischer Mächte") von Daseinsängsten und Entfremdungszuständen gepeinigt wurde und doch eine (von „Chaosmächten" provozierte) schier aussichtslose existenzielle Krise überwunden hat; nun, nachdem man regelrecht nur „schwarz sehen konnte", ist wieder „Land in Sicht", weil Jesus der Sache den „Wind aus den Segeln genommen hat"; man hat einsehen müssen, dass mit ihm „an Bord des eigenen Lebens" die Panik eigentlich unbegründet ist. Da nähert sich aus den Gräbern neues dämonisches Unheil in Person eines Besessenen. Wie um zu bestätigen, dass die dämonischen Chaosmächte niemals aufgeben, montiert Markus unmittelbar an die Sturmstillung diesen Kontrast: dort noch die geglätteten Wogen, hier die hektische Bewegung der Figur des Besessenen im Raum; dort der Sieg des Vertrauens und des Lebens über die bedrohlichen Krisen und Ängste, hier nun die angedeutete Todeszone eines Friedhofes. Die so erzeugte Kontras-

[1] Vgl. E. Drewermann, Tiefenpsychologie und Exegese II, 240
[2] U. Früchtel, Mit der Bibel Symbole entdecken, Göttingen ^{2}1994, 78
[3] E. Drewermann, Tiefenpsychologie und Exegese II, 241; vgl. U. Steffen, Drachenkampf, 252f.
[4] W. Bösen, Galiläa. Lebensraum und Wirkungsfeld Jesu, Freiburg 1998, 176

tierung des Raumes und der Zeit spiegelt die spannungsreichen psychischen Einstellungen der Personen, und sie lässt Fragen aufkommen: Wird die Botschaft Jesu *„geerdet"* sein, wird sich im All*tag* fremder Menschen bewahrheiten, was Jesus *nächtens* auf dem *Wasser* allein den Jüngern demonstrierte, dass nämlich die Religion, das beruhigende Vertrauen auf einen tragenden Grund des Lebens (den die Hebräer Jahwe nennen) bis in die Todeskonfrontation hinein den chaotischen und dämonischen Anfeindungen, die wir jetzt durch die Begriffe der Entfremdung und Angst ersetzen müssen, Stand halten wird? Und (*wie*) wird sich zeigen, dass das dämonische Chaos auch „jenseits des Sees" keine Chance hat?

Die Antworten führen zur näheren Bestimmung dessen, was mit Dämonie über die bisher mit der exegetischen Forschung gewonnenen Einsichten hinaus zu verstehen ist. Um welche Formen der Daseinsängste und Entfremdungszustände, die in der Seesturmerzählung allgemein eruiert wurden, handelt es sich konkret?

2.3 Im Land der Gerasener oder: „Den kannst du begraben"

historisch-kritische exegetische Anmerkungen zum Ort Gerasa

Über die zweite Ortsangabe, das Gebiet von Gerasa, hat es in der historisch-kritischen Exegese eine breite Diskussion gegeben.[1] Zwar gibt es die Stadt Gerasa wirklich, doch liegt sie im Ostjordanland, ca. 55 km südöstlich des Sees Gennesareth. Auch die Annahme, es handele sich um die Stadt Gedara, die ein Teil der Markushandschriften erwähnt, passt schlecht zur geografischen Skizze, liegt Gedara immerhin noch zehn Kilometer südöstlich des Sees. Weiterhin hat die Textüberlieferung des Origines die Erzählung in das Gebiet der Gergesener verlegt, genauer in die heutige Ruinenstadt Kurse, weil ganz in der Nähe ein steiler Berghang bis auf wenige Meter an den See heranreicht. Die exegetische Lösung des Problems führt zu einem Stufenmodell der Tradierung. Auf den ersten Stufen lokalisierten die Erzähler eine Austreibungsgeschichte in Gerasa, um in hellenistisch-judenchristlicher Mission die Sache Jesu auch für Heiden attraktiv zu machen (Gerasa war Heidenland). Die Erzählung erhielt dann zunehmend stärkere missionarische Züge: „Es geht um die Mission in der Dekapolis (V. 20), die (ätiologisch) auf Jesu Wirken an einem Besessenen im Gerasener Land zurückgeführt wird, die vom Geheilten, der Jesus als den Herrn verkündigte, [...] initiiert wurde"[2]. M.a.W. sollte mit der Geschichte letztlich belegt werden, dass der Anfang des Christentums im Heidenland sichtbar auf Jesus selbst zurückging. Auf einer letzten vormarkinischen Stufe wurde die Erzählung zwischen die Seestillungsepisode und weitere Wundergeschichten eingeflochten und der See damit zwangsläufig zum verbindenden Motiv.

Defizite der historisch-kritischen Exegese aus Sicht der Religionsdidaktik

So vorzüglich die historisch-kritische Studie zur Geografie und Urgemeinde im syrisch-palästinensischen Raum um 50 n.Chr. auch gearbeitet hat, sie bleibt hinter den Ansprüchen der Korrelationsdidaktik zurück, denn „um zu merken, was die Erzählung von dem Besessenen von Gerasa auf diese Weise uns Heutigen sagen könnte, darf man sich gerade nicht für die urkirchliche Gemeinde vor 1900 Jahren interessieren, die diese Geschichte übernommen bzw. erfunden hat – man muss sich für das interessieren, was die Geschichte selber wirklich berichtet: für die Personen der Erzählung, für ihre Gefühle, für ihre Angst, für ihre Ausweglosigkeit und Verzweiflung, für ihre Ohnmacht und ihre Ausgeliefertheit, kurz: für die *menschliche*, nicht für die ‚historische' Seite der Wundererzählung muss man sein Herz aufschließen, um zu verstehen, wie sehr der Leser auch heute noch in den Erfahrungen und verdichteten Bildern einer solchen Erzählung selbst vorkommt und was er darin von Gott her heilend und helfend zu finden vermag."[3]

[1] Vgl. zum Folgenden R. Pesch, Der Besessene von Gerasa, 16f.
[2] R. Pesch, Der Besessene von Gerasa, 47
[3] E. Drewermann, Tiefenpsychologie und Exegese II, 250f.

Wenn aber Gerasa nicht Gegenstand einer Rückfrage an den historischen Schauplatz der Besessenenheilung im RU sein soll, muss nach einer existenziellen Bedeutung gesucht werden. Welche Erfahrung, die Menschen im Umgang mit Jesus *wirklich* gemacht haben, verbirgt sich hinter der Ortsangabe? Welcher Figurencharakteristik, welcher Befindlichkeit entspricht „Gerasa"?

Welche Erfahrung spiegelt „Gerasa"?

→ Baustein 1

Die Ortsbezeichnung wird in V 2 präzisiert, denn in unmittelbarer Nähe des Sees befinden sich offensichtlich Gräber. Gemäß Lev 21, 1 – 4. 22, 4, Num 19, 11 – 16 und Ez 43,7 disqualifiziert sich ein Mensch, der – wie in V 2 beschrieben – in den Gräbern haust, nach jüdischer Vorstellung selbst: er gilt als unrein, „lebt unter Toten, von der Kommunikation des Lebens abgeschnitten, entfremdet, verloren."[1] Es verwundert natürlich nicht, dass die historisch-kritische Exegese zur Erläuterung der Lebenssituation des besessenen Mannes auf ein Vokabular zurückgreift, das bereits im Zusammenhang mit der Sturmstillung die dämonischen Mächte des nächtlich aufbrausenden Meeres sinnvoll interpretierte: Wer dort lebt, wo es eigentlich kein Leben mehr gibt, wer sein Zuhause dort hat, wo ansonsten nur Staub und Verwesung vorzufinden sind, der kann nur als ein *entfremdeter* Mensch bezeichnet werden, fremd gegenüber seinem eigenen Dasein, weil er sich offenbar den Toten näher fühlt als den Lebenden und dennoch weiter leben muss, und sozial entfremdet, weil er von der Gemeinschaft total abgeschnitten ist. V 14 wird bestätigen, dass sich außer ein paar Hirten niemand in seiner und der Gräber Nähe aufhält. Strenggläubige Juden dürften in ihm einen Menschen gesehen haben, der von allen religiösen Riten ausgeschlossen ist. Und so gilt von ihm als Folge dieser Unreinheit grundsätzlich, dass er ein „lebendig Toter"[2] ist. Folgen wir der literaturwissenschaftlichen Argumentation, dann muss die Landschaftsschilderung aufs Engste mit der Charakterisierung des Mannes – er besitzt einen „unreinen Geist" (V 2) – verwoben sein. So viel steht nach dem Ausgeführten fest: Die Dämonie betrifft einen Menschen, über den man – in der Sprache eines Schülers – sagen mag: „Den kannst du begraben, der ist für mich gestorben".

der Friedhof: Ort der Entfremdung

→ Baustein 5
→ Baustein 6
→ Baustein 1

VV 3–5 führen nun in klassisch auktorialer Perspektive die Erzählung fort. Der allwissende Erzähler gestattet den Lesern einen Einblick in die Krankengeschichte des Besessenen. Wir hören, dass der Versuch, ihn (wie einen gefährlichen Hund) „an die Kette zu legen" endgültig gescheitert ist. Mehrfach beschnitten Ketten und Fußfesseln seine Freiheit, doch genauso oft gelang es ihm, sich dank seiner Kraft zu befreien. Das Anliegen, ihn (wie ein Dompteur ein Raubtier) zu „bändigen", missglückt. Tag und Nacht, „rund um die Uhr" kommt es in den Bergen und Grüften zu eruptiven Aggressionsentladungen, indem der Besessene schreit und sich mit Steinen schlägt. Literaturwissenschaftlich ist es legitim, den skizzierten Krankheitszustand mit der exegetisch betonten Isolation und Entfremdung in Zusammenhang zu bringen, spielt sich der ganze aggressive Akt doch unentwegt in den Bergen und Gräbern ab, also in deutlicher Distanz zum nächsten Dorf (vgl. V 14). Wer wie „in einem selbstgeschaffenen Bußritus"[3] unaufhörlich auf sich einschlägt, bezeugt Selbsthass und Selbstablehnung. Die enorme Entladung von Kraft und Energie misshandelt den eigenen Körper. Die Autoaggression und das Furcht einflößende Gehabe könnten nun Folge oder Ursache des Dirigismus der anderen Menschen sein, die ihn ja permanent fesseln und binden wollen. Warum schlägt er sich, warum schreit er ohne Unterlass?

→ Baustein 1

Autoaggression des Besessenen

Sprachwissenschaftlich argumentiert,[4] hat ein Schrei etwas mit (Un-)Mündigkeit und Entmündigung zu tun. Ein Schrei ist ein unartikulierter Laut, der zum Ausdruck bringt, dass man keine wirkliche Verfügung über die Sprache mehr hat. Er muss paradoxerweise noch

→ Baustein 5

[1] R. Pesch, Das Markusevangelium. Band 1, Freiburg u.a. ³1984, 286
[2] E. Drewermann, Tiefenpsychologie und Exegese II, 252
[3] E. Drewermann, Tiefenpsychologie und Exegese II, 256
[4] Vgl. zum folgenden U. Früchtel, Mit der Bibel Symbole entdecken, Göttingen ²1994, 221 ff.

Der Schrei als Geste der Entmündigung und Verzweiflung

das zur Sprache bringen, was einem offensichtlich die „Sprache verschlagen" hat. Eine Sprachlosigkeit, die ihre Ursache in körperlichen Gebrechen oder geistigen Behinderungen hat, scheidet in diesem Fall aus, denn der Besessene unterhält sich ja später ohne weitere Sprachschwierigkeiten mit Jesus. Wer – möglicherweise als Folge der selbst zugefügten Schmerzen – schreit, ist nahezu ent-mündigt. Der Mann lebt nicht nur bei den Toten, er selbst steht kurz davor, mund-tot zu sein, da die eigentliche Funktion der Sprache unterlaufen wird. Sprechen ist immer auf Zwiesprache angelegt, auf Kommunikation, sie lebt von Nähe und Zuwendung. Ist ein solcher Wortwechsel gestört, drücken wir unser Befremden dadurch aus, dass wir sagen, jemand „spricht eine andere Sprache". Erneut lässt sich resümieren, dass der anstelle der geordneten Rede und Antwort ausgestoßene Schrei nichts anderes bedeutet als ein Zeichen der Entfremdung, das in diesem Fall mit der Raumsymbolik korreliert. Ist dem Mann etwa der „Mund verboten worden", ihm „über den Mund gefahren worden" und „das Wort abgeschnitten worden", dass er für sich (eventuell unbewusst) keine andere Möglichkeit mehr sieht, als seine aufgestauten Gefühle so herauszubrüllen?

Teufelskreis aus Protest und Freiheitsentzug

Zu der Deutung, dass der Schrei ein verzweifelter Ausdruck des Mannes ist, einerseits gegen die Entmündigung zu rebellieren und andererseits auf sich im Sinne eines unbewussten Hilferufs aufmerksam zu machen, gesellt sich die Symbolik seiner Befreiungstaten. Wie das Schreien demonstriert, dass er sich nicht „entmündigen" lassen will, so dokumentiert seine Handgreiflichkeit gegenüber den „Zwingherren", den „Fesselträgern" und „Kettenbringern"[1], dass ihm nicht „die Hände gebunden sein sollen". Dieser Freiheitsdrang schüchtert andererseits die Umgebenden wieder so stark ein, dass eine Isolation die einzige Möglichkeit ist, mit ihm zurechtzukommen. Und so entsteht ein Teufelskreis: Der Schreiende, der Rebellierende kann nur um den Preis der Einsamkeit, des Kommunikationsverlustes seine Freiheit erzwingen. Aus Sicht der Bevölkerung bleibt nichts anderes übrig, als dem Außenseiter, der sich nicht zwingen lassen will, soziologisch interpretiert: der sich nicht einordnen lassen will, mit einer „eigentümlichen Mischung aus Fürsorge und Dirigismus"[2] zu begegnen. Diese Deutung setzt voraus, dass der Besessene in den Bergen immer noch sozial von der Bevölkerung unterstützt wird, da er sich gemäß der Zeitangabe ja unaufhörlich mit sich selbst beschäftigt und folglich seinen Lebensunterhalt nicht sichern kann.

→ Baustein 6

Die aggressiven Tätigkeiten und Schreie als Symbole der (Selbt-)Entfremdung werden durch eine weitere Figurencharakteristik unterstützt, die allerdings erst in V 15, also im Anschluss an die Heilung, notiert wird, die aber unbedingt zum Krankheitsbild hinzugehört. Als die Dorfbewohner von der Heilung hören, eilen sie herbei und sehen den Mann „bekleidet" dasitzen. Er muss demnach zuvor nackt gewesen sein.[3]

Nacktheit als Symbol der inneren Leere und Zerrissenheit

Nach Lev 13, 45 ff. müssen Unreine in zerrissenen Kleidern umherlaufen, ihre Haare frei flattern lassen, ihren Bart verhüllen, sodass ein wilder, ungepflegter äußerer Eindruck entstehen soll. Der den Unreinen zugesprochene moralische Makel wird so an den zerrissenen Kleidern deutlich. Doch der Verweis auf die anhand der Kleiderordnung entwickelten Rituale bleibt ähnlich unergiebig wie die Feststellung, dass Gräber grundsätzlich Unreinheit implizieren. Was, so müssen wir mit der Korrelationsdidaktik fragen, muss eigentlich in einem Menschen vorgehen, wenn er derart stigmatisiert wird? Der Rückschluss auf die Nacktheit impliziert, dass der Besessene offenbar aus eigenem Antrieb heraus nicht nur die rituellen Vorschriften einhalten, sondern sie im Grunde noch demonstrativ überbieten will, indem er die Kleider nicht nur zerreißt, sondern sich ihrer vollständig entledigt. Wie in dieser Geste kommt in der Bibel der Kleidung der Figuren ebenfalls eine nicht zu unterschätzende psy-

→ Baustein 6

1 E. Drewermann, Tiefenpsychologie und Exegese II, 254
2 E. Drewermann, Tiefenpsychologie und Exegese II, 254
3 Vgl. R. Kratz u. R. Pesch, Wundergeschichten, 23

chische Verweiskraft zu. Mit dem Verlust der Bekleidung erfüllt der Besessene nicht nur mit bitterer Ironie die Gesetzesvorschriften über alle Maßen, er verliert darüber hinaus seinen Schutz vor den Unbilden der Witterung, er kann sich „seiner Haut nicht länger wehren" und hat sich den Blicken anderer preiszugeben. Diese Entblößung lässt sich auch in diesem Fall literaturwissenschaftlich und psychologisch einleuchtend interpretieren: „Wer sich nach außen vernachlässigt, zeigt den desolaten Zustand seiner Seele."[1] Desolat ist die Verfassung zum einen deshalb, weil die anderen ihn sichtbar entwürdigt und gedemütigt haben, sodass in Anlehnung an Lev 13 ein „Riss" durch ihre und seine Gemeinschaft mit Gott ging. Verzweifelt ist sein Zustand aber zum anderen, weil seine ohnehin spürbar erfolgte Aggression gegen die anderen und sich selbst hier eine weitere Nuance erhält. Seine nach außen zur Schau getragene Ungebärdigkeit erhält eine zusätzliche Facette.

→ Baustein 6

→ Baustein 1

Die dem Bild der zerrissenen und abgelegten Kleider entsprechende innere Zerrissenheit und Leere des Mannes muss dergestalt sein, dass er mit Jesus nun gerade denjenigen am meisten fürchtet, der ihm am ehesten helfen könnte. Noch hat Jesus nicht ein Wort gesagt, da hat er allein durch seine Erscheinung die „soziale Angst und die Kontaktabwehr"[2] des Besessenen schon provoziert (vgl. V 6). Dieses erneute aggressive Verhalten ist in seiner ganzen Ambivalenz nur psychologisch zu verstehen: „Man mag diesen ungestümen, absolut gesetzten Freiheitsdrang mit gewissem Recht als ‚Wildheit' bezeichnen, aber man darf mit ‚wild' dann nicht nur das Phänomen des tobsüchtigen Umsichschlagens und Sich-Wehrens beschreiben wollen, sondern man muss vor allem vor Augen haben, dass der ‚Besessene' die Annäherung eines jeden Menschen in der Tat fürchtet wie ein scheues Tier, das im Gedächtnis seiner Art gelernt hat, schon die Silhouette eines Menschen als Gefahr von Unfreiheit und Tod zu fliehen. Offenbar besteht das eigentliche Geheimnis des ‚Besessenen' gerade in dieser Energie aus Angst: dass er die Totalität seiner Freiheit wie zur Rettung seiner Person aufs äußerste verteidigt, nicht in dem Gefühl von Kraft und Stärke, die er, wie zur Täuschung aller, nach außen hin in seiner Ungebärdigkeit zur Schau stellt, sondern in dem Gefühl einer ständigen Bedrohtheit, im Umkreis einer ständigen Unheilgewärtigung, in einer unablässigen, an gewisse schizoid-paranoische Zustände gemahnenden Verfolgungsangst."[3]

die Ambivalenz des aggressiven Verhaltens

→ Baustein 6

→ Baustein 9

Im Anschluss an diese psychologische Interpretation fällt die Bilanz zum Krankheitsbild des Besessenen, das zur Rekonstruktion dessen, was die biblische Welt mit der Dämonie verknüpft, notwendig analysiert werden musste, bis zu diesem Punkt folgendermaßen aus: Der allgemein formulierte Zustand der Entfremdung kann insofern mit Drewermann konkretisiert werden, als die Besessenheit hier sowohl Aspekte der Tobsucht als auch der schizoid-paranoischen Verfolgungsangst erfüllt. Dieser selbstdestruktive Zustand könnte Ursache und/oder Folge eines gestörten Verhältnisses zur Sozialgemeinschaft sein. Wie stark die skizzierte Identitätsstörung sein muss, lässt sich aus einer genaueren Analyse der Begegnung zwischen Jesus und dem Besessenen ablesen.

Zwischenbilanz: Besessenheit ist Selbstdestruktion

2.4 Legion: Nomen est omen

Schüler kennen die auf den römischen Komödiendichter Plautus zurückgehende lateinische Redensart „nomen est omen", die man im Hinblick auf Personen anwendet, von denen man glaubt, dass allein ihr Name schon bezeichnend ist und auf bestimmte Eigenschaften hinweist. „Nach antikem Verständnis ist der Name kein zufälliges Attribut, sondern sagt etwas

ein Name sagt viel über das Wesen des Menschen

[1] U. Früchtel, Symbole, 517
[2] E. Drewermann, Tiefenpsychologie und Exegese II, 253
[3] E. Drewermann, Tiefenpsychologie und Exegese II, 254

aus über ihr Wesen."[1] So scherzhaft die Redensart heute oft gebraucht wird, hier erweist sich auf bitterste Art ihre Wahrheit.

Zunächst ist auffällig, dass der Besessene auf Jesus zustürzt, ihn anschreit, er möge ihn nicht quälen. Merkwürdig ist das Verhalten deshalb, weil die Emphase und die Infragestellung des Kommens Jesu („Was willst du von mir?") im Widerspruch zu der fußfälligen Verehrung (Proskynese) steht, gemäß der der Mann Jesus also huldigt und diese Würdigung auch sprachlich noch aus der Perspektive eines Heiden unterstreicht („Sohn des Höchsten Gottes").[2] Dieser Widerspruch lässt sich mit der Exegese als parodistischer Erzählzug klären, demzufolge die Dämonen die exorzistische Macht des Nazareners anerkennen, sie – der für solche Austreibungserzählungen typische Schrei des Besessenen verrät es – fürchten und doch zugleich den von vornherein aussichtslosen Kampf initiieren.[3] Ziel des christlichen Erzählers ist es demnach, die Überlegenheit Jesu zu unterstreichen. Es gehört mit zur Ironie, dass der sich exorzistisch gebende Dämon zunächst eine – durchaus gebräuchliche – Beschwörungsformel einsetzt, später jedoch kapitulieren muss. Und auch wenn die Exegese die Analepse (V 8), nach der Jesus mit einem ersten Ausfahrbefehl (Apopompe) scheitert und die damit die heftige Reaktion des Besessenen nachträglich begründet, als notwendige Vorzeitigkeit ansieht, die „der Einführung von Namenerfragung und Konzessionsbitte dient"[4], so bleibt die psychologische Seite des Gesprächs nicht nur für Schüler unklar.

→ Baustein 6
→ Baustein 9

Ablehnung der Hilfe als Symptom der psychischen Erkrankung

Es gilt in der Psychologie und Psychotherapie als eine Binsenweisheit, dass psychisch kranke Menschen die Hilfe von außen so sehr fürchten wie der Teufel das Weihwasser. Da jede seelische Erkrankung trotz des provozierten Leides zugleich die vermeintlich komfortable Verdrängung einer bewussten Konfliktbewältigung signalisiert, erklärt sich der Widerstand aus dem verhassten wie geliebten Status Quo, einer Mischung aus Bequemlichkeit, Resignation und Angst vor Veränderungen. „Wer gelernt hat, auf sich selbst mit Steinen einzuschlagen, wird denjenigen zunächst nicht lieben, sondern hassen, der ihn eine gewisse Freundlichkeit mit sich selber lehren will; wer gelernt hat, vor jeder menschlichen Annäherung zu fliehen, wird denjenigen wütend anfallen und zu vertreiben suchen, der sich ihm anbietet, sein Freund und Begleiter durch die Nacht und die Angst zu sein; wer gelernt hat, den Tod zu lieben und das Leben zu fürchten, wird denjenigen umzubringen suchen, der ihm beibringen will, das Leben als Chance und Aufgabe zu begreifen."[5] Der konsequenterweise vom Besessenen anfänglich aufgebotene Widerstand scheint zunächst erfolgreich zu sein; so einfach, wie Jesus sich die Sache gedacht hat, ist diesem Mann nicht beizukommen; der Nazarener scheitert mit dem magisch anmutenden Ausfahrbefehl. Nun ist er gezwungen, andere Wege zu gehen, und so fragt er nach dem Namen des Besessenen. Was aber heißt es – bildlich gesprochen –, den anderen eher nach seinem Namen zu fragen als ihn streng anzuherrschen? So viel steht fest: Während für die Dorfbevölkerung Isolation, Fesseln und Ketten offensichtlich die einzige Sprache sind, die der besessene Mann wohl versteht, zielt Jesu Frage auf „das Ende und das Gegenteil all der gut gemeinten bisherigen Vergewaltigungsversuche aus scheinbarer Fürsorge und Verantwortung"[6]. Sie bekundet Interesse am Wesen des anderen, und sie rückt den Befragten in den Mittelpunkt der Unterredung.

„Legion": Fremde Kommandos regieren das Leben

Wie die Wohnstätte der Gräber andeutete, dass ein Besessener ein lebendig Toter ist, wie die zerrissenen und abgeworfenen Kleider Zeugnis für eine fehlende eigene Identität geben, wie Schreie und Schläge Angriffe auf die eigene Person darstellen, so besteht die Antwort

[1] J. Imbach, Wunder. Eine existenzielle Auslegung, Würzburg 1995, 136
[2] Vgl. H.K. Berg, Feuer, 85
[3] Vgl. R. Kratz u. R. Pesch, Wundergeschichten, 26; vgl. R. Pesch, Der Besessene von Gerasa, 25f.
[4] R. Pesch, Der Besessene von Gerasa, 26
[5] E. Drewermann, Tiefenpsychologie und Exegese II, 261
[6] E. Drewermann, Tiefenpsychologie und Exegese II, 264

des Mannes auf die Frage Jesu, wie er eigentlich heiße, aus einer Skizze der Zerrissenheit. Die auf das römische Militär anspielende, sonst in keiner antiken Wundererzählung vorkommende Mitteilung, sein Name sei „Legion", lässt sich im übertragenen Sinn mit der Exegese und Tiefenpsychologie so interpretieren, „dass er sich selbst gar nicht gehört, dass sein Ich besetzt gehalten wird von fremden Truppen, die mit breiten Stiefeln in seiner Seele herummarschieren und Befehlen gehorchen, die in sich unverständlich sind und dennoch einer übergeordneten geheimen Kommandostelle zu unterstehen scheinen"[1]. Diese Deutung leuchtet auch ein, wenn wir uns vergegenwärtigen, dass die militärische Abteilung einer Legion (bestehend aus 2000 Männern) Soldaten meint, die zur Zeit der Fremdherrschaft Palästinas als Besatzer verhasst waren. Noch heute können wir Berichten zufolge nachvollziehen, was es heißt, unter politischem wie sozialem Druck durch die Besatzer derart zu leiden, dass es zu seelischen Erkrankungen kommt, wobei sich hier tiefenpsychologische und politische Auslegungen ergänzen. Wer besessen ist, besitzt keinerlei Befehlsgewalt über sein Ich, weil er einem ungeheuren sozialen Druck ausgeliefert ist, gleich, ob die Kommandos aus einer Familien- oder Dorfgemeinschaft oder von einer Kolonialmacht wie den Römern kommen: „Kolonialismus macht eine Gesellschaft krank, und die Krankheit wird unter Rückgriff auf traditionelles Denken und Erleben als Gefährdung oder Besessenheit durch böse Geister erlebt; kein Wunder, dass einer der unreinen Geister den Namen *Legion* trägt – nach der Palästina besetzenden römischen Legion (Mk 5,9)."[2]

→ Baustein 6

Genau genommen handelt es sich bei der Identitätsangabe „Legion" auch um eine Raumskizze. Wenn wir die psychologische Deutung von den im eigenen Land herummarschierenden Soldaten ernst nehmen, dann gibt es keine treffenderen Vergleiche für die Gewalt, die einem ohnmächtigen, besessenen Menschen in seiner Seele von außen angetan wird. Die Exegese nennt eine Vielzahl von militärischen Metaphern, die die Psyche zur Bühne erheben, auf der ausnahmslos brutale Inszenierungen erfolgen. Wer sind auf ihr die „in Springerstiefeln marschierenden und bewaffneten Soldaten", die „kontrollierenden und notfalls auch schießenden und tötenden Truppen der Feinde", die die Seele des Besessenen zum „Schlachtfeld" und zur „Front" erklären, wer sind die „Befehle gebenden Kommandostellen der verinnerlichten Diktatur", welcher „Besatzer bläst zu den Attacken" des Unbewussten?[3] Zu den realen Unterdrückern und politischen Feinden kommen engste Verwandte und Bekannte, schließlich die eigene Person: „Statt des eigenen Ichs, denkt, redet, fühlt, wertet, agiert plötzlich der Vater, die Mutter, die Schwester, der Dorfpfarrer, der Klassenlehrer usw., und sie alle warten in allen Äußerungen anscheinend nur auf das Stichwort ihres Auftritts. [...] Man kann den inneren Zustand einer solchen seelischen Besatzung auch als eine furchtbare Angst vor sich selbst wiedergeben."[4] Die Angst vor sich selbst verrät sich an der Sprache. Die Flucht in die Verantwortungslosigkeit signalisieren Phrasen, Konjunktive und Indefinitpronomen wie „man müsste einmal", „was die anderen wohl dazu sagen würden", „das kann man eigentlich nicht" usw. Diese Weigerung, eine eigene Persönlichkeit auszubilden und das Risiko des eigenen Lebens einzugehen, ist gleichbedeutend mit einer „kampflosen Gebietsabtretung" an „‚fremde' Geistermächte, die man nicht gerufen hat und die doch jede Regung des Ichs zerfasern, kontrollieren, widerlegen, zerreden, verlachen, verbieten, beschimpfen. [...] Erst vor dem Hintergrund einer solchen seelischen Zerrissenheit versteht man jetzt, mit welcher Logik und psychodynamischen Stringenz in der Erzählung von dem Besessenen von Gerasa die Widersprüchlichkeit, das Unleben, die Selbstzerstörung, die stets vergebliche Kontaktsuche, die ‚Wildheit' und Ohnmacht dieses Man-

militärische Vergleiche veranschaulichen die seelische Unterdrückung durch Verwandte und Bekannte

→ Baustein 6

→ Baustein 9

Angst vor sich selbst

[1] E. Drewermann, Tiefenpsychologie und Exegese II, 265; vgl. ebenso R. Pesch, Der Besessene von Gerasa, 33
[2] B. Lang, Dämonen, 266; vgl. B. Kollmann, Wundergeschichten, 73; vgl. G. Theißen, Wundergeschichten, 253; vgl. F. Albrecht, Blindheit und Lähmung, 165
[3] Vgl. bspw. G. Theißen, Wundergeschichten, 97; vgl. E. Drewermann, Tiefenpsychologie und Exegese II, 201, 210, 265, 268
[4] E. Drewermann, Tiefenpsychologie und Exegese II, 265f.

nes in wenigen Sätzen bereits in der Einleitung geschildert werden. [...] solche Erzählungen verdichten mit einer unübertrefflichen Wahrheit, Sensibilität und Präzision die Zustände seelischer Not und Einsamkeit, wie sie zu allen Zeiten im Menschen angetroffen werden"[1]. Aus schriftstellerischem Kalkül korrelieren folglich der militärische Besatzername („Legion"), die fremde Identität (Zerrissenheit, Entfremdung, erkennbar an Nacktheit und Tobsuchtsanfällen) und die Raumsymbolik (Isolation im Reich der Toten).

2.5 Die Heilung

Das markinische Erzählmodell stellt mit der Namensbefragung ein typisches antikes Motiv vor, das immer eine Chance thematisiert, Herr über die bösen Geister zu werden.[2] Der Vergleich mit dem Märchen vom „Rumpelstilzchen" erhellt diesen Machtzuwachs. So, wie sich das Rumpelstilzchen nach seiner Enttarnung in Stücke zerreißt, ist im Anschluss an die Nennung des Namens „Legion" das Ende der Dämonen gekommen. Wie wir gesehen haben, lässt sich ganz analog die einfühlende Frage nach dem Namen als Gelegenheit des Kranken verstehen, „als ersten Schritt zur Heilung dem Wundertäter das ganze Ausmaß seiner inneren Zerrissenheit mitzuteilen."[3] Diesem Anfang der Heilung folgt nun eine Therapie, die in fantastischer und surrealer Bildsprache vorgestellt und daher für unser Verständnis erst entschlüsselt werden muss. Die offensichtlich kapitulierenden Dämonen bitten Jesus, dass er sie in eine Schweineherde schicken möge. Kaum ist dies geschehen, stürzen sich die verhaltensgestörten Säue einen steilen Abhang hinunter in den See. Wie hat man die Raumattribute in Zusammenhang mit der psychischen Verfassung des Mannes zu bringen, der unmittelbar nach dieser Aktion wie ausgewechselt erscheint: ruhig, „bekleidet und gesunden Sinnes" (V 15)?

die surreale Bildsprache als didaktische Herausforderung

Die historisch-kritische Exegese sieht in dem Wunsch der Dämonen eine Konzessionsbitte, die charakteristisch für antike Austreibungserzählungen ist und ägyptischer Tradition entstammt.[4] Es entbehrt dabei nicht der Ironie, dass die Geister offenbar die Folgen ihrer Bitte völlig unterschätzen. Die Bannung der Dämonen in Tiere, unwirtliche Gegenden oder Gegenstände als Erfüllung der Konzessionsbitten ist in vielen antiken Erzählungen verbreitet. Zugrunde liegt eine Sündenbocktheorie, nach der Tiere anstatt Menschen den Dämonen zur Vernichtung übergeben werden, sodass in unserem Fall „Tobsucht und Selbstzerstörungswut des Besessenen [...] auf die Schweineherde über(gehen)"[5]. Der Lösung des Problems, wie denn dieser Vorgang psychologisch zu bewerten ist, kommen wir näher, wenn wir das Raumelement des Sees in Betracht ziehen. Und nun ist an die Seemetaphorik aus der vorangehenden Perikope zu erinnern. Es ist kein Zufall, dass der Erzähler die Dämonen in jenen Bereich verbannen lässt, der ihr ureigenes Zuhause darstellt: „Diese Vermutung drängt sich auf, wenn man die weite Verbreitung der Vorstellung einer Verbannung ins Meer wahrnimmt; die Epipompe ins Meer ist die Bannung, die die Schadensgeister wirklich vollständig unschädlich macht, sie ihrem eigenen Element, dem *Chaos*, überantwortet."[6] Und damit schließt sich der Kreis: Nachdem Jesus und die Jünger dem dämonischen Unwesen in den aufbrausenden Chaosmächten begegneten und sie besiegten, überwindet er diese Mächte nun gleichfalls in einem Menschen, indem er sie dorthin schickt, wo er sich eben noch unbezwingbar erwies, in die beruhigte See. Wenn aber diese Raumzuordnung nicht zufällig gewählt wurde, muss man die Entschlüsselung einer erfolgreichen Therapie von Besessen-

Bannung der Dämonen im See als Bild für eine erfolgreiche Therapie

[1] E. Drewermann, Tiefenpsychologie und Exegese II, 267
[2] Vgl. J. Imbach, Wunder, 36; vgl. R. Kratz u. R. Pesch, Wundergeschichten, 22
[3] B. Kollmann, Wundergeschichten, 73
[4] Vgl. R. Pesch, Der Besessene von Gerasa, 34f.
[5] R. Pesch, Der Besessene von Gerasa, 38
[6] R. Pesch, Der Besessene von Gerasa, 39; Kursivdruck V.G.

heit mit der Raumsymbolik verbinden. Im Vertrauen auf den Nazarener und seinen Gott und beiden gegenüber gelingt es dem Mann, seine Entfremdungen, Ängste und Aggressionen nach außen zu verlagern, sie auszuagieren und so zu zerstören.[1] Wie genau dieser therapeutische Weg Jesu aussah, darüber kann nur spekuliert werden. Ohne eine konkrete bewusste Durcharbeitung dürfte es nicht abgegangen sein. Sie aber braucht Geduld und Zeit und so muss man die Verdichtungsregel der Tiefenpsychologie in Betracht ziehen, der gemäß die Heilung keinesfalls „von jetzt auf gleich", sondern in einem Prozess erlangt wird.[2] Die Erzählung ver*dicht*et, was über Wochen und Monate vor sich gegangen sein dürfte: dass Menschen ihre Entfremdungszustände in der kontinuierlichen Begegnung, in vielen Gesprächen mit dem Nazarener überwunden haben. Gleich, ob man Jesus dabei moderne therapeutische Methoden unterstellt, die fantastische Symbolhandlung demonstriert auf ihre Weise, was geschehen muss, um von Dämonen erlöst zu werden: „alles, was an ‚Unreinem', für ‚säuisch' Gehaltenem, ‚Viehischem' in dem ‚Besessenen' lebt, muss ein für allemal gegen die Aufsicht der ‚Schweinehirten', gegen die Kontrolle des Überichs freigesetzt und ausgetobt werden dürfen, bis es sich endgültig entleert hat und getrost im ‚Meer' des Unbewussten versinken kann."[3] Wem – in der Sprache meiner Schüler – gestattet wird, auf solche Art bewusst „die Sau rauszulassen" und die ganze „Schweinerei" der befohlenen Entfremdungen, Ängste und Aggressionen „zum Teufel zu jagen", der wird gemäß unserer Erzählung wieder „gesund" (V 15), zur Ruhe kommen und sozial reintegriert (die Kleidung deutet es an).

→ Baustein 2

die aufgestauten Aggressionen werden ausagiert

Es ist wichtig zu sehen, dass der Erfolg des Genesungsprozesses davon abhängt, ob die Schweine/Dämonen, also die elementare Triebsphäre als Schattenseiten des eigenen Lebens erkannt und akzeptiert und bewusst verarbeitet werden. Die oben zitierten atl. Schöpfungstheologien hatten ja deutlich gemacht, dass die Chaosmächte jederzeit das persönliche Leben attackieren, und so tut jeder Mensch gut daran zu lernen, im übertragenen Sinn „*mit* seinen Teufeln zu leben"[4] – gänzlich aus der Welt schaffen lassen sie sich nicht.
Dieser Sachverhalt wird nun im Schlussteil der Erzählung hervorgehoben. Zunächst fällt auf, dass das erzielte integrierte Menschsein des ehemals Besessenen von der Umwelt kaum akzeptiert wird. Die Aufhebung der Mangelerfahrung von Einsamkeit und Kranksein provoziert plötzlich die Solidarität der Schweinehirten mit den Dämonen. Sie fliehen, was auf Angst schließen lässt, und machen – um im Bild des Militärs zu bleiben – „Meldung" in den umliegenden Höfen und in Gerasa. Die Bevölkerung eilt herbei und reagiert angesichts der Gesundung ebenfalls mit Furcht (V 15). Ganz ähnlich der emphatisch vorgetragenen Frage am Beginn der Erzählung „Was willst du von mir, Jesus?", die indirekt dazu auffordert zu gehen, bitten die Menschen Jesus, das Land zu verlassen. Vordergründig handelt es sich um ein obligatorisches Wundergeschichtenmotiv der Furcht vor dem Göttlichen, das obendrein belegt, dass Jesus offensichtlich selbst keine Heidenmission betrieben hat.[5] Diese Reaktion ist insofern überraschend, als man doch erwarten darf, dass sich die Bewohner über die Rehabilitation des ehemals Kranken freuen. Aber ausgerechnet sie werden nun zu Anwälten einer neuen Entfremdung. Ihr Bedürfnis nach Ordnung, Sicherheit und Ruhe ist durch die Heilung und das Erscheinen Jesu derart bedroht, dass sie in ihm einen Unruhestifter entdecken.[6]

Heilung provoziert Angst und Widerstand der Sozialgemeinschaft

Wie ist die innere Unruhe psychologisch zu erklären? Auch sie haben die Angst verinnerlicht und sie verjagen im Kollektiv aus ihrem Gebiet (im übertragenen Sinn aus ihrem Leben) alles das, was Jesus in dieser Erzählung verkörperte: Menschlichkeit und Freiheit anstelle von Ent-

---

1 Vgl. F. Albrecht, Blindheit und Lähmung, 172
2 Vgl. E. Drewermann, Tiefenpsychologie und Exegese II, 241 ff.;
3 E. Drewermann, Tiefenpsychologie und Exegese II, 269; vgl. ebenso M. Kassel, Sei, der du werden sollst, 108
4 M. Kassel, Sei, der du werden sollst, 108
5 Vgl. J. Imbach, Wunder, 138; vgl. R. Pesch, Der Besessene von Gerasa, 47
6 Vgl. E. Drewermann, Tiefenpsychologie und Exegese II, 272

Jesu Tat konfrontiert mit eigenen Schwächen

fremdung und Außenlenkung. Die psychologische Erklärung klingt plausibel: Da den Bewohnern nun demonstriert wurde, wie hilflos und unmenschlich sie im Unterschied zu Jesus mit dem Besessenen umgingen, erscheinen sowohl Jesus als auch der geheilte Mann als unerträgliche „Exponenten eines integrierten Menschseins"[1]. Jesu Tat konfrontiert sie mit ihren eigenen Schwächen, mit ihrer eigenen beschädigten Existenz. Wem es unter uns Lehrern gelingt, den größten Störenfried einer Klasse auf geschickte pädagogische Art zu motivieren, der macht sich ganz sicher nicht Freunde unter den Kollegen, die an diesem Schüler schier verzweifelt sind und nur mit harten Sanktionen „durchgreifen" konnten. Erfolgreiche Pädagogik provoziert Neider und negative Reflexionsprozesse bei Kollegen, die wie die Bewohner hier spüren, dass „sie selbst nicht Herr sein können über ihre dunklen Möglichkeiten"[2]. Derartige Therapien werden als Infragestellung des eigenen Selbst interpretiert, deshalb muss Jesus das Gebiet Gerasas verlassen.

→ Baustein 3

die Rückkehr nach „Gerasa" als Bewährungsprobe

Die Ablehnung deutet an, dass der Genesene keineswegs sicher sein kann, dauerhaft geheilt zu sein. Malen wir uns den Fortgang der Erzählung aus, werden wir in Rechnung zu stellen haben, dass die Bewohner Gerasas das Leben des Mannes nicht einfacher machen werden. In ihnen werden die Chaosmächte weiterleben. Gut vorstellbar, welchen neidischen Blicken der Genesene ausgeliefert sein wird. Es wird alles darauf ankommen, dass der ehemals Besessene im Alltag umsetzt, was hier seinen Anfang genommen hat, dass er lernt, die „fremden Truppen" außerhalb seines „Reiches" zu halten. Wie zur Bestätigung dieser These lässt der Erzähler daher Jesus die Bitte nicht erfüllen, die der Mann an ihn richtet. Jesus fordert ihn auf, ihn nicht zu begleiten und stattdessen in seine Familie zurückzukehren. Der Individuationsprozess kann erst dann abgeschlossen werden, wenn der Mann die Angst besiegt, auch ohne direkte Begleitung Jesu im Zentrum der ehedem verhassten Welt die „Kettenträger" zu ertragen.[3] Didaktisch wichtiger als die Erkenntnis, dass es dem Erzähler dabei um die Mission in der Dekapolis geht,[4] ist für mich die Frage, welches Gottesbild letztlich von dem Mann verkündet werden soll; wovon erzählte er, dass „alle staunten" (V 20)?

der Gott Jesu: ein Gott der Befreiung und des Vertrauens

Die Antwort ist wahrlich theo-logisch, und doch enthält sie eine didaktische Spitze, die nicht folgenlos für den Religionsunterricht und die Atmosphäre im Lehrerzimmer bleiben kann: „man kann von Gott nur glaubwürdig sprechen im Umraum einer heilenden und tragenden Beziehung zu einem Menschen, der mit der eigenen Existenz weder die hilflose Gleichgültigkeit noch die vergewaltigende Verantwortlichkeit der ‚Schweinehirten' verkörpert, sondern der seine eigene Person dafür einsetzt, die Person des anderen in ihrer Riskiertheit und Freiheit hervorzulocken und buchstäblich ‚zur Sprache zu bringen'. Wo es sich so verhält, dass ein Mensch einem anderen zum Weg aus den ‚Grabhöhlen' wird, da wird man in alle Zukunft von Gott nur noch sprechen können, indem man erzählt, wie man diesen Menschen in seinem Leben erfahren und in sein Herz geschlossen hat. [...] in alle Zukunft wird dieser Mann bekennen wollen und bekennen müssen, dass Gott in der Nähe dieses einen alle Angst aus dem menschlichen Herzen zu verbannen vermocht hat, und das, was er am Anfang am meisten fürchtete, wird jetzt zum Inbegriff seines Glücks."[5]

→ Baustein 10

Die Verwandlung von Angst, Hass und Entfremdung in Freiheit, Leben und Würde

Damit sind wir am Ende der Auslegung unserer Perikope angelangt. Versucht man, die bisherigen Ergebnisse auf einen Punkt zu bringen, so kann konstatiert werden: Die Heilung von Besessenheit in der Erzählung Mk 5, 1–20 lässt sich sowohl mit historisch-kritischen als auch mit tiefenpsychologisch exegetischen Forschungsergebnissen allgemein als Bild für die Verwandlung von „Tod in Leben, von Entfremdung in Freiheit, von Selbsthass und Einsamkeit

---

1 M. Kassel, Sei, der du werden sollst, 109
2 M. Kassel, Sei, der du werden sollst, 109
3 Vgl. E. Drewermann, Tiefenpsychologie und Exegese II, 274f.
4 Vgl. R. Pesch, Der Besessene von Gerasa, 47f.
5 E. Drewermann, Tiefenpsychologie und Exegese II, 276

in Würde und Gemeinsamkeit"[1] verstehen. Die Krankheit wurde bislang als Endpunkt einer Kommunikations- und Persönlichkeitsstörung erfasst, die mit dem Begriff der „Tobsucht" eine erste konkretere medizinische Bezeichnung erfuhr, und zwar nicht allein vonseiten der Tiefenpsychologie (Drewermann), sondern auch von der historisch-kritischen Exegese (Pesch und Kratz). Um die Brücke von der biblischen in die Welt unserer Kollegen und Schüler punktgenau zu schlagen, verfolgen wir diese Spur und fragen, mit welchem medizinischen Vokabular wir das, was bislang als Besessenheit bezeichnet wurde, in unsere Zeit übersetzen können? Um dem Verdacht zu entgehen, zu einseitig mit der Tiefenpsychologie zu argumentieren und „teilweise fantasievolle Krankengeschichten in die neutestamentlichen Wunderberichte hineinzulesen, um diese adressatenorientiert in Szene zu setzen"[2], beginnen wir die vertiefende medizinische Spurensuche bei der historisch-kritischen Exegese.

3 Moderne Deutungen und Formen der Dämonie

medizinische Deutungen durch die historisch-kritische Exegese

In dem für die gymnasiale Oberstufe und das Studium empfohlenen exegetischen Lehrbuch „Der historische Jesus" von Theißen und Merz werden zum besseren Verständnis der biblischen Dämonie folgende konkrete Krankheitsbilder vorgestellt. Viele decken sich ziemlich exakt mit den bisherigen Ergebnissen, die wir zu den Dämonen in Mk 5, 1–20 zusammengetragen haben: „Der Glaube an sie wird genährt von der *Angst vor Kontrollverlust* – also vor jenen Situationen, in denen wir nicht mehr ‚Herr' im eigenen Haus sind, sondern uns als *fremdbestimmt* erfahren. Unheimliche Orte gelten als von Dämonen besessen, weil man in *Panikattacken* angesichts des Unheimlichen nicht mehr Herr über sich selbst ist. *Starke Affekte* und *Abhängigkeiten* gelten als Auswirkung von Dämonen: Die Testamente der Zwölf Patriarchen sehen in der *Trunksucht,* in *Hurerei* und *Zorn* Dämonen am Werk! Denn in diesen ‚Lastern' verliert der Mensch die Kontrolle über sich. Ebenso können *normale Krankheiten* auf Dämonen zurückgeführt werden, weil auch sie den Menschen aus seinem Leben herausdrängen: *Starke Schmerzen* oder *Behinderungen* berauben ihn seiner Selbststeuerung. Erst recht aber ist das der Fall, wo ein Mensch aufgrund *psychisch abweichender Verhaltensweisen* nicht mehr als der erscheint, der er sonst war – also bei ‚Besessenheit' im engeren Sinne, bei der ein fremdes Subjekt das Subjekt des Kranken verdrängt. Heute ordnen wir solch ein Verhalten als *Identitätsstörung (Teil eines Borderlinesyndroms)*, als *dissoziative Störung*, als *‚multiple Persönlichkeit'* oder als *Psychose* ein."[3] Im Folgenden dienen die hier aufgelisteten Krankheitsbilder der Dämonie als Strukturraster, das mit weiteren exegetischen und didaktischen Kommentaren zu Mk 5, 1–20 inhaltlich ergänzt wird, sodass am Ende ein klar profiliertes Panorama von modernen Deutungen der Markusperikope entsteht. Mit diesem medizinischen Überblick kann dann der Weg zu den aktuellen Krankheiten von Schülern und Lehrern besser beschritten werden, sodass schließlich die brisante Aktualität der biblischen Erzählung vor Augen tritt. Die einzelnen Krankheitsphänomene liegen natürlich sehr eng beieinander, sodass Wiederholungen unvermeidlich sind. Dennoch wird ihre begriffliche Differenzierung der Übersicht wegen vorgenommen.

[1] E. Drewermann, Tiefenpsychologie und Exegese II, 276
[2] B. Kollmann, Wundergeschichten, 159
[3] G. Theißen u. A. Merz, Der historische Jesus, 281; Kursivdruck V.G.

3.1 Angst vor Kontrollverlust und Fremdbestimmung

→ Baustein 1

→ Baustein 5

→ Baustein 7

innere Zerrissenheit und Ausgeliefertheit

keine tragende religiöse Bindung

Verlust gesellschaftlicher Beziehungen

Im Rahmen der Textinterpretation sind die Ängste, denen der Besessene von Gerasa ausgesetzt sein dürfte, hinlänglich v. a. mit Drewermann beschrieben worden. Die im Hintergrund der Isolation bei den Gräbern stehenden Fluchttendenzen bezeugen demnach eine unaufhörliche Verfolgungsangst: Wer besessen ist, ist permanent auf der Flucht vor sich und anderen.[1] Zweifellos ist das Leben des Besessenen durch und durch angstbesetzt, sodass die „Kettenträger", aber auch die „unkontrollierten Handlungen"[2] belegen, wie fremdbestimmt und ohnmächtig dieses Leben im Umfeld von Familie und Dorfgemeinschaft (oder eben auch von Kolonialmächten) erfahren wird. Der Mann hat bis zum Erscheinen Jesu ganz und gar die Kontrolle über sein Leben verloren und ist der Fremdbestimmung ausgeliefert. Da man nicht mehr Herr seiner selbst ist, erscheint das Leben, mit Berg, Drewermann und Niemann gesprochen, als eine einzige Qual.[3] „Man darf annehmen, dass es vor allem diese Erfahrung innerer Zerrissenheit und Ausgeliefertheit ist, die als Kern dessen gelten muss, was in der Bibel als ‚Besessenheit' beschrieben wird und was als Erfahrung von einem jeden Menschen mehr oder minder mitempfunden werden kann."[4] Imbach macht wie viele Exegeten darauf aufmerksam, dass diese Ohnmacht umso stärker empfunden wird, als der Mann nicht nur ohne sozialen Halt lebt, sondern auch keine tragende religiöse Bindung kennt, sodass sich „hinter seinem Gebrüll und seiner Raserei ein einziger Abgrund an Angst auftut."[5] So erkennt Albrecht in Anlehnung an Rupprecht hinter dieser religiösen und sozialen Entfremdung (im Hebräischen heißt „glauben" so viel wie „sich festmachen"!) die Krankheit als „‚Störung eines Systems', eines offenen Gefüges, das sich aus komplexen organischen, psychischen und gesellschaftlichen Beziehungen zusammensetzt."[6] Damit lenkt auch er den Blick auf eine medizinisch ganzheitliche Betrachtung des Besessenen. Der biblische Text spricht „aus einer Wirklichkeit heraus, die unseren entfremdeten Umgang miteinander und mit uns selbst entlarven und für ganzheitliche Zugänge neu öffnen kann. Der Sprache unserer Seele sind die Texte auf keinen Fall fremd"[7].

Sonderfall der Entfremdung: Vergewaltigung

Dieses Resümee gilt auch für zwei Studien, die einen Sonderfall der Entfremdung diskutieren, welcher nur auf den ersten Blick irritierend wirkt. Im Rahmen seiner noch weiter unten zu beachtenden didaktischen Studie kann Albrecht anhand von Schülerinterviews belegen, dass Jugendliche einer 10. Klasse die Metaphern von „Ketten" und „Fesseln" mit Entfremdungserscheinungen in Verbindung bringen, die aus den gestörten Beziehungen zu ihren Familien resultieren.[8] In diesem Kontext verweist Albrecht auf eine ähnliche, exegetisch-psychologische Argumentation von Horsfield, der die Verhaltensweisen des Besessenen von Gerasa mit denen von traumatisierten Jugendlichen vergleicht, die von Familienangehörigen vergewaltigt wurden.[9] Da dieser vielversprechende Ansatz didaktisch noch von Belang sein wird, sei er hier etwas ausführlicher erläutert.

→ Baustein 8

[1] Vgl. E. Drewermann, Tiefenpsychologie und Exegese, 262 ff.; vgl. zu den Isolationsängsten H.K. Berg, Feuer, 222; die Paranoia kann sich so weit steigern, dass man sich als Opfer einer Verschwörung erlebt, wobei in der Vielzahl der gehörten Stimmen meist Vater und Mutter oder deren Stellvertreter „sprechen"; vgl. E. Drewermann, Tiefenpsychologie und Exegese II, 228 f.

[2] B. Kollmann, Wundergeschichten, 69; zum Zusammenhang von sozialer Entfremdung und Selbstdestruktion vgl. M. Kassel, Sei, der du werden sollst, 106

[3] H.K. Berg, Feuer, 84; vgl. E. Drewermann, Tiefenpsychologie und Exegese II, 258; vgl. U. Niemann, Das Böse, 121

[4] E. Drewermann, Tiefenpsychologie und Exegese II, 265

[5] J. Imbach, Wunder, 129; zur Entfremdung von Gott und Mitmensch im Rahmen von Dämonie vgl. auch G. Theißen, Bibel, 145

[6] F. Albrecht, Blindheit und Lähmung, 102; vgl. F. Rupprecht, Krankheit als Erfahrung des Lebens. Eine biblisch-exegetische Studie, Heidelberg 1992, 146; vgl. zur ganzheitlichen Sicht auf den Menschen und zur sozialen Ausgrenzung auch besonders H.K. Berg, Feuer, 86, 135

[7] F. Albrecht, Blindheit und Lähmung, 102

[8] Vgl. F. Albrecht, Blindheit und Lähmung, 166

[9] Vgl. P. Horsfield, The Gerasene Demoniac and the Sexually Violated, in: St. Mark's Review 152 (1993), 2–7

Der stichhaltige Vergleich setzt bei dem gewaltsam hervorgerufenen Kontrollverlust der Menschen und dem dafür genutzten militärischen Bild der Invasion durch fremde Truppen an: „That sense of being used or taken over beyond one's ability to control, mythologised in the Markan story by the occupation of the demon(s), is central to understanding the contemporary, existential truth of the story, for there are or will be times in all human lives when we are faced with situations or drives which ignore our autonomy and gifted self-worth, invade our space, one way or the other, and use us. [...] Women survivors of sexual assault speak frequently of the experience of being sexually assaulted in terms of being invaded, possessed and used."[1] Es ist eine Randnotiz wert, dass gerade die Opfer, die durch Kleriker missbraucht wurden, sich gleichfalls von Gott verlassen fühlen. Die Entfremdung vom sozialen Umfeld und von Gott geht einher mit dem ebenfalls bereits beschriebenen Phänomen der Persönlichkeitsspaltung, die in der Perikope durch den Namen „Legion" veranschaulicht wurde. „The integrated self is frequently divided into several characters (known as ‚splitting'), literally making the one person, many – the very words used to describe the character of the demoniac. [...]: ‚From the time I was very young child, I had experiences which were so traumatic they split my personality wide open.'"[2] Horsfield kann weiterhin belegen, dass das soziale Umfeld auf die hysterisch anmutenden Reaktionen der Opfer mit jener Strategie reagiert, wie sie v. a. Drewermann in der biblischen Erzählung erkannte. Man erklärt die Opfer einfach für verrückt „in order to contain or neutralise the social impact of what is being reported."[3] Die solchermaßen forcierte Isolation des Themas und damit der Opfer schafft für das betroffene Umfeld das Problem vordergründig aus der Welt, und es bedarf der einfühlsamen Begegnung mit einem Menschen (wie Jesus), der dem ganzen Komplex dieser Form der Dämonie nicht ausweicht, sondern den Betroffenen das Gefühl dafür und den Glauben daran vermittelt, dass Heilung möglich ist. Die Aufarbeitung führt nicht selten exakt zu jener abwehrenden Reaktion im sozialen Umfeld, die wir analog in Mk 5, 1–20 bei den Dorfbewohnern beobachten konnten. Sie dokumentieren, wie unangenehm die Bekämpfung der Dämonie sein kann, da die Heilung mit eigenen Defiziten konfrontiert: „Breaking the silence around sexual violence and challenging the victimisation of women calls into question entrenched social attitudes and advantages, institutional self-interest and comfortable social illusions."[4]

„Invasion fremder Truppen" als Bild für eine Vergewaltigung

Persönlichkeitsspaltung bei Opfern

ablehnende Reaktion der Umwelt

Der soziale Aspekt der Dämonie wird im Folgenden noch präzisiert, wenn wir ihn in Zusammenhang mit der Tobsucht bzw. Hysterie bringen.

3.2 Panikattacken und starke Affekte wie Zorn

Diese von Theißen und Merz aufgezählten Teilaspekte der Dämonie werden sowohl von weiteren historisch-kritischen Exegeten als auch von den tiefenpsychologisch argumentierenden Theologen unterstrichen, wobei sich durchaus Nuancen ergeben, die für das medizinische Bild bedeutsam sind.

Unter Berufung auf exegetische Forschungen spricht Pesch bezüglich der Dämonie mehrfach von „Tobsucht", bringt sie jedoch wie Rupprecht in engste Verbindung mit Epilepsie, über Rupprecht hinaus sogar mit Pyro- und Hydromanie.[5] Auch Drewermann sieht in dem Besessenen einen tobsüchtigen Mann, ortet diese Erkrankung jedoch in unmittelbarer Nähe zur Hysterie.[6] Die medizinischen Begriffe bedürfen einer Erläuterung.

[1] P. Horsfield, Demoniac, 3f.
[2] P. Horsfield, Demoniac, 5
[3] P. Horsfield, Demoniac, 5
[4] P. Horsfield, Demoniac, 7
[5] Vgl. R. Pesch, Der Besessene von Gerasa, 10; vgl. R. Kratz u. R. Pesch, So liest man synoptisch, 15; vgl. F. Rupprecht, Krankheit, 136
[6] Vgl. E. Drewermann, Tiefenpsychologie und Exegese II, 254, 256

Hysterie: neurotische Scheinlösung eines seelischen Konfliktes

Der Begriff der „Tobsucht“ wird gegenwärtig nur noch umgangssprachlich „zur Kennzeichnung von Erregung mit Neigung zur Zerstörung von Gegenständen“[1] verwendet. Medizinisch exakter dürfte dagegen die „Hysterie“ sein, die verschiedene Ausprägungen kennzeichnet. Die Hysterie umfasst sowohl psychosomatische als auch konversionsneurotische Erscheinungsformen. Gemeinsames Merkmal aller Bilder ist, „dass der Betroffene sich unbewusst als etwas anderes darstellt, als er tatsächlich ist. Die veränderte Selbstdarstellung wird psychoanalytisch als der Versuch einer neurotischen Scheinlösung eines innerseelischen Konfliktes betrachtet.“[2] Zum Erscheinungsbild der Hysterie zählt der in Mk 5, 1–20 dargestellte zornige Anfall der (Auto-)Aggression, der vom äußeren Ablauf her zwar stark an die Epilepsie erinnert, sich jedoch von ihr in einem Punkt gravierend unterscheidet. Während epileptische Anfälle hirnorganisch bedingt und auch heute nur schwer zu behandeln sind, handelt es sich bei der Hysterie eben nicht um eine ursächlich organische, sondern rein psychische Erkrankung.[3]

→ Baustein 9

keine Epilepsie, sondern Konversionsneurose

Rückt man die biblische Dämonie mit der Exegese (Rupprecht, Kratz und Pesch) in die Nähe einer Epilepsie, droht Jesus zu einem Magier, einem göttlichen Zauberer zu werden, der organische Krankheiten heilte, die selbst heute bei größtem medizinischen Know-how nur schwer therapierbar sind. Anders liegt der Fall, wenn wir die Dämonie als konversionsneurotische bzw. als psychosomatische Erkrankung interpretieren.

Konversion: Verlagerung verdrängter Affekte in Körpersprache

Der auf Freud zurückgehende Begriff der „Konversion“ beschreibt den Fall, dass der Mensch bestimmte Affekte aus Angst vor einem unkontrollierten Durchbruch verdrängt, also vom Bewusstsein fernhält. Diese vom sog. Über-Ich – gemeint sind seit Kindertagen verinnerlichte familiäre und gesellschaftliche Normen – verursachte Angst führt zu einem angepassten Rollenverhalten, d. h. der Mensch nimmt nicht authentische Verhaltensweisen an. Er wird aber nach einer bestimmten Zeit durch Reaktionen der körperlichen Organe von seinem Unterbewusstsein auf die fehlende Integrität insofern aufmerksam gemacht, als der ursprünglich intendierte Triebwunsch nun sichtbar wird (was sich jedoch nicht alle Menschen begreiflich machen).[4] Er „konvertiert“ vom Unterbewusstsein in die der menschlichen Steuerung entzogenen Körpersprache, deren Psychologie der Volksmund noch sehr fein erspürt. In unserem Textbeispiel handelt es sich um eine konversionshysterische Erkrankung, wobei das wütende Schlagen und Schreien als „fauler Kompromiss“ zwischen Ich und Über-Ich verstanden werden muss. Die Beobachtung, dass der Besessene „vor Wut schäumt“ (vgl. die emphatische Reaktion auf das Kommen Jesu), cholerisch „lauthals seinem Ärger Luft macht“ und überhaupt „wie kopflos (im Sinne von unvernünftig) und entfesselt“ auftritt, belegt, dass die Affekte sich den Zugang zum Motorium erzwungen haben und zu symbolischen Bewegungen nötigen.[5]

Angst als Ursache der Hysterie

Entscheidend ist es nun zu realisieren, dass die Ursache für die hysterische Selbstdarstellung in panischer Angst zu suchen ist. Der Bewegungsdrang hysterisch veranlagter Menschen symbolisiert (meist im Zusammenhang mit verdrängter Sexualität oder unter dem Eindruck subjektiv empfundener Lebensgefahr) das Verlangen nach Freiheit und „ungebundener“ Lebensweise, die offenbar durch die Mitmenschen stark reglementiert und unter*bunden* wurde. Erschwerend kommt hinzu, dass Hysteriker seit Kindertagen dazu neigen, grundsätzlich jede Pflicht und Notwendigkeit sozialer Regeln zu verachten. Sie müssen sich stän-

---

1 U.H. Peters, Wörterbuch der Psychiatrie und medizinischen Psychologie, Augsburg 1997, 531

2 U.H. Peters, Wörterbuch, 244

3 Vgl. U.H. Peters, Wörterbuch, 159; zur Sonderform der Hysteroepilepsie, die Tötungsimpulse unter dem Druck des Über-Ichs auf die eigene Person lenkt, vgl. E. Drewermann, Tiefenpsychologie und Exegese II, 238

4 Vgl. E. Drewermann, Tiefenpsychologie und Exegese II, 196 f.; vgl. E. Drewermann, Jesus von Nazareth. Befreiung zum Frieden, Düsseldorf [6]2001, 275 ff.

5 Zum Jähzorn als antike Form der Dämonie vgl. E. Drewermann, Mensch, 77 f.

dig versichern, dass in ihrem Leben noch nichts entschieden und alles möglich ist. In dem Bestreben, sich alle Möglichkeiten offen zu lassen, wird der Hysteriker zu einem angepassten „Schauspieler aus Angst“[1], dessen Auftritte eine vermeintliche Erlebnistiefe vorspielen. In Wahrheit orientiert er sich bei dem Rollenspiel auch an den Erwartungshaltungen der anderen, ist eigentlich völlig unfrei und fürchtet nichts so sehr wie den selbstbewussten Austritt aus dem Rollenspiel und die ernsthafte Akzeptanz von Verbindlichkeit und Verantwortung. Die Begegnung mit Mitmenschen unterliegt daher ebenfalls den Regeln eines Schauspiels. Hysteriker lieben zwar die Beachtung der Menge, da sie aber unabhängig bleiben wollen, versagen sie sich jeden zu engen Kontakt. Man missverstände sie, hielte man jedes Gespräch für eine auf Tiefgang bedachte Konversation, die womöglich ein wirkliches Interesse an der eigenen Person bekunden würde. Noch in der Begegnung mit Jesus wird diese paradoxe Haltung des Hysterikers sichtbar. Er könnte sich vor dem Gefürchteten ja leicht verstecken, sucht aber, von der Erzähllogik her völlig unmotiviert, den Kontakt, nur um (unter Aufbietung höchster Theatralik) zu bekunden, dass er eigentlich mit Jesus nichts zu tun haben will: Aufmerksamkeit: Ja – Beendigung des szenischen Spiels: Nein.

Hysteriker: Schauspieler aus Angst

Eine hysterische Reaktion wie das „ganze Theater“ in den Bergen kann daher symbolisch als dramatischer und ambivalenter Fluchtversuch aus den permanenten Triebunterdrückungen (man spielt nur die integre und freie Person, passt sich in Wahrheit jedoch widerwillig an) und aufgestauten Aggressionen und Schuldgefühlen (aufgrund der eigentlich gewünschten Normverletzung, die sich Bahn brechen will), aber auch als Chance verstanden werden, weiterhin auf sich aufmerksam zu machen.[2] Bedenken wir, dass sich im Deutschen die „Angst“ etymologisch von der „Enge“ ableitet, wird die diesbezügliche Raumsymbolik in Mk 5, 1 – 20 noch einsichtiger. Die Distanz zum einengenden Dorf, das Zerstören jeglicher Bindungen (Ketten, Fesseln) und die überakzentuierte Selbstdarstellung (Kleidungsverlust und Schreie) sind Symbole eines (vom Leser zweifellos in der Ambivalenz durchschauten) Befreiungsschlages von sozialen Beziehungen und Über-Ich-Befehlen. Hinter der Dämonie nach Mk 5, 1 – 20 steckt, darauf wurde mehrfach verwiesen, folglich auch ein sozialer Konflikt. Die Weltgesundheitsorganisation nimmt in diesem Sinne für die Hysterie als moderne Form von Besessenheit „eine nahe zeitliche Verbindung zu traumatisierenden Ereignissen, unlösbaren oder unerträglichen Konflikten oder gestörten Beziehungen“[3] an.

ambivalente Fluchtversuche aus sozialen Beziehungen

Diese skizzierte Krankheit währt unbehandelt so lange, wie die erörterten Spannungen in Familie, Ehe oder Gesellschaft andauern. „Es kann aber sein, dass die Begegnung mit einer bestimmten, zumindest subjektiv als besonders bedeutsam erlebten Person Bewegung in den psychischen ‚Stellungskrieg‘ bringt, indem ihr Einfluss die Angstspannung aufhebt, die der Krankheit zugrunde liegt.“[4] Als eine solche bedeutsame Person muss Jesus in Mk 5, 1 – 20 gedeutet werden, der es offenbar verstand, die Voraussetzung für die Heilung von Hysterie zu schaffen: die Überwindung angepassten Rollenverhaltens, die selbstzerstörerische Kanalisierung der aufgestauten Aggressionen und die soziale Phobie bzw. umgekehrt die Vermittlung von Vertrauen in die eigene integre Person, zu Jesus, Gott und in die Mitmenschen.

Begegnung mit einer vertrauenswürdigen Person als Bedingung der Heilung

3.3 Abhängigkeiten: Trunksucht und Hurerei

Wie gelingt es, ein Dasein aufzuwerten, das von der soeben beschriebenen Grundangst und der Entfremdung durchzogen wird? Dass die Antike glaubte, was auch der Popularmusiker Udo Jürgens singt, dass nämlich „der Teufel [...] den Schnaps gemacht (hat), um uns zu

[1] E. Drewermann, Wege und Umwege der Liebe. Christliche Moral und Psychotherapie, 48
[2] Vgl. E. Drewermann, Tiefenpsychologie und Exegese II, 237
[3] ICD-10, zitiert nach U. Niemann, Das Böse, 122
[4] E. Drewermann, Jesus, 276

verderben"[1], lässt sich leicht verstehen, wenn wir den Teufelskreis eines Alkoholikers betrachten, wie ihn A. de St. Exupéry in seiner Erzählung „Der kleine Prinz" enthüllt.[2] Der vom kleinen Prinzen angetroffene Säufer trinkt. Wozu? Um zu vergessen. Was? Dass er sich schämt. Wofür? Dass er säuft. Der Kreislauf von Schuld, Scham und Vergessen kann nicht verlassen werden, die Entfremdung ist endgültig, als sich der Säufer schließlich in Schweigen verschließt. Die von Exegese und Tiefenpsychologie gleichermaßen betonte teuflische Abhängigkeit vom Alkohol[3] kann grundsätzlich auf alle modernen Formen der Sucht übertragen werden. Drewermann nennt insbesondere die Drogenabhängigen, die Berg noch ergänzt durch Spiel- und Rüstungssüchtige, und Albrecht ergänzt die Mager- und Konsumsüchtigen und die ebenfalls von Drewermann gesehenen Suizidgefährdeten, die sich den Tod herbeisehnen.[4]

→ Baustein 7

Sucht als Entfremdung vom Selbst

Die genannten Süchte signalisieren gravierende seelische Störungen. „So gesehen tun wir gut daran, den Begriff ‚Sucht' aus dem düsteren klinischen Umfeld des Pathologischen herauszunehmen und das Suchtverhalten als eine allgemeine Gefährdung, Krisenanfälligkeit und Warnzeichen unserer Seele zu verstehen. Wo immer ich in ein süchtiges Verhalten verfalle, entferne ich mich von meinem Selbst"[5], und dort sind – in der Sprache der Bibel – die Dämonen am Werk. Tatsächlich sind dann die Gräber bei Gerasa nichts anders als ein Inbegriff der verzweifelten und uneingestandenen Sehn-sucht des Besessenen nach Leben und Liebe, die es im „Dorf" nicht (mehr) gibt. Hinter der Sucht verbirgt sich (nicht zuletzt etymologisch) die Suche, und die Bilder vom sich selbst rauschhaft geißelnden, tobsüchtigen Mann werden zum Synonym für die Bewusstseinszerstörung durch Drogen, Alkoholika und Zerstreuung bietenden Konsum, sodass das Über-Ich (Moral und Normen der Dorfbewohner) ausgeschaltet und die Angst vermeintlich besiegt wird. Für Tobsucht und andere Süchte ist derartige Scheinsicherheit gleichermaßen charakteristisch: „Es gibt nicht mehr den Dämon der ständigen Verfolgung. Es gibt nicht mehr den Gott, der auch im Dunklen sieht. Es gibt nicht die permanente Drohung eines überlegenen Wissens, das völlig willkürlich urteilt, wie es ihm gerade passt. Es ist möglich, einen kurzen Moment lang aufzuatmen und sich unbedroht zu fühlen. So im Rausch. So im ‚Rauschschlaf'; es ist, dass da gar nichts Bedrohliches mehr ist; es ist das blanke Abschalten."[6]

Hurerei als Dämonie

Der von Theißen und Merz nicht weiter kommentierte Hinweis auf die Hurerei als eine weitere Form der Dämonie könnte im Kontext der erwähnten Sinnsuche interpretiert werden. Aus Sicht des Mannes personifiziert die Prostituierte die Möglichkeit, den Körper von der Seele abzuspalten und „das ist es wohl eigentlich, was man ihr übel nimmt und weswegen man sie quer durch die Jahrtausende zum Teil bewundert hat und doch immer wieder auch hasst und verachtet. Sie tut etwas Äußerliches und gibt dabei genau zu spüren, dass sie selber als Frau darin ganz und gar unerreichbar ist, und diese Erfahrung wird jede Dirnenbekanntschaft in etwas Demütigendes verwandeln. Bezahlte Liebe ist nicht Liebe."[7] Wie groß musste der Hunger nach Zuneigung und tragender Partnerschaft hinter käuflich erworbener „Liebe" in Zeiten sein, da es den One-Night-Stand als gesellschaftlich breit akzeptierte Form der Sexualität noch nicht gab? Wie vielen fremden Stimmen, Blicken und perversen Befehlen wird (evtl. gegen ihren eigenen Willen), aber auch wie vielen eigenen Wünschen nach Geld und Glück ist eine Prostituierte in einer Nacht ausgesetzt? Auch (käuflicher) Sex kann zur Sucht werden – für den Freier wie für die Dirne gleichermaßen. Und er

---

1 Udo Jürgens, Der Teufel hat den Schnaps gemacht, von der Audio-CD: Aber bitte mit Sahne (2001)
2 Vgl. A. de St. Exupéry, Der kleine Prinz, Düsseldorf 1971, Kap. XII
3 Vgl. H.K. Berg, Feuer, 159; vgl. E. Drewermann, Tiefenpsychologie und Exegese II, 253
4 Vgl. F. Albrecht, Blindheit und Lähmung, 159
5 M. Jung, Der kleine Prinz in uns. Auf Entdeckungsreise mit Saint-Exupéry, Düsseldorf 2005, 60
6 E. Drewermann, Mensch, 161
7 E. Drewermann, Mensch, 122

lässt – wie beim One-Night-Stand – Körper und Seele auseinanderfallen. Das eint sie mit dem Besessenen von Gerasa.

3.4 Krankheiten, Schmerzen, Behinderungen, psychisch abweichende Verhaltensweisen

Dass Krankheiten, insbesondere die Suchtkrankheiten, und Schmerzen das Leben zur Qual werden lassen können, weil man das Gefühl hat, es selbst nicht mehr steuern zu können, dürfte einleuchten. Wir erinnern jedoch an obige Prämisse, dass es sich bei den durch Jesus therapierten Krankheiten und Behinderungen um Konversionsneurosen und psychosomatische Erkrankungen handelt, die natürlich weite Teile des Körpers und der Organe betreffen können. Das schließt nicht aus, im Namen der Religion auch jene aufzurichten und zu begleiten, die entweder wie Alkoholiker und Drogenabhängige schwer therapierbar sind oder organisch unheilbar erkrankt sind, wie z. B. die von Berg genannten Aidskranken.[1] Das Beispiel der Aidserkrankung belegt zudem, wie eng Sucht, Prostitution und soziale Isolation zusammenhängen können. Es ist somit konsequent, mit Berg Drogenabhängigkeit, Aidserkrankung und Obdachlosigkeit gemeinsam in den Kontext biblischer Dämonie zu stellen, hausen sie doch alle „ohne Hoffnung in der ‚Todeszone'"[2].

→ Baustein 7

Identitätsstörungen

Die von Theißen und Merz aufgelistete Identitätsstörung als Teil des Borderlinesyndroms vereint als Oberbegriff viele der bereits genannten psychischen Krankheitsphänomene. Die in der Figur des Besessenen von Gerasa allgemein entdeckten „mentalen Störungen"[3], „psychischen Verwüstungen"[4] und „Entstellung(en)[5]" von Psyche und Körper dienen der Exegese als Umschreibungen für den medizinischen Sachverhalt der Infragestellung bzw. des Verlustes der Identität.[6] Unter dem Stichwort des Borderlinesyndroms findet man näherhin jene psychischen Auffälligkeiten, die bislang eruiert werden konnten. Zu nennen sind hier insbesondere die verstärkte Impulsivität und Aggressivität bis hin zu manipulierenden Suizidhandlungen sowie masochistischen Misshandlungen, die Minderwertigkeitsgefühle, Selbsthass und Ablehnung bezeugen.[7] Die theologische Forschung spricht analog von „selbstzerstörerische(r) Manie"[8], „Selbstdestruktion" und „Obsession"[9], „starkem Selbstzerstörungsdrang" sowie „manisch-depressivem Irresein"[10].

→ Baustein 6

Hinzu tritt das ebenfalls thematisierte Paradox der Kontaktsuche bei gleichzeitig gestörten engen Beziehungen. Die leicht verletzbare, durchaus narzisstisch gefärbte Psyche reagiert bei Kritik aus dem sozialen Umfeld äußerst gereizt, wie sie überhaupt eine geringe Stressresistenz besitzt. Hintergrund der sozialen und persönlichen Defizite bildet die bekannte Angst, das Leben nicht mehr kontrollieren zu können. Unter dem oben zitierten Stichwort

[1] Vgl. H.K. Berg, Feuer, 163
[2] H.K. Berg, Feuer, 163
[3] B. Kollmann, Wundergeschichten, 69
[4] H.K. Berg, Feuer, 82
[5] H.K. Berg, Feuer, 86
[6] Vgl. J. Imbach, Wunder, 142; vgl. M. Kassel, Sei, der du werden sollst, 106; vgl. H.K. Berg, Feuer, 111
[7] Vgl. U.H. Peters, Wörterbuch, 80
[8] B. Kollmann, Wundergeschichten, 72
[9] M. Kassel, Sei, der du werden sollst, 106; vgl. H.K. Berg, Feuer, 111
[10] R. Pesch, Der Besessene von Gerasa, 30, 10; tatsächlich trifft sich die manisch-depressive Neurose mit der Hysterie in einigen Punkten, z. B. der Unterdrückung eigener Gefühle und Wünsche, die jedoch beim Depressiven durch eine übertriebene Hingabebereitschaft, grenzenloses Verantwortungsgefühl und überzogene Identifikation mit fremdem Leid bis zur Selbstverleugnung gehen kann, bis auch hier Autoaggressionskrankheiten (wie die Magersucht) auftreten. Im Unterschied zur hysterischen Fehlhaltung in der biblischen Erzählung ist jedoch ein nach innen orientiertes Krankheitsbild typisch (Magen- und Darmanfälligkeit wie Colitis ulcerosa, chronische Müdigkeit, Hypotonie); vgl. E. Drewermann, Tiefenpsychologie und Exegese II, 226 ff.

psychosoziale Abwehr

„Tobsucht" findet man diesbezüglich die typische psychosoziale Abwehr, in der Theologie häufig mit „Kommunikationsunfähigkeit"[1] umschrieben.

hysterische Neurosen

dissoziative Störungen

→ Baustein 5

Hinter den weiterhin von Theißen und Merz aufgeführten „dissoziativen Störungen wie multiple Persönlichkeitsstörung und Psychose" verbergen sich hysterische Neurosen. Drewermann hatte in diesem Kontext von Verfolgungsangst gesprochen, die auch unter dem Begriff der „psychogenen Fugue" verzeichnet wird und das Fortlaufen von der sozialen Bezugsgruppe meint.[2] Die Weltgesundheitsorganisation wählt mit den „dissoziativen Störungen" den Oberbegriff für heutige Besessenheit, der dem der Hysterie entspricht und daher hier nicht noch einmal erläutert werden muss. Allerdings möchte ich abschließend nochmals die sozialen Netze erwähnen, die vom Krankheitsbild der Hysterie (Tobsucht, Psychose) erfasst werden. Denn, daran dürfte kein Zweifel bestehen, die diesbezüglichen „Bosheiten der Menschen (malum morale) wie Hass, Neid, Intrigen, Mobbing, Korruption"[3] motivieren und/oder beeinflussen den Krankheitsverlauf der Besessenheit. Gerade die Konkretisierung des Dämonischen „in übler Nachrede, im hartnäckigen und verbohrten Schweigen, im unversöhnlichen Gehaben, im abartigen Denken, im ungerechten Handeln"[4] lässt didaktisch aufhorchen und lenkt den Blick (im nächsten Kapitel) auf unsere Schulwelt.

→ Baustein 6
→ Baustein 9

Fazit

Folgende Bilanz zu den konkreten theologischen Deutungen von Besessenheit bietet sich an:

1. Der von Kritikern der Tiefenpsychologischen und Existenziellen Exegese geäußerte Vorwurf, in die biblischen Erzählungen würden „fantasievolle Krankengeschichten" hineingelesen, ist hier unhaltbar. Alle gesichteten historisch-kritischen Exegeten kommen zur symbolischen Auslegung von Mk 5, 1–20 nicht ohne psychologisches Vokabular aus und interpretieren die Dämonie konsequent als psychische Erkrankung einer Entfremdung (eine Ausnahme stellt die von Kratz und Pesch erwähnte Epilepsie dar).
2. Geht man diesen eingeschlagenen Weg konsequent zu Ende, muss man in Jesus einen Therapeuten sehen, dessen Fähigkeit offenbar darin lag, auf der Basis eines bedingungslosen Gottvertrauens konversionsneurotisch erkrankte, hysterisch veranlagte Menschen zu heilen. Die Heilung ist als längerer Prozess diverser Gespräche und Begegnungen zu verstehen, der in der biblischen Erzählung lediglich zu einer – von den Redaktoren übertrieben ausgeschmückten – Momentaufnahme verdichtet wird. In dieser Therapie ging es Jesus um die Vermittlung eines Gottesbildes, das zur Überwindung der menschlichen Angst und Entfremdung und zum Vertrauen in das eigene und das soziale Leben beigetragen hat.
3. Der Heilungsprozess ist nicht losgelöst von sozialen Konflikten zu denken. Die begründeten Versuche, hinter der Hysterie lodernde Familien- und Gesellschaftskonflikte zu entdecken, lassen die Erzählung überraschend aktuell für unsere Zeit werden, denken wir nur an die modernen Formen der Dämonie wie die Süchte und Vergewaltigungen. Um Missverständnisse zu vermeiden: Natürlich erzählt Markus nicht explizit von der Therapie eines antiken Junkies, doch die Symbolik der Erzählung ist nachweislich offen für die zitierten Aktualisierungen.

   Zur Vertiefung dieser Aktualität geht das folgende Kapitel den umgekehrten Weg: Nachdem die Symbolik von Mk 5, 1–20 erschlossen und moderne Formen der Dämonie vorgestellt worden sind, nähern wir uns nun der Erzählung von den Problemen unserer (Schul-)Welt aus und fragen von dort nach Berührungspunkten mit den bisherigen Arbeitsergebnissen.

---

[1] Vgl. E. Käsemann, Heilung, 5; vgl. M. Kassel, Sei, der du werden sollst, 106; vgl. H.K. Berg, Feuer, 87
[2] Vgl. U.H. Peters, Wörterbuch, 657
[3] U. Niemann, Das Böse, 122
[4] J. Imbach, Wunder, 140

3.5 Dämonie in der Schule

Dämonie im Klassenzimmer

Leistungsdruck

Die klassische Psychologie betont die Krisenhaftigkeit in der Jugendphase zwischen der Kindheit und dem Erwachsenenalter.[1] In dem wichtigen Prozess der Selbstfindung und starken körperlichen, psychischen und sozialen Veränderungen begegnet v. a. ein Problemfeld, das für unseren Zusammenhang von enormer Bedeutung ist. Gemeint ist der zunehmende Leistungsdruck, der besonders durch die Abwertung des Haupt- und Realschulabschlusses und der überzogenen Aufwertung des Abiturs ausgelöst wird. Immer mehr Eltern, in jedem Fall aber jene, die selbst die Hochschulreife erworben haben, fordern von ihren Kindern ausschließlich das Reifezeugnis für das Studium, mit der verheerenden Konsequenz, dass viele Kinder an psychosomatischen Krankheiten wie erhöhter Nervosität und Angststörungen leiden, wenn sie diesem Druck nicht standhalten.[2] Kommen dann noch die üblichen Begleiter der Pubertät hinzu, Selbstzweifel, Impulsivität, Eltern- und Lehrerkonflikte, Mobbing in der Klassengemeinschaft und in der Clique, Minderwertigkeitskomplexe aufgrund unerreichbarer medialer Vorbilder, dann sind jene psychischen, körperlichen und sozialen Akzente erfasst, von denen aus wir unter dem Stichwort der Dämonie zur biblischen Erzählung zurückfragen können.

psycho-
somatische
Erkrankungen

Depressive
Episode

Die höchste Prävalenzrate (18 bis 20 %) aller psychosomatischen Erkrankungen bei Jugendlichen nimmt die Depressive Episode ein, die in der Rekonstruktion der biblischen Krankheit (Hysterie) des Besessenen zwar an sich nicht gemeint ist, einige ihrer symptomatischen Bestandteile wie die Selbstverletzung, die motorische Unruhe, Gefühle der Angst und des Gequältseins sowie der exzessive Alkoholgenuss lassen jedoch Bezüge zur Hysterie und damit zur biblischen Perikope zu.[3] Das gilt in ähnlicher Weise für die Untergruppe der Angststörungen (Prävalenz: 8–10 %), die Panikstörungen, zu denen insbesondere Entfremdungsgefühle und Furcht vor Kontrollverlust zählen.[4] Genannt werden müssen auch die sog. akuten Belastungsreaktionen (5–7 % Prävalenz), die wie z. B. im Fall von Vergewaltigung zu Überaktivität, Zorn und Isolation und gestörtem Sozialverhalten führen können und nicht selten mit Drogen- und Alkoholkonsum einhergehen[5], Momente, die wir aus der exegetischen Forschung zur Dämonie ebenfalls kennen. Ohnehin können wir Lehrer davon ausgehen, dass etwa 2 bis 5 % unserer Schüler – je nach Schulform und geografischer Lage – psychotrope Substanzen wie Kokain einnehmen.[6]

Panikstörungen

Drogen- und
Alkoholkonsum

ADS

Seit einigen Jahren bestimmen jedoch mehr und mehr drei „Akte" das „Drama des modernen Kindes"[7]: die – häufig mit dem Stichwort Aufmerksamkeitsdefizitsyndrom (ADS) betitelte – Hyperaktivität, im Verbund mit Essstörungen und hohem Aggressionspotenzial und

[1] Vgl. K. Waligora, Körperbeschwerden und Depressivität bei Schülerinnen und Schülern, Hamburg 2003, 15. Anmerkung: Das folgende Kapitel möchte lediglich exemplarisch belegen, wie aktuell das biblische Thema der Dämonie heute im Schulleben ist. Eine in die Tiefe gehende Ursachenforschung zu den skizzierten Konflikten kann hier ebenso wenig geleistet werden wie eine ausreichende Lösungsperspektive – so dringend beides für jeden Lehrer nur zu empfehlen ist. Interessierte Lehrer seien auf die genannte Literatur zur Vertiefung verwiesen.

[2] Vgl. K. Waligora, Körperbeschwerden, 28 ff.; vgl. B. Staley, Pubertät. Überleben zwischen Anpassung und Freiheit, Stuttgart [2]1996, 232 ff.

[3] Vgl. H. Dilling u.a. (Hg.), Weltgesundheitsorganisation. Internationale Klassifikation psychischer Störungen. ICD – Kapitel 10 V (F). Klinisch-diagnostische Leitlinien, Bern u.a. [5]2005, F 32: Depressive Episode; vgl. ebenso S. Schmidtchen, Allgemeine Psychotherapie für Kinder, Jugendliche und Familien. Ein Lehrbuch, Stuttgart u.a. 2001, 38 ff.

[4] Vgl. H. Dilling, Weltgesundheitsorganisation, 139 f.; 160

[5] Vgl. H. Dilling, Weltgesundheitsorganisation, 167 f.

[6] Vgl. H. Dilling, Weltgesundheitsorganisation, 87 ff.

[7] W. Bergmann, Das Drama des modernen Kindes. Hyperaktivität, Magersucht, Selbstverletzung, Weinheim 2006

Störung des Sozialverhaltens.[1] Hyperaktivität, Essstörung und Fremd- sowie Selbstverletzung bilden mit ihren diversen Facetten ein Konglomerat von Identitätsstörungen, die uns Lehrern in jedem Klassenzimmer täglich begegnen. Anhand von ausgewählten und sprechenden Szenen möchten wir diese Identitätsstörungen kurz vorstellen. ADS-Kinder nutzen die Welt in der Tat zur Bühne ihrer Selbstinszenierung, daher ist die Rede von dramatischen Szenen und Akten keinesfalls nur anschauliche Rhetorik.

1. Szene: „Gerasa" oder: „Ich begreife nicht, sondern greife an …"[2] – Das Omnipotenzgehabe

Auf einem Spielplatz ereignete sich nach Bergmann folgende Begebenheit, die typisch für so manchen Konflikt im Klassenzimmer ist: Ein 6-jähriger Junge „fasst, nein, er ‚greift' sozusagen jedes Spielgerät ‚an', mit ungelenker Aggressivität und lässt es sofort wieder los und läuft zu einem anderen. Offenkundig kann er die Funktion des Ganzen nicht erfassen. Das kleine Glücksversprechen, das in jeder Schaufel und jedem Windspiel liegt, kann er nicht realisieren, er ist schon auf dem Weg zum nächsten Gegenstand. Sein Begreifen dauert zu lange für die unruhigen Antriebe, die in ihm wirksam sind, und er rennt immer weiter, er hat keine ‚Zeit'. Die anderen Kinder wenden sich intuitiv erschrocken ab, sie sichern sich in einem unsichtbaren Schutzkreis gegen ihn und seine Unruhe. Sie sperren ihn wortlos, aber unübersehbar aus. Sie schauen nur kurz auf ihn, blicken einander wie zur Vergewisserung an und rennen dann zu viert oder fünft zu einer Schaukel hinüber, während der Junge selbstvergessen und zugleich mit einer hoch wachsamen, fluktuierenden Aufmerksamkeit alles registriert und nichts versteht. Also rennt er wieder los. Der Kindergemeinschaft nähert er sich jetzt nicht mehr oder nur noch in aggressiver Absicht, einmal wirft er mit Sand nach ihr und sie brüllt sofort zurück, da läuft er weg, im Rennen ist er geübter und schneller als sie, sein geschicktes Wegrennen und vielleicht auch seine Aggression haben ihn für einen Moment getröstet. Er lächelt, während er wegläuft, aber er rennt ja nur in ein noch tieferes Alleinsein mit hundert und mehr unverstandenen Dingen um sich herum und einer unergriffenen Seele in sich."[3]

hyperkinetische und soziale Störungen

Die von Bergmann beobachteten hyperkinetischen Störungen des Jungen treten gemäß der Weltgesundheitsorganisation mit einer Prävalenz von 3 bis 8 % auf, gewöhnlich liegt der Beginn in den ersten fünf Lebensjahren, die Verhaltensauffälligkeiten können aber über die Schulzeit hinaus bis ins Erwachsenenalter fortdauern.[4] Das Beispiel bestätigt nahezu alle Aspekte der hyperkinetischen und sozialen Störung, als da sind: der Mangel an Ausdauer bei der (spielerischen und Konzentration abverlangenden) Beschäftigung, der abrupte Wechsel zu einer anderen Tätigkeit, was den Eindruck einer desorganisierten, überschießenden Aktivität hinterlässt (typisch: das verstörte Herumlaufen); dissoziales Verhalten, destruktive Achtlosigkeit (gegenüber Spielgerät und Gruppe) und Impulsivität, die aufgrund der groben Verletzung sozialer Erwartungen zur totalen Isolation von den anderen Kindern führen. Eine kognitive Beeinträchtigung ist ebenso üblich wie verzögerte sprachliche und motorische Fähigkeiten. Wie hat man sich diese Identitätsstörung zu erklären?

Ursache: gestörte Familienstruktur

Die Psychologie sieht die eigentliche Ursache des ADS in einer gestörten familiären Beziehung, entweder in einer überbordenden Bemutterung und Verwöhnung oder in einer starken Vernachlässigung der Kinder. Frühkindliche Überbehütung und Reizüberflutung, verursacht etwa durch eine hektische Freizeitgestaltung und über Gebühr ausfallende Nutzung der Medien, münden in narzisstisch-dissozialem Verhalten. Über alle Maßen verwöhnt, wollen sich die Kinder keiner sozialen Ordnung mehr eingliedern, bis „alles, was in normierter und geregelter Weise erfasst, gedacht oder geschrieben werden soll, große Schwierigkeiten

[1] Vgl. H. Dilling, Weltgesundheitsorganisation, 297f.
[2] W. Bergmann, Drama, 22
[3] W. Bergmann, Drama, 23f.
[4] H. Dilling u.a. (Hg.), Weltgesundheitsorganisation, 193f.

bereitet."[1] Das Spielplatzverhalten des 6-Jährigen fällt entsprechend auf. Wie viele ADS-Kinder zeigt er eine starke Ich-Bezogenheit, ist bei dem Versuch, ständig auf sich aufmerksam zu machen, „nicht zu bändigen"[2] und schädigt mit seinem aggressiven Verhalten letztlich nicht nur die Gegenstände und die Gruppe, sondern sich selbst. Egozentrik, Omnipotenzgehabe (sehr schön sichtbar am wahrlich irrsinnigen Lächeln) und radikale Interessendurchsetzung konkurrieren mit der Abhängigkeit von der Zuwendung der anderen Kinder, deren Abgrenzung er als seelische „Qual"[3] erleben muss: Er ist allein mit „hundert und mehr unverstandenen Dingen". ADS-Kinder können die Sinneseindrücke nicht mehr durch eine Reflexion regulieren und einordnen: „Was wichtig ist und was unwichtig, das wissen sie nicht zu unterscheiden. Alles ist einfach ‚da', ungedeutet, und alles zwängt sich in ihren Kopf. So hören und fühlen und sehen sie buchstäblich ‚alles Mögliche', zugleich wird ihr Wille zur Verfolgung und Verteidigung ihres jeweils präsenten Bedürfnisses immer starrer, aus Sicht der anderen Menschen: rücksichtslos."[4]

Psychologie nutzt biblische Sprache

Ist es Zufall, dass die Psychologie zur anschaulichen Umschreibung dieses drastischen Verhaltens biblische Begriffe ins Spiel bringt, die uns aus dem Kontext der Erzählung Mk 5, 1–20 bestens bekannt sind? Die nicht nur auf dem Spielplatz, sondern auf jedem Pausenhof zu beobachtenden aufbrechenden, unkoordinierten Emotionen, die in abrupte Prügeleien übergehen können, und das plötzliche Weglaufen bei gleichzeitigem permanenten Aufmerksamkeitsgehabe stellen „ein einziges *Tohuwabohu*" und eine Explosion aufgestauter Gefühle dar, die jetzt dem „diffusen *Chaos* in ihrem Kopf und in ihrer Welt" wenigstens für Sekunden das Gefühl einer Eindeutigkeit geben: „Auch deshalb schlagen sie zu. Manchmal schlagen sie eben auch mit den Fäusten an den eigenen Kopf oder rennen den Kopf voraus gegen eine Wand oder einen Türpfosten. Damit endlich ein eindeutiges Gefühl und endlich eine eindeutige Handlung da ist und alles übertönt, was sonst so wirr in ihrem Kopf und ihren Gefühlen tobt."[5] Ohne Zweifel: die Chaosmächte, in den atl. Schöpfungstheologien im Tohuwabohu aus Dunkelheit, Flut und Stürmen zu Hause, haben sich der Jugend bemächtigt, „das seelische Chaos in der Psyche dieser Kinder"[6] ausgelöst und sie zu Protagonisten einer „*dämonischen* Kriminalität" gestempelt. Tohuwabohu – Chaos – Dämonie, wohlgemerkt, es sind psychologische Argumentationsstrukturen, die das biblische Vokabular nutzen, und sie tun es zu Recht.

Analogien zwischen Mk 5, 1–20 und dem ADS

Denn wir können zusammenfassend folgende erste strukturelle Analogien zwischen Mk 5, 1–20 und der Szene zur Hyperaktivität (ADS) erkennen:

1. In Analogie zu den Deutungen von Mk 5, 1–20 ist auch ADS eine *Identitätsstörung*, die sich durch eine *erhöhte Impulsivität und Aggression* (gegenüber einer fremden und der eigenen Person sowie gegenüber Sachgegenständen) auszeichnet. Hier wie dort tritt in der Begegnung der äußerst gereizten Menschen mit anderen das Paradox auf, einerseits als *narzisstisch einzustufende Persönlichkeit* im Mittelpunkt der Aufmerksamkeit der Gruppe stehen zu wollen, andererseits deren *Normen gleichzeitig zu missbilligen* und sich demonstrativ von ihr zu distanzieren.
2. Im Hintergrund der *dissoziativen Störung*, Indiz sowohl für die Hysterie als auch für das ADS, lauern *soziale Konflikte* und traumatische Erlebnisse (meist im Elternhaus), die sich in wütenden körperlichen und verbalen Angriffen entladen und befreiend wirken wollen. Dabei bedienen sich sowohl der Besessene in Mk 5, 1–20 als auch das ADS-Kind einer auffälligen, nach außen wahnsinnig anmutenden *Selbstinszenierung der Omnipotenz*, die postwendend zum Ausschluss aus der Gemeinschaft und zur *Isolation* führt.

---

[1] W. Bergmann, Drama, 89
[2] Vgl. W. Bergmann, Drama, 108
[3] Vgl. W. Bergmann, Drama, 108
[4] W. Bergmann, Drama, 109
[5] W. Bergmann, Drama, 145; vgl. W. Bergmann, Drama, 166, 148
[6] W. Bergmann, Drama, 171; vgl. W. Bergmann, Drama, 174f; Kursivdruck V.G.

3. Beide psychischen Phänomene, die Hysterie und das ADS, eint die offensichtliche *innere Zerrissenheit und Ausgeliefertheit*. Man gewinnt als Außenstehender den Eindruck, dass die Betroffenen nicht aus ihrer Haut können und Opfer einer unkontrollierten *Fremdbestimmung* sind. Strukturelle Analogie in der Metaphorik zur Verdeutlichung der Fremdbestimmung: Der biblische Erzähler spricht von einer „Legion", die den Besessenen kontrolliert, so ganz ähnlich der Psychologe, der ebenfalls hyperbolisch von „hundert und mehr" unbewältigten, eben „wirren" Eindrücken ausgeht.

2. Szene: „Gerasa" oder: „Kommt mir nur nicht zu nahe!" – Die Angst vor der Befreiung

Masochismus und Magersucht

Für viele ADS-Jugendliche wird der eigene Körper unbewusst zum „weltverneinenden Bezugspunkt eines verzweifelten Autonomiewillens"[1]. Schon in der Kindheit mit den Leistungsanforderungen und Ansprüchen der Eltern oder der Gesellschaft überfordert (s.o.), reagiert der Jugendliche auf eine zunächst erkennbare penetrante Anpassung plötzlich mit masochistischen Tendenzen. Eine Möglichkeit, sich theatralisch und sichtbar für alle von der (elterlichen) Welt, die mit ihren Erwartungen erdrückt, zu verabschieden, ist die Magersucht (Anorexia nervosa[2]). Dabei wird neben der Fluchttendenz (hinter der sich ein Ruf nach Zuwendung verbirgt) auch der verinnerlichte Minderwertigkeitskomplex vor Augen geführt: Ich bin es, da ich die Ansprüche der Erwachsenen (schulischer Ehrgeiz, Körperkult usw.) nicht erfüllen kann, nicht wert zu existieren. Die Folgen: dem Körper wird Leid zugefügt (selbst induziertes Abführen und Erbrechen, häufig verbunden mit der Einnahme von Appetitzüglern und übertriebener körperlicher Aktivität), weil man sich schuldig fühlt, er wird bestraft. Zugleich offenbart diese Essstörung, deren Prävalenzrate bei 1 bis 2 % liegt und meist bei Mädchen auftritt, die perverse Art der Selbstvergewisserung, der Körper wird ja in der Verletzung besonders gespürt, er ist (noch) da.

Analogien zwischen Mk 5, 1–20 und Bildern einer Essgestörten

Das Ärzteehepaar Klessmann stellt in einem Bericht zur Magersucht das Beispiel der 10-jährigen Kathrin vor.[3] Das Bild, das die Essgestörte von sich hat, ähnelt in vielen Punkten der biblischen Szene bei Gerasa. „Im Verlauf der Therapie, in der Bilderkennung und -verstehen im Zentrum standen, fertigt sie ein Selbst-Bild an. Sie zeichnet sich als einsame Gestalt, dürftig bekleidet, auf einem hohen grauen Berg. Ein Gefühl von Erhabenheit und ein unvergleichlicher Blick, so schreiben die Autoren, eröffnen sich dort. Weit unten gibt es Felder und ein kleines Dorf, Gemeinschaft und blühende Obstbäume. Mit einem auffällig geschwungenen Schriftzug schreibt das Mädchen unter seine Zeichnung: ‚Keiner holt mich hier herunter.' Die Autoren interpretieren dies, differenziert, zum einen als Warnung, ‚untersteht euch, mir nahe zu kommen'. Zum anderen, fahren sie fort, handele es sich um eine versteckte Anklage: ‚Mich holt ja doch keiner.' Sie sagen, ein Wunsch sei spürbar bei gleichzeitiger Angst vor Nähe. Mir (W. Bergmann, V.G.) erscheint hier – auch aufgrund der Erlebnisse mit Kathrin – eine andere, mindestens ergänzende Deutung sinnvoll. Sie lautet: *‚Wagt es nicht, mich von meiner einsamen Höhe herunterzuholen, ich würde ja stürzen und wer von euch hätte genug Kraft, um mich dann noch aufzufangen?'*"[4]

Die strukturellen Analogien zur biblischen Erzählung sind schnell benannt:

1. Das Mädchen sieht sich nach seiner *Flucht* isoliert auf einem Berg, ähnlich der einsamen Situation des Besessenen in den Bergen; beide leben oberhalb eines Dorfes, das blühendes Leben und Kommunikation repräsentiert. Was der biblische Erzähler noch in der Grabesmetaphorik ausdrücklich benennt, kann für Kathrin nur rückgeschlossen werden:

---

[1] W. Bergmann, Drama, 56
[2] Vgl. H. Dilling u.a. (Hg.), Weltgesundheitsorganisation, 199
[3] E. u. H.-A. Klessmann, Heiliges Fasten – heilloses Fressen. Die Angst der Magersüchtigen vor dem Mittelmaß, Bern 1999
[4] W. Bergmann, Drama, 80f.

Der Berg, umhüllt von einem kalten Blau des Himmels, des Nichts, symbolisiert eine *„Todeszone"*: Niemand kann und darf sich ihrer gehobenen Position nähern.[1]

2. Im Bild wie in der Erzählung unterstreicht nicht nur die Raumsymbolik, sondern auch die *dürftige Kleidung* die psychische Verfassung. Wie für Magersüchtige und den Besessenen typisch, dienen der gemarterte Körper und dessen spärliche bzw. ganz abgelegte Kleidung der „Performance des radikalen Alleinseins"[2], dem Versuch, alle Blicke auf sich und die eigene, denkwürdige Identität zu ziehen.
3. Wie in der biblischen Perikope der Besessene paradoxerweise auf Jesus zuläuft, um ihn zu bitten, er möge ihm nur nicht zu nahekommen („Was habe ich mit dir zu tun?"), so wird auch das Bild Kathrins in seiner Doppeldeutigkeit interpretiert, als *Warnung* und als *Hilferuf* zugleich. Und auch die ergänzende Deutung Bergmanns kann das biblische Bild nachträglich gut kommentieren. Hinter der paradoxen Haltung des Besessenen versteckt sich wie bei Kathrin die *Angst vor der eigenen Befreiung*, die gar nicht mehr an eine Rettung glauben lässt, eben weil man sich für so krank, für so – im wahrsten Sinne des Wortes – untragbar hält.

3. Szene: „Gerasa" oder: „Der soll ersaufen" – Das Ausagieren der Aggressionen

Mit dem folgenden Fallbeispiel wird nicht nur ein weiteres Mal die Nähe der biblischen Motive zu heutigen Fantasiebildern von Schülern auffällig, vielmehr deutet die Geschichte des Schülers Karl Lösungen einer Entgegnung der ADS-Krankheit an.

→ Baustein 2

Karl lebt mit seiner durchaus liebevollen, aber überforderten Mutter allein. Seinen Vater, einen Alkoholiker, hatte sie verlassen, als Karl ein Jahr alt war. Karl zeigt heute einige Symptome, die wir von der Dämonieerzählung Mk 5, 1–20 her kennen: „Manchmal ist der Zorn dieser Kinder so gewaltig, dass sie ihn gar nicht mehr auffangen können. Dann entsteht ein Übermaß an Aggressivität, und die Kinder wissen nicht, wohin damit. Schließlich wenden sie die Wut gegen sich selber. Dabei entwachsen in ihnen verrückte Fantasien, Vernichtungsfantasien, lähmende Fantasien. So war es auch bei Karl. [...] Was Karl umtrieb, war nicht einfach Unruhe, ruheloses Haben-Wollen, wie bei so vielen anderen Kindern. Vor allem waren es Angst und Wut. [...] Nachdem er Vertrauen zu mir gefasst hatte, lebte Karl ungehemmt seine Wut aus. Er verlieh ihr Ausdruck, er kannte kaum Grenzen dabei. [...] Immerhin benötigen sogar die zerstörerischsten Gefühle ein Objekt, an dem sie sich auslassen können, sie sind in gewisser Weise eine Brücke zur Verständigung."[3] Um seine Wut zu kompensieren, bediente sich Karl nun eines alten Vogelkäfigs, den er mit Klopapier verhüllte, nachdem er in das Bauer eine kleine Puppe gestellt hatte. „Dann betrachtete Karl sein Werk, er schien zufrieden. Tatsächlich geriet er vor Konzentration beinahe außer Atem. So zielgerichtet hatte ich ihn zuvor noch nie erlebt. ‚Und jetzt?', fragte ich. ‚Was passiert denn jetzt?' Karl hatte einen Plan. Er wusste genau, was passieren sollte. ‚Der soll ersaufen', sagte er zufrieden. ‚Wer?', fragte ich. ‚Der da im Gefängnis, der ist böse gewesen. Deshalb ist er im Gefängnis', erklärte Karl mit einem wütenden Seitenblick. ‚Das kommt davon, wenn man nicht gehorsam ist. Das passiert einem, wenn man im Gefängnis sitzt. Wenn man nicht raus

Gewalttätigkeit

[1] „Aus der Perspektive des Dorfes betrachtet, ist das dürftig bekleidete Wesen dort oben fast in den Himmel gestellt. Der Himmel, das ist diese kalte Bläue, ist das Unfassbare, ist natürlich die Auflösung aller Grenzen, auch der des Körpers, ist die Nähe zur Endlosigkeit, zum Nichts." W. Bergmann, Drama, 81; es ist durchaus denkbar, dass der biblische Erzähler eine analoge Aussage mit den Bergen verknüpft hat, auch wenn die Exegese in diesem Punkt schweigt. In den altorientalischen Mythen und Religionen ist der Berg eigentlich Sitz des Göttlichen. Wenn nun die Dämonen von den Bergen verjagt und ins chaotische Meer verbannt werden, ist die Hierarchie der Mächte wiederhergestellt, d.h. den Dämonen werden die Berge als Sitz des Göttlichen streitig gemacht, ein Prozess, der dem magersüchtigen Mädchen noch bevorsteht. Sein zur Schau gestellter Absolutheitsanspruch spiegelt sich in der vermeintlich erhabenen, überlegenen Position (sie sieht sich wie der Besessene „oben auf"), und er ist noch nicht heilsam zerstört worden.

[2] W. Bergmann, Drama, 58

[3] W. Bergmann, Drama, 112

kann! Dann wird man ertränkt.' Seine Vernichtungswut war detailreich. Behutsam senkte er den Vogelbauer in ein imaginäres tiefes Wasser, es gluckste in seiner Vorstellung so lebhaft, dass man es beinahe hören konnte. Schließlich imitierte Karl auch noch ein Gurgeln und Seufzen, das war wohl das Puppenmännchen, eine hingebungsvolle Imitation der Auslöschung einer Existenz. [...] Das Ich eines Kindes teilt sich in solchem Fantasiehandeln auf eine schwierige Weise auf. Es war sein ,Ich', das da ertränkt wurde, und wiederum sein ,Ich', das das Ertränken bewerkstelligte. Es war *ein* Ich, das leidet und das Leiden zufügt."[1]
Die aus dem symbolischen Akt des Ausagierens der Wut rekonstruierte Ursache für Karls Unruhe ist eindeutig: Es war „ein Angstbild, das da versenkt wurde."[2] Es trat auf, als Karl sich eigentlich aus der Behütung von seiner Mutter hätte befreien müssen, um sich bereits als Kleinkind neugierig in der Welt umzutun. Doch den viel zu weiten Mantel der mütterlichen Geborgenheit streifte er bis zum Schulbeginn nie ab, sodass seine Psyche auf der Entwicklungsstufe eines Neugeborenen stehen blieb, bis die Therapie einsetzte.

Analogien zwischen Mk 5, 1–20 und Karls Angst

Zur Umschreibung der Angst vor der Welt bedient sich der Psychologe des bekannten militärischen Vergleichs, für ihn war es so, „dass Karl durch und durch besetzt war von Angst. ,Besetzt' ist ein zutreffendes Wort, die Angst war wie eine Besatzung in seiner ansonsten heiteren, vertrauensvollen Seele."[3] Entsprechend gebärden sich ADS-Kinder in Körperhaltung, Gestik und Mimik nicht selten wie „ein kriegerisch Gestimmter, aggressiv Geprägter", das „Gesicht zeigt die Starrheit eines Kämpfers"[4]. Die Identifizierung mit einem Soldaten ist Bestandteil der erwähnten Allmachtsfantasien und geht bis zur Ausbildung einer gefährlichen Untertanenmentalität. ADS-Jugendliche lieben martialische Symbole und neigen stärker als andere zu militärischer Disziplin, daher ihre Bereitschaft, sich autoritären „Führergestalten" zu unterwerfen und/oder sich selbst als gewaltbereiter Soldat im Cyberspace des Computers und in der Öffentlichkeit zu präsentieren.

Diese strukturellen Analogien zwischen Karls Geschichte und Mk 5, 1–20 fallen ins Auge:
1. Wie der Besessene von Gerasa zeigt auch Karl ein großes Aggressionspotenzial. Es wird hier wie dort motiviert von einer *Daseinsangst*; jeder gut gemeinte Versuch, sich auf das Leben in der Welt, im „Dorf", einzulassen und sich mit seinen Anforderungen zu arrangieren, wird solange boykottiert, bis den Betroffenen eine vertrauensvolle Person begegnet. Wie im psychologischen Bericht, so auch in der biblischen Erzählung: Den Parameter zum Verständnis von dämonischer Erkrankung und der Heilung bildet das Gegensatzpaar von *Angst und Vertrauen.*
2. Strukturelle Analogie auch in der Wahl der Raumsymbole: Erkennen wir in dem Besessenen bei den *Grabhöhlen* einen vom Leben Abgeschnittenen, so sieht sich auch Karl in einem *Gefängnis* ein- und von der Welt abgeschlossen. Wird das ängstlich-aggressive Ich des besessenen Mannes in den Höhlen von einer *„Legion"* kommandiert, so Karls gefangen gehaltene Seele ganz ähnlich von einer *„Besatzung"* aus Ängsten.
3. Wie Markus die Überwindung der Angst in fantastischer Ausschmückung als Tod der unreinen Säue (Dämonen) durch Ersaufen erzählt, wählt Karl ein „Fantasiehandeln" von ganz ähnlicher Art, indem er die eingesperrte Puppe (aggressiver und ängstlicher Teil des Ich) im imaginierten Wasser (mythisches Symbol des Chaotischen) untergehen lässt. Hier wie dort werden die *Daseinsängste in symbolischer Weise erfolgreich ausagiert*, indem sie gegen die Über-Ich-Aufsicht (Schweinehirten/Mutter) im Meer des Unbewussten versinken. Ist es wirklich nur bloßer Zufall, dass Karl in diesem Zusammenhang ausgerechnet mit dem Klopapier einen Hygieneartikel wählt, der die „unreine" Körperentleerung assoziieren lässt? Die Folge jedenfalls in beiden Fällen: Sowohl der Besessene als auch Karl

[1] W. Bergmann, Drama, 112 ff.
[2] W. Bergmann, Drama, 114
[3] W. Bergmann, Drama, 113
[4] W. Bergmann, Drama, 125

kehren im Anschluss an die Beseitigung der „ganzen Sauerei" „vernünftig" ins „Dorf" (Leben in der Welt) zurück. Gemäß der auf Mk 5, 1–20 zu beziehenden tiefenpsychologischen Auslegungsregel kann es sich bei dieser Rückkehr nur um einen verdichtet erzählten Prozess handeln. Entsprechend endet auch der Bericht über Karl, der wie der Besessene erst noch lernen muss, „mit seinen Teufeln zu leben" (Kassel): „... die Welt macht ihm immer noch Angst, aber neben der Angst gibt es viele andere Dinge, die ihm helfen, die Angst zu bewältigen. Wir lachen jetzt oft miteinander. Der Vogelbauer steht in der Ecke, Karl braucht ihn nicht mehr."[1]

4. Szene: „Gerasa" oder: „Robert, bist du das?" – Lösungsansätze zum ADS

Wie anhand des letzten Beispiels erläutert, führt eine gerade Linie von dem hohen Grad des Aggressionspotenzials der ADS-Erkrankten zu militärischen Fantasien, die wie in Erfurt oder jetzt in Emsdetten brutale Wirklichkeit werden.[2] Wir möchten hier nicht auf die vielen Parallelen zwischen dem (Selbst-) Mörder Robert S. aus Erfurt und den ADS-Erkrankten eingehen. Unser Blick gilt einem letzten biblischen Motiv, das sich in der Tragödie des Gymnasiums von Erfurt auf ungeschminkte Weise wiederfinden lässt. Es macht deutlich, in welcher Richtung professionelle Lösungsansätze für (Religions-)Lehrer, Sozialpädagogen und Psychologen zu finden sein dürften. Dass die Ansätze strukturell nicht ganz neu sind, wird sich sogleich zeigen:

Das Ende des Dramas von Erfurt

„Ja, zwischen dem unglücklichen Robert S. und vielen hyperaktiven Jungen gibt es Parallelen, je genauer man hinsieht, desto auffälliger werden sie. Der Verlust des Erlebens von männlicher Autorität gehört auch dazu. Ich habe die Geschichte jenes Lehrers [...] sofort für authentisch gehalten. Dieser Mann, Heise, berichtete, dass er den amoklaufenden Jungen auf dem Flur angetroffen habe, er habe ihn angesprochen: ‚Robert, bist du das?' Und dann zerbrach die omnipotente, aggressive und tödliche Gebärde und machte einer kläglichen Infantilität Platz. Robert S., so Lehrer Heise, fiel in sich zusammen und wimmerte: ‚Ich will nicht mehr, ich will nicht mehr.' Wie ein Kleinkind eben, das unter seiner Großmannssucht immer verborgen gewesen und nicht rechtzeitig entdeckt worden war. Da war sie wieder, die Erfahrung, die wir mit hyperaktiven Jungen so oft machen: Endlich wurde Robert beim Namen gerufen, endlich traf er auf eine erwachsene (männliche) Stimme, die in die Ordnung der Welt zurückrief, aber es war ja schon alles zu spät."[3]

Analogien zwischen Mk 5, 1–20 und dem Drama von Erfurt

Auffällige Analogien:

1. Wie in der biblischen Erzählung, so fällt auch in Erfurt erst mit der Frage des Lehrers nach dem Namen, also der wahren Identität, dem Wesen des Menschen, die Maske der dämonischen Zerstörungswut. Hier tauchen sie wieder auf, die Spuren, die wir in den existenziellen Interpretationen zu der Frage nach dem Namen des Besessenen fanden. Sie ist bzw. wäre hier wie dort im übertragenen Sinn der Schlüssel zu einer Rückkehr in eine „geordnete" Welt (vgl. noch einmal V 15: „wie ordentlich" jetzt der Mann dasitzt!).
2. Warum ist diese Frage so entscheidend für Jugendliche? Die Psychologie bescheinigt ADS-Kindern durchgängig eine Orientierungslosigkeit, ihnen fehlen Haltepunkte, daher ihre große Unruhe, die wie ein Notsignal ausgesendet wird: „Gebt mir etwas, an das ich mich halten kann, an das ich meine Sinne und Gedanken binden kann, gebt mir Ordnung!"[4] Das, was die Psychologie mit Halt, Geborgenheit, Ruhe und durchaus auch moralischer Orientierung (eine deutliche Absage an die antiautoritäre Erziehung) gegen das Grundgefühl von Misstrauen und Unsicherheit setzen möchte, umschreibt die biblische Sprache ganz analog mit dem Glaubensbegriff: Sich festmachen dürfen, das ist es, was

[1] W. Bergmann, Drama, 115
[2] Vgl. zum Folgenden W. Bergmann, Drama, 179 ff.
[3] W. Bergmann, Drama, 179 f.
[4] W. Bergmann, Drama, 132

Jesus dem Besessenen mit der Frage nach seinem Namen einleitend anbietet, sich festmachen dürfen angesichts der dämonischen Mächte, mitten im Sturm des Lebens. Bergmann erzählt unter Verwendung dieses biblischen Vokabulars, dass der oben bereits erwähnte Junge auf dem Spielplatz plötzlich Vertrauen zu ihm gefasst hat: „Er läuft hinter mir her, er plappert auf mich ein, erzählt von seiner Familie, seinem Bruder und anderes, das ich nicht verstehe, er bemerkt es nicht, er will sich ja auch nur an mir *festhalten*. So beginnt übrigens jede auch gute heilpädagogische oder psychotherapeutische Beziehung: mit einer Begegnung, einem Blick, mit *unvernünftigem Vertrauen* und einer Hoffnung."[1] Und weiter: Wie charakterisierte die Psychologie ADS-Kinder doch so treffend bildlich? Sie sind stets „bereit, aus dem Ruder zu laufen", „immer durch den Wind"[2] – anschaulicher konnte auch Markus die Anfechtung der Jünger im Boot durch die dämonischen Chaosmächte auf dem stürmischen See Genesareth nicht beschreiben, bevor er sie ans Ufer von Gerasa kommen lässt. Vielleicht wäre es die schlechteste Allianz nicht, die Psychologie und Religion zur Bekämpfung von ADS eingehen könnten, denn was der Ersten an Lösung vorschwebt, erinnert nicht allein wegen des religiösen Vokabulars an die Heilungsstrategien des Jesus von Nazareth in Gerasa: „Wenn nun also eine Autorität – wenigstens eine! – in ihr Leben eingreift, die die Kraft hat, ihnen Ordnung vorzugeben, an die sie sich in ihrer Not halten können, die zugleich genügend Macht ausstrahlt, um ihre Impulse zu bannen – dann ist das wie eine *Erlösung*."[3]

Dämonie im Lehrerzimmer

Lehrerberuf als „Höllenjob"

„Die Überlastung und die Krise des Lehrberufs sind in aller Munde und werden nicht erst seit PISA öffentlich diskutiert. Die Religionslehrer und Religionslehrerinnen sind davon auch nicht ausgenommen, im Gegenteil: Für sie ergibt sich vielfach nochmals eine spezifische Problematik."[4] Angesichts der komplexen Gründe für die beruflichen Schwierigkeiten vieler (Religions-)Lehrer können die folgenden Hinweise auf Krisensituationen im Lehrberuf natürlich nicht ansatzweise einen Anspruch auf Vollständigkeit erheben. Ziel ist vielmehr auch hier, sensibel zu werden für die Analogie und Nähe von heutigen, von einem „Höllenjob"[5] ausgelösten Krankheitsbildern zur antiken Dämonie.

→ Baustein 6

In den letzten Jahren haben die gesellschaftlichen, schulpolitischen und pädagogischen Rollenzuschreibungen für den Lehrer so stark zugenommen, dass sich bei ihm daraus psychische Spannungen ergeben können, falls die Persönlichkeit nicht mit einem hohen Maß an Souveränität ausgestattet ist. Nach Hagemann treten psychosomatische Erkrankungen gerade dann auf, „wenn das Kollegium dem Einzelnen wenig Zusammenhalt und sicheren Ort bietet, die Schulleitung nicht hinter jedem steht, das Bildungsministerium ständig neue

---

1 W. Bergmann, Drama, 24; Kursivdruck „festhalten" V.G.

2 W. Bergmann, Drama, 115

3 W. Bergmann, Drama, 145 f., Kursivdruck V.G.; Bergmann beklagt auch den Verlust an Traditionswissen, das Eltern ihren Kindern nicht mehr mit auf den Lebensweg geben. Das dürfte insbesondere für das Wegbrechen religiöser Bindungen gelten.

4 A. Ewen, „Was kann ich tun, um den Schulalltag besser zu bewältigen?" 7 x 7 Anregungen und Hilfen für Religionslehrer und Religionslehrerinnen gegen das Ausbrennen, in: Religionsunterricht heute 1 (2004), 30–39, 30; Art und Ausmaß der Beanspruchung der Lehrer resultiert sehr stark aus der individuellen Wahrnehmung, Interpretation und Bewältigungsstrategie der Stressoren, vgl. A. Hillert, Das Anti-Burnout-Buch für Lehrer, München 2004, 87

5 So das Nachrichtenmagazin „Focus" in 2001, zitiert nach A. Hillert, Lehrer, 23; die neuesten Berechnungen ergeben eine durchschnittliche Wochenarbeitszeit des Lehrers von 45 bis 55 Stunden, wobei nachweislich die Grundschullehrer die geringsten, die Gymnasiallehrer dagegen die höchsten Arbeitszeiten haben; selbst bei Verrechnung der Ferien ergibt sich eine wöchentliche Stundenzahl von über 40. Vgl. A. Hillert, Lehrer, 79; 52 % der dienstunfähig geschriebenen Lehrer (nur noch jeder Zehnte erreicht die Pensionsgrenze) leiden unter psychischen und psychosomatischen Erkrankungen, vgl. W. Hagemann, Burn-Out bei Lehrern. Ursachen, Hilfen, Therapien, München 2003, 17; auffällig dabei ist die hohe Quote der Erkrankungen bereits im Referendariat, vgl. A. Hillert, Lehrer, 46

Reformen umsetzen lässt"[1]. Wird das Lehrerzimmer nicht als „sicherer Ort" erlebt, als vertrauensvolle Basisstation des Berufes, führt dies zu einer Position des „Alleinkämpfers" (auch hier begegnet der militärische Ausdruck!), z. B. gegenüber zunehmend respektloser werdenden Eltern, die in allen pädagogischen Fragen glauben mitreden zu können und nicht akzeptieren, dass häuslicher und schulischer Kontext ihrer Kinder zwei unterschiedliche Paar Schuhe sind; z. B. gegenüber der politischen Öffentlichkeit, die sich nicht scheut, Lehrer als „faule Säcke" zu beschimpfen und damit pubertäre Antihaltungen der Schüler zu bestätigen; z. B. im Umgang mit dem Mobbing im Kollegium etc.[2]

Verlust des solidarischen Kollegiums

Der schmerzhafte Verlust des solidarischen Gefüges eines Kollegiums kann nun zur Isolation und Entfremdung führen, wenn weitere Stressoren hinzukommen. Besonders jenen Lehrern, die mit großem Engagement, viel Ehrgeiz und einem hohen Grad an Perfektionismus in den Beruf gehen, droht folgender exemplarischer Teufelskreis an verlorenen Beziehungen:

→ Baustein 6

Perfektionsanspruch

„Ein 52-jähriger Lehrer berichtet, dass er sich völlig verausgabt habe. Die ständigen Veränderungen im Bildungswesen hätten ihm in seiner Unterrichtsvorbereitung immer mehr abverlangt, so dass er nachts kaum noch habe abschalten können. Auch habe er zuletzt versucht, die anfallenden Korrekturen nicht nur samstagmorgens, sondern auch noch am Sonntag zu erledigen. Er habe sich zuletzt immer mehr aus dem Kollegium zurückgezogen und sei auch sehr unwirsch und abweisend geworden, wenn Schüler in der Pause sich mit einem persönlichen Anliegen an ihn wandten, obwohl gerade dieses Vertrauen der Schüler ihm besonders wichtig sei, sei er doch gerade deshalb Lehrer geworden. Immer habe er sich über die Maßen für deren kleine und große Probleme engagiert und so manches Gespräch mit Eltern geführt, um bei ihnen um Verständnis für eine passagere Leistungsschwäche ihrer Kinder zu werben oder auch um mitzuhelfen, einen häuslichen Konflikt beizulegen. Als er zu Unrecht von einem Kollegen angegriffen wurde, sei er laut geworden, habe diesen zunächst angebrüllt, um kurz darauf beschämt in Weinen auszubrechen. Er habe das Gefühl, sein Gesicht verloren zu haben."[3]

Analogien zu Mk 5, 1–20

Das Beispiel lenkt den Blick auf folgende strukturelle Analogien zu Mk 5, 1–20 und den entsprechenden Auslegungen:

1. Die „Legion" zu nennenden, hohen und oft als pädagogisch fragwürdig erlebten Anforderungen der Bildungspolitik („denn viele sind wir") führen im Verbund mit den Korrekturbelastungen zu einer Beschäftigung „die ganze Zeit hindurch, nachts und tags", auch am Wochenende. Befragte Lehrer bestätigen, dass es im Zuge dieser permanenten Auslastung zu einer Isolation und Entfremdung in den Familien (also vom „Dorf"), aber auch im Kollegium kommt, denn gemeinsame Aktivitäten werden rar.[4] Gegenüber Dienstauftrag und -herrn tritt ein Entfremdungsgefühl insofern auf, als man sich lediglich wie ein parierender Soldat als „Befehlsempfänger", als funktionierendes Objekt fühlt, keinesfalls als selbstbestimmtes Subjekt. Für den Religionslehrer kommt in diesem Kontext hinzu, dass es nicht wenig Dissens mit der zentralen Kirchenführung gibt (v. a. in den Themenbereichen Scheidung, Sexualität, Befreiungstheologie und Rolle der Frau in der Kirche). „Der Dissens bezieht sich auf bestimmte uneinsichtige Normen *und* auf die autoritäre unkommunikative Art, wie sie sie vertritt."[5]

→ Baustein 6

2. Die Dauerbeschäftigung führt nun zu psychischen und psychosomatischen Folgen, z. B. zu gesteigerter innerer Unruhe, erhöhter Reizbarkeit und Affektlabilität, Schlaflosigkeit

[1] W. Hagemann, Burn-Out, 81
[2] Vgl. A. Hillert, Lehrer, 22; 121 ff.; vgl. W. Hagemann, Burn-Out, 12; 127
[3] W. Hagemann, Burn-Out, 253
[4] Vgl. R. Kretschmann (Hg.), Stressmanagement für Lehrerinnen und Lehrer, Weinheim ²2001, 109; vgl. W. Hagemann, Burn-Out, 118 f.
[5] B. Grom, Zwischen Berufsfreude und „teacher burnout", in: Katechetische Blätter 117 (1992), 26–35, 33

und Ängsten davor, die gestellten Aufgaben nicht mehr erfüllen zu können.[1] Das obige Beispiel verdeutlicht, dass der unter Druck geratene, burnoutgefährdete Kollege zunehmend aggressiv wird. Derartiges typisches Verhalten kommentieren die Psychologen mit Bildern, die wir aus Mk 5, 1–20 nur zu gut kennen: „Zum Schutze seines Egoismus, der ihm sein Überleben garantiert, ‚schlägt' der Burnout-Erkrankte ‚wild um sich' oder ‚verkriecht sich in sich selbst'. Es kommt zum völligen Kollaps oder zum Verlust der Impulskontrolle."[2] Dem Verlust der totalen Selbstkontrolle (im Beispiel gut abzulesen am Anbrüllen der Kollegen) geht meist ein Zwischenschritt voran, da sich uneinsichtige Lehrer bei kleineren Anspannungen sofort in gesteigerten Aktionismus flüchten[3] – man zerreißt im übertragenen Sinne die angelegten „Ketten". Diese Flucht in die vermehrte Anstrengung und Hektik mündet in dem Gefühl (gleich dem Mann in den Bergen), ständig auf dem Sprung zu sein, ein neues „Kommando" könnte ja jederzeit erfolgen. Oft steht am Ende dieser Kette von motorischer und psychischer Unruhe, Hyperviliganz und Reizbarkeit ein Zustand der völligen Selbstentfremdung, ein Gemisch aus diffusen Lebensängsten (Verlorenheitsgefühle) und depressiven Grundstimmungen bis hin zu suizidalen Krisen (vgl. die Todeslandschaft der Gräber). Beschrieben wird, wie die meisten Lehrer in diesem energieraubenden, selbstzerstörerischen Zustand (man „schlägt" sich unaufhörlich mit „Steinen" der Schuldzuweisungen) mit einer Vernachlässigung des Äußeren, Flucht in Alkohol, Schmerzmittel und Essstörungen reagieren.[4]

→ Baustein 1
→ Baustein 5
→ Baustein 7

3. In vielen Punkten erinnert daher der psychisch und physisch verwahrloste und nahezu hoffnungslose Zustand des gepeinigten Lehrers (es überwiegen Depressionen, gefolgt bzw. begleitet von Herz-Kreislauf- und Skelett-/Muskulaturerkrankungen[5]) nicht nur an den „Besessenen" von Gerasa, sondern auch an den am Ende seines Lebens von einem Dämon heimgesuchten König Saul.

Analogie zu König Saul

Die exegetische Forschung kann heute sehr gut rekonstruieren, was sich am Hofe in Jerusalem in den letzten Tagen des Saul an Mobbing zugetragen haben muss: David war dabei, Intrigen gegen Saul zu spinnen, um selbst den Thron zu besteigen. Seine List: Er lässt Saul gegen die von ihm zeitweise umgarnten Philister in den Krieg ziehen, wohl ahnend, der Krieg werde ohne seine Unterstützung Sauls verloren (vgl. 1 Sam 31), dann aber wird er sich selbst zum Retter Israels aufspielen und erfolgreich Front machen gegen die geschwächten Feinde. Die dem David nahestehenden Chronisten der biblischen Berichte lassen keine Zweifel daran, wie Saul den Menschen in Erinnerung bleiben soll: als Versager, der dem Besseren und Prädestinierten viel eher schon hätte Platz machen sollen, anstatt vor lauter Hass, Wut, paranoidem Verfolgungswahn, Ohnmachtsgefühlen, Selbstzweifeln und Zerstörungstendenzen sich als regierungsunfähig zu erweisen. „Die Bibel erklärt, dass ‚ein Dämon' Besitz ergriffen habe von *Saul*, aber diese Mystifikation erklärt gar nichts. Eher müssten wir sagen: Melancholie beginnt unter solchen Gefühlsvoraussetzungen: ‚Du weißt nicht, wer du wirklich bist, du zweifelst an dem Wert deiner Person, du glaubst nicht, dass du den Aufgaben, die du dir selbst gestellt hast beziehungsweise die dir gestellt wurden, gewachsen sein könntest."[6] Die für Saul so charakteristischen Eigenschaften der Schwermut und Traurigkeit werden durch den lateinischen Begriff der Depression medizinisch exakter wiedergegeben. Bereits antike Gelehrte wie Hippokrates vermuteten hinter dem Bild der im Menschen spukenden Dämonen eine Stoffwechselstörung als Ursache für die Antriebslosigkeit und die Selbstzweifel und bemühten sich so um Entmythologisierung.

„Du weißt nicht, wer du wirklich bist, du zweifelst an dem Wert deiner Person, du glaubst nicht, dass du den Aufgaben gewachsen sein könntest." – Das dürfte nicht allein der fik-

[1] Vgl. R. Kretschmann (Hg.), Stressmanagement, 22f.
[2] W. Hagemann, Burn-Out, 258
[3] Vgl. W. Hagemann, Burn-Out, 256; vgl. R. Kretschmann (Hg.), Stressmanagement, 25
[4] Vgl. W. Hagemann, Burn-Out, 33; 118; 253; vgl. R. Kretschmann, Stressmanagement, 22
[5] Vgl. R. Kretschmann (Hg.), Stressmanagement, 76; vgl. A. Hillert, Lehrer, 139f.
[6] E. Drewermann, Mensch, 204

tive innere Monolog eines Saul oder des Mannes aus Gerasa sein, es könnten ebenso aktuelle Worte eines depressiven Kollegen sein.

4. Es ist bemerkenswert, dass sich bei den betroffenen Lehrern zunächst jenes Lösungsmuster anbietet, das bereits bei den Schülern begegnete und analog auch in dem Aufeinandertreffen des Besessenen mit Jesus beobachtet werden konnte. Die rettenden Lösungsvorschläge werden allesamt als „Zumutung"[1] aufgefasst, lieber verbleibt man in der Spiraldynamik der Selbstentfremdung als sich von außen wirklich helfen zu lassen: „Man traut sich nichts mehr zu, sieht keine Chance, wieder das Heft in die Hand zu bekommen; die Selbstwirksamkeitserwartung schwindet. Deshalb versucht man zumindest nicht aufzufallen, fügt sich vermeintlichen Gegebenheiten, offensive Problemlösungsmöglichkeiten werden zum Fremdwort."[2]
5. So unterschiedlich die Therapievorschläge letztlich auch lauten und so verschieden die Ansätze im Einzelnen sind (von psychologischen, ernährungswissenschaftlichen über sportmedizinische und pädagogische bis hin zum individuellen Stressmangagement), es bleibt – wie schon bei der biblischen Erzählung und den Jugendlichen – bei der grundsätzlichen Strategie, im Familienkreis, unter Kollegen und Schulleitung Vertrauenspersonen zu finden, die dazu beitragen, wenigstens das Lehrerzimmer wieder als „sicheren Ort" zu erfahren[3], folglich ins „Dorf" zurückkehren zu können. Dabei können wie in der Wundergeschichte Religiosität und Spiritualität eine nicht zu unterschätzende Rolle spielen. Insbesondere die Frage nach den „eigenen Kraftquellen" könnte eine Reflexion darüber initiieren, auf welcher Seite man eigentlich (evtl. zusammen mit betroffenen Kollegen) stehen möchte, auf jener der Dämonen unserer Zeit oder jener, die wirklich Erlösung, Befreiung und Heilung verspricht.[4] Die Frage belegt, wie selbstreflexiv Religionsunterricht letztlich sein müsste, d. h. die Auseinandersetzung mit dem Besessenen von Gerasa muss zwangsläufig dazu führen, auch die eigene Rolle und die der Kollegen, Schüler, Eltern, Bildungspolitiker etc. in einem System von Dämonie zu überdenken und entsprechend zu kritisieren. Wir haben uns als Religionslehrer des Dilemmas bewusst zu werden, dass wir die Dämonie im RU vorzüglich thematisieren, während wir zeitgleich strukturell jeden Tag Bestandteil eines wahrlich dämonischen Kampfes sind.

Die folgenden Bausteine eignen sich u. E. für die Jahrgangsstufen 10 bis 13. In einem ersten Bausteinblock wird zunächst der biblische Text (Einheitsübersetzung) in den Mittelpunkt gestellt und erarbeitet (Bausteine 1 – 3). Ist das Textverständnis gegeben, erfolgen in einem zweiten Block vertiefende und aktualisierende Transferübungen (Bausteine 4 – 10), die die Kooperation mit anderen Unterrichtsfächern wie Pädagogik, Deutsch, Englisch und Kunst begünstigen. **SI SII**

Wir glauben, dass die Bausteine untereinander kombiniert und durch eigene Anregungen ergänzt werden können. Aus Respekt vor den individuellen Lehr- und Lernsituationen (wie etwa Leistungsniveau, soziale Struktur der Klasse, methodischer und fachwissenschaftlicher Kenntnisstand der Schüler usw.) wird auf detaillierte Stundenentwürfe verzichtet; es erfolgt jedoch eine denkbare Verortung der Übungen in den einzelnen Einheitsphasen *Einstieg/Hinführung, Erarbeitung, Auswertung, Vertiefung* und *Transfer*. Die Anrede der Schüler in den Arbeitsaufträgen trägt im Kannfall (SI/SII) der üblichen Anrede in den höheren Jahrgangsstufen Rechnung („Sie").

Baustein 1

Mk 5, 1–10: Annäherungen an die biblische Thematik der Dämonie

→ Kapitel 1.4
→ Kapitel 2.2
→ Kapitel 2.3
→ Kapitel 3.1

Der Raum des Todes und die gefährlichen Requisiten

Als **Einstieg** bietet sich eine Übung an, die die Raumattribute näher beleuchten soll, welche ihrerseits Verweiskraft für die Konflikte und damit für das biblische Verständnis von Dämonie besitzen. Ohne explizite Bezüge zur biblischen Thematik gibt der Lehrer einige Redewendungen vor, über die kurz im Plenum assoziiert werden soll.

Zur **Erarbeitung I** erhalten die Schüler Stricke (als Fesseln) und möglichst grobe, scharfe, kantige Steine sowie eine Kopie einer Skizze von einer Grabhöhle zur Zeit Jesu. Arbeitsteilig erfolgt nun zu den Requisiten eine Schreib- und Meditationsübung. Aus der Ich-Perspektive stellen die Schüler „ihren" Gegenstand (Fessel, Stein, Höhle) vor. Ziel ist es, die gefährlichen, bedrohlichen, verletzenden, einengenden etc. Eigenschaften im Vorfeld der Textbegegnung zu meditieren und zu notieren, um sich in die Raumatmosphäre, in die Situation des Besessenen und der Dorfbewohner später besser einfühlen zu können. Die Übung setzt also gerade die Textkenntnis nicht voraus.

In der **Erarbeitung II** können die Charakterisierungen dann von den Schülern an entsprechender Stelle in das biblische Original montiert werden (zur Grabhöhle: nach Vers 2 oder 3a; zu den Fesseln: nach Vers 3; zu den Steinen: nach Vers 5). Es macht Sinn, zunächst nur den ersten Teil des Textes (VV 1–5) vorzugeben, um hernach mithilfe weiterer Bausteine dem Text zu folgen. An dieser Stelle ergeben sich folglich lediglich erste Verhakungen in den Text, Spekulationen, Interpretationsansätze und Rückfragen, etwa zu der Motivation, jemanden zu fesseln, sich selbst zu verletzen, sich von anderen zu isolieren bzw. von ihnen isoliert zu werden, bei den Toten in einem Raum der Verwesung zu leben etc.

Vier Arbeitsanregungen (**Arbeitsblatt 1**, S. 57) sensibilisieren die Schüler in unterschiedlichen methodischen Herangehensweisen für die Problematik der Raumsymbolik und der seelischen Situation des Besessenen von Gerasa.

→ Kapitel 2.3
→ Kapitel 3.5

„Wenn Ketten deine Antwort sind ..." – mögliche Ursachen für die Isolation des Besessenen

Möchte man noch gezielter nach einer möglichen Motivation der Fesselung durch die Dorfbewohner fragen, könnte (am ehesten) für die *Jahrgangstufe 10* als **Vertiefung** das Lied „Wenn Ketten deine Antwort sind" von Peter Maffay (**Arbeitsblatt 2**, S. 58) hinzugezogen werden. Ganz im Sinne der exegetischen Deutungen aus 2.3 zeigt das Lied nämlich auf, dass Zweifel an den und Widerspruch gegen die Normen einer einzelnen Person, Gesellschaft oder (religiösen) Institution Gewalt und Misstrauen der Mächtigen provozieren. Ohnmächtig, dem anderen auf humane Weise zu begegnen, werden aus Angst vor Machtverlust und aufgrund fehlenden Verständnisses für den Glauben, die Situation und die Argumente des Zweiflers eigene Anschauungen und Lebenskonzepte – mitunter durchaus in bester

Absicht – derart absolut gesetzt, dass dem Dissidenten Haft, Folter und Mord (vgl. die Anspielung auf die Passion Jesu) drohen, worauf dieser seinerseits mit Aggressionen reagiert. Mit Schülern dürften neben den konkreten auch die übertragenen Bedeutungen (vgl. besonders Vers 24) der Bilder („jemanden an die Wand stellen"; „jemandem wie Jesus den Dornenkranz binden"; „jemanden in Ketten legen") erörtert werden.

Die Bearbeitung des Liedes soll den im Bibeltext nicht näher erläuterten Gründen für den Ausschluss des Besessenen durch die Dorfbewohner nachspüren und schließlich den Erkenntnisprozess dafür initiieren, dass das von Maffay und der Exegese gleichermaßen skizzierte psychologische Profil der Mächtigen („Dorf") dergestalt ist, dass sie am Ende gar kein Interesse an einer Veränderung der Situation haben können.

Ähnliche Ziele verfolgt in der **Vertiefung** *(Stufen 11, 12, 13)* auch der Einsatz der wissenschaftlichen Abhandlung von Klaus Ottomeyer „Konkurrenz, Angst und Aggression" (**Arbeitsblatt 3**, S. 59). Ottomeyer behauptet darin – den Gedanken Maffays nicht unähnlich, freilich auf höherem Abstraktionsniveau –, dass unser Gesellschafts- und Wirtschaftssystem zu einem Konkurrenzdruck führe, der Feindbilder entstehen und aus Angst bekämpfen lasse. Der von Ottomeyer diagnostizierte Zusammenhang zwischen ökonomischen und sozialen Gegebenheiten sowie menschlichen Verhaltensweisen lässt sich auf den biblischen Text und auf die nachfolgenden Drewermann-Deutungen dazu übertragen. Ein Einsatz dieses expositorischen Textes könnte also auch später denkbar sein (zur grundsätzlichen Ähnlichkeit zwischen dem kapitalistischen Wirtschaftssystem zur Zeit Jesu und dem heutigen vgl. W. Bösen, Galiläa. Lebensraum und Wirkungsfeld Jesu, Freiburg 1998, 172ff.).

Die Angst als Grundthema der Erzählung

Ist über erste Deutungen spekuliert worden, kann eine weitere **Erarbeitung** das Grundthema der Erzählung, die Angst als Gegenspielerin des nachfolgend noch zu erhellenden Vertrauens, in den Blickpunkt rücken. Dazu werden in den biblischen Text (VV 1–10) auf nicht allzu komplizierte Weise Verse des Liedes „Angst" von Herbert Grönemeyer montiert (**Arbeitsblatt 4**, S. 60/**Zusatzmaterial 2**, S. 63). Um den Schwierigkeitsgrad etwas zu erhöhen (vgl. VV 3, 5, 7), wurde der biblische Text ebenfalls ins Präsens gesetzt und die Interpunktion stellenweise verändert. Die Entschlüsselung der Montagetechnik soll vor Augen führen, wie stark biblische und aktuelle Problemfelder grundsätzlich miteinander verzahnt werden können. Dabei wurden die Verse aus dem Lied so gewählt, dass gute Schüler die Ambivalenz des Besessenen (Flucht, Isolation, Selbsthass, Betrachtung Jesu als Feind, den er anschreit, versus Aufmerksamkeitsgehabe, unbewusste Suche nach verständnisvoller Kommunikation und flehentliches Zugehen auf Jesus) ebenso erkennen dürften wie die merkwürdige Haltung der Dorfgemeinschaft, die den Ausschluss des Besessenen (mit-)betreibt (misslingende soziale Kontrolle, Konkurrenzangst), sich aber zu einem späteren Zeitpunkt keineswegs über die Heilung freut (was die Schüler bis zu diesem Punkt jedoch nicht wissen können).

Es dürfte interessant sein, die aufgeworfene und als biblisches Synonym von Dämonie realisierte Grundthematik der Angst (auf beiden Seiten, die des Besessenen ebenso wie die des Dorfes) mit konkreteren Vorstellungen der Schüler zu vertiefen. **Auswertung** und Reflexion der Übung eröffnen diese **Vertiefung**. Der Lehrer sollte diesbezüglich nicht verschweigen, dass die Montage als Methode der Verzahnung aufgrund der ähnlichen Thematik der Texte vollkommen legitim und geradezu erhellend ist, will man die Bilderwelt der Bibel verstehen.

Mk 5, 1–10 in tiefenpsychologischer Deutung

Die folgende tiefenpsychologische Deutung von Mk 5, 1–10 durch Eugen Drewermann wird mit den bisherigen Arbeitsergebnissen des Bausteins abgeglichen. Drewermanns **Vertiefung** konkretisiert die von der historisch-kritischen Exegese eruierte Definition biblischer Besessenheit als Angst- und Entfremdungsphänomen, das Psyche und Körper der Menschen damals wie heute belastet (vgl. Aufgabe 2, **Arbeitsblatt 5**, S. 61 f.). Der Text wurde aus den in der Sachanalyse zitierten Bänden „Tiefenpsychologie und Exegese. Band II" und „Jesus von Nazareth. Befreiung zum Frieden" zusammengestellt, jedoch um einige wichtige Gedanken Drewermanns gekürzt. Der von ihm vorgenommene explizite Brückenschlag von der biblischen Thematik in die heutige Welt der Jugendlichen (zu den Themenkreisen Alkohol, Drogen, zwischenmenschliche Krisen u. a.) erfolgt erst in den Bausteinen 4–10.

Raumsymbolik und seelische Situation des Besessenen

Aufgaben zur Texterarbeitung Mk 5, 1–5

1. *Äußern Sie Assoziationen zu den bekannten Redewendungen „den/die kannst du begraben", „mit einem Bein im Grab stehen", „die Hoffnung zu Grabe tragen", „der/die bringt mich noch ins Grab", „sich sein eigenes Grab schaufeln"; „mir sind die Hände gebunden"; „sich die Seele aus dem Leib schreien"; „es ist zum Verrücktwerden", „verrückt spielen"; „man würde am liebsten aus der Haut fahren".*

2. *1. Versetzen Sie sich in einen Stein (eine Fessel): Stellen Sie aus der Ich-Perspektive den Gegenstand in einer Art Steckbrief vor. Hilfreich können dabei folgende Impulse sein: Welche äußere Form besitzen Sie; beschreiben Sie Ihre Oberfläche; wie fühlt sie sich an; wo trifft man auf Sie; was ist Ihre Funktion für den Menschen etc.?*

2. Versetzen Sie sich in eine Grabhöhle: Stellen Sie aus der Ich-Perspektive die Höhle in einer Art Steckbrief vor. Hilfreich können Ihnen dabei folgende Impulse sein: Beschreiben Sie Aussehen, auch Ihr Inneres; was findet man in Sie; beschreiben Sie Ihr Sinneseindrücke (Gerüche, Temperaturen, optische Eindrücke …), die entstehen, wenn man Sie betritt; worin liegt Ihre Funktion für den Menschen etc.?

3. *Bedenken Sie folgende literaturwissenschaftliche These und finden Sie Beispiele aus dem Deutsch- oder Fremdsprachenunterricht, die die These bestätigen.*

„Der Raum einer Erzählung ist mehr als nur Schauplatz oder Kulisse der Handlung. Vielmehr ist es so, dass sich mit der Schilderung des Raumes eine inhaltliche Aussage verbindet. Dabei geht es dem Erzähler darum, zwischen der äußeren Welt und der seelischen Situation seiner Figuren Bezüge herzustellen."
(Günter Waldherr)

4. *Schreiben Sie den Text Mk 5, 1–5 in Ihr Heft und fügen Sie dabei Ihre Beiträge zu den Gegenständen (Fessel, Stein, Grabhöhle) an geeigneten Stellen ein. Welche Vermutungen über die <u>seelische Situation</u> des Besessenen stellen Sie angesichts Ihrer Mitteilungen der <u>äußeren Welt</u> (Steine, Fessel, Grabhöhle)? Beziehen Sie auch die Redewendungen aus Aufgabe 1 mit in Ihre Überlegungen ein.*

Die Funktion der Ketten und Grabhöhlen

■ *Der biblische Text verrät uns nicht genau, warum die Dorfbewohner ein so großes Interesse daran haben, den Besessenen zu fesseln. Deutlich wird, dass er sich selbst schlägt und schreit und so einen unheimlichen Eindruck hinterlässt, gesagt wird aber nicht, dass er auch andere Menschen schädigt. Warum nur möchten die Bewohner des Dorfes ihn unbedingt in Ketten legen und am liebsten in den Grabhöhlen einsperren? Das Lied von Peter Maffay „Wenn Ketten deine Antwort sind" kann dir bei der Suche nach einer Erklärung behilflich sein.*

Peter Maffay: Wenn Ketten deine Antwort sind

Ich weiß, dass du das Beste willst,
doch es fragt sich nur, für wen?
Widerspruch ist schon Verrat,
wo deine Fahnen wehen.

Was du nicht willst, das darf nicht sein.
Die Schiene legt den Zug.
Und die Zweifler stellst du an die Wand.
Dein Recht ist Recht genug.

Wenn Ketten deine Antwort sind,
wird Rache geboren.
Wenn deine Ohnmacht
dich zum Schlagen verführt,
dann hast du verloren.

Wer anders glaubt, dem traust du nicht.
Du hast Angst um deinen Thron.
Du bindest ihm den Dornenkranz
Wie damals seinem Sohn.

Wenn Ketten deine Antwort sind,
wird Rache geboren.
Wenn deine Ohnmacht
dich zum Schlagen verführt,
dann hast du verloren.

Wenn Ketten deine Antwort sind,
weil du mich nicht verstehst,
Wenn deine Antwort Ketten sind,
dann ist es zu spät.

Wenn Ketten deine Antwort sind,
wird Rache geboren.
Wenn deine Ohnmacht
dich zum Schlagen verführt,
dann hast du verloren.

Die Funktion der Ketten und Grabhöhlen

Klaus Ottomeyer: Konkurrenz, Angst und Aggression

Der biblische Text verrät Ihnen nicht genau, warum die Dorfbewohner ein so großes Interesse daran haben, den Besessenen zu fesseln. Deutlich wird, dass er sich selbst schlägt und schreit und so einen unheimlichen Eindruck hinterlässt, gesagt wird aber nicht, dass er auch andere Menschen schädigt. Warum nur möchten die Bewohner des Dorfes ihn unbedingt in Ketten legen und am liebsten in den Grabhöhlen einsperren? Der Text von Ottomeyer kann Ihnen bei der Suche nach einer Erklärung behilflich sein.

Die Bereitschaft zum zwischenmenschlichen Wettkampf, zur Hervorhebung des eigenen Selbst in Konkurrenzbeziehungen ist in dieser Form etwas für unsere westlich-kapitalistische Kultur besonders Typisches. Wenn man Angehörige „primitiver" kooperativer Stammesgemeinschaften wie die nordamerikanischen Zuni oder die Arapesh auf Neu-Guinea zu wettkämpferischem Verhalten aufforderte, würde man nur auf Unverständnis und Skepsis stoßen. Jedem, der sich auf Kosten anderer hervorzutun versucht, droht hier die soziale Ächtung.

Unter kapitalistischen Konkurrenzbedingungen ist die größere Leistungsfähigkeit eines Menschen zunächst keineswegs etwas, über das ich mich freuen könnte, weil sie mir im Rahmen von kooperativer Tätigkeit auch zugute kommt, sondern primär etwas, das bei mir selbst Versagensangst und die Angst, überflüssig zu sein, hervorruft. Die Wahrnehmung der größeren Leistungsfähigkeit der anderen muss bei mir den Impuls auslösen diese Leistungsfähigkeit zur Verbesserung meiner eigenen Marktchancen auszuschalten. Es herrscht ein Interesse an der Ausschaltung derer, die mir gefährlich werden können. Dieses Interesse braucht dabei zunächst gar nicht mit einem Interesse oder einer Freude an der Verletzung und am Leiden der anderen verbunden zu sein.

Leider kann sich aber auch das Interesse an der objektiven Ausschaltung des anderen sehr schnell zur Freude an seinem Leiden und seinem Niedergang verselbständigen. Wenn meine zwischenmenschliche Wahrnehmung von einer dauerhaften starken Angst vor der Stärke der anderen und meiner eigenen Schwäche geprägt ist, dann kann es sehr leicht sein, dass die Wahrnehmung des fremden Leidens als solches einen zusätzlichen Beruhigungseffekt für meine Angst mit sich bringt. Das wahrnehmbare Leiden des anderen als Konkurrenten bekommt dann sozusagen einen positiven Signalcharakter für die Verbesserung meiner Lebenschancen; es wird gleichbedeutend mit der allgemeinen Verheißung meiner eigenen Stärke. Dieser beruhigende Signalcharakter des fremden Leidens und des fremden Niedergangs kann sich dann von den direkten und wirklichen Konkurrenzbeziehungen noch weiter auf solche Sozialbeziehungen übertragen, die bei nüchterner und angstfreier Betrachtungsweise sich gar nicht als wirkliche Konkurrenzbeziehungen darstellen würden. Aber Angst verzerrt bekanntlich die Wahrnehmung. So fördert die kapitalistische Ökonomie die Entwicklung eines Menschentyps, der das Gefühl, selbst ein gesichertes Leben führen zu können, nur dann hat, wenn er andere leiden sieht.

In abgeschwächten Formen gibt es diese verselbständigte Freude am Untergang der anderen und am damit zusammenhängenden Genuss der eigenen Stärke bei sehr vielen von uns.

Aus: Ders., Ökonomische Zwänge und menschliche Beziehungen. Soziales Verhalten im Kapitalismus, Rowohlt, Reinbek bei Hamburg 1977, 80f.

Die Angst als zentrales Thema in Mk 5, 1–10

[1]Sie kommen an das andere Ufer des Sees, in das Gebiet von Gerasa. [2]Als er aus dem Boot steigt, läuft ihm aus Angst vor dem Feind ein Mann entgegen, der von Angst vor sich selbst – einem unreinen Geist – besessen ist. Er kommt von den Grabhöhlen, [3]in denen er aus Angst vor der Welt lebt. Man kann ihn nicht bändigen, nicht einmal mit Fesseln: Angst braucht Waffen. [4]Schon oft hat man, Angst vor Konkurrenz, ihn an Händen und Füßen gefesselt: Angst überholt zu werden. Aber er hat Angst, ferngelenkt zu werden, die Ketten gesprengt und die Fesseln zerrissen; niemand kann ihn bezwingen. [5]Das Einschüchtern ist geplant: Bei Tag und Nacht schreit er aus Angst vor der Zeit, alleine zu sein, unaufhörlich in den Grabhöhlen und auf den Bergen, Angst zu verblöden, bereits mundtot zu sein, und schlägt sich mit Steinen: Angst frisst auf. [6]Als er Jesus von weitem sieht – Angst voreinander, vor Gefühlen –, läuft er zu ihm hin, wirft sich vor ihm nieder, Angst in die Augen zu sehen, [7]und schreit, als Methode angewandt, laut: „Wir sind uns alle verdächtig. Was habe ich mit dir zu tun, Jesus, Sohn des höchsten Gottes? Ich beschwöre dich bei Gott: Quäle mich nicht, sich zu wehren, sich auf's Eis zu wagen!" [8]Jesus hatte nämlich zu ihm gesagt: „Verlass diesen Mann, du unreiner Angst-kriegt-klein-Geist!" [9]Jesus fragte ihn: „Wie heißt du?" Er antwortete: „Mein Name ist ‚Angst-Legion'; denn wir sind viele: Angst 'rauszugehen, sich zu blamieren, Angst zu erfrieren, Angst vor Zärtlichkeit, Angst aus Erfahrung, zu viel Vertraulichkeit, Angst, es allen recht zu machen, Angst vor dem Aus." [10]Und er, Angst sich in sich zurückzuziehen, fleht Jesus an, sie nicht aus dieser Angst-Gegend zu verbannen.

Montiert und leicht verändert von V. Garske nach: Einheitsübersetzung der Heiligen Schrift, – sowie: Angst. Text und Musik: Herbert Grönemeyer,

1. *Der Text ist eine Montage, bestehend aus dem ersten Teil der biblischen Wundergeschichte zur Heilung eines Besessenen (Mk 5, 1–10) und einem Lied aus der Popmusik. Der biblische Text wurde grundsätzlich in seiner Abfolge nicht verändert, allerdings sind aus dem Lied unterschiedliche Zeilen zwischen die biblischen Verse montiert worden. Entflechten Sie die Montage, indem Sie den Popsong mit Rot, den biblischen Text mit Grün unterstreichen.*
2. *Reflektieren Sie den Sinn dieser methodischen Übung einer Textmontage.*
3. *Versuchen Sie anschließend eine präzisere Deutung der biblischen Besessenheit. Begründen Sie, warum der Besessene Jesus als „Feind" betrachtet, obwohl dieser ihm doch nur helfen möchte.*

Notizen

Eugen Drewermann: Dämonie als Bild innerer Zerrissenheit

Im ganzen Neuen Testament begegnet man keiner Gestalt von solcher Ohnmacht und Ausgeliefertheit. Wir hören von einem Menschen, der sein Leben buchstäblich ganz und gar an der Stätte des Todes verbringt. Was bedeutet es für einen Menschen, wenn er sein Zuhause dort sucht, wo es kein Zuhause gibt, wenn er dort leben muss, wo kein Leben mehr ist? Augenblicklich tritt dann die Gestalt eines Mannes vor unser Auge, dessen ganzes Leben sich zu einem „Unleben" verändert hat, ein lebendig Toter, einer, der längst gestorben ist und der dennoch physisch weiterleben muss. Wie viel an Verzweiflung liegt allein schon in diesen wenigen Bildern!

Und mehr noch die Widersprüchlichkeit seiner Einstellung zu anderen Menschen! Alle erscheinen ihm von weitem schon als Fesselbringer und Kettenträger, gegen die er sich wehren muss um seiner Freiheit willen. Er kämpft offensichtlich um die Unabhängigkeit von jeder Fremdbestimmung, frei sein zu wollen von allen gesellschaftlichen und moralischen Erwartungen, das ist der ‚Sinn' seiner Lebensführung. Auf der anderen Seite sehen wir natürlich, wie innerlich unfrei dieser Mann in seiner radikalen Einsamkeit und Kontaktscheu in Wahrheit ist. Wie ein verängstigtes Tier flieht er von weitem schon die Nähe der Menschen; dann aber, in den Bergen, schreit er unartikuliert und unadressiert um Hilfe und der Hass gegen sich selbst ist so groß, dass er, wie in einem unablässigen Bußritual, mit Steinen auf sich einschlägt: So sehen wir vor uns das Portrait eines Menschenlebens in seiner ganzen Ausweglosigkeit und Tragik. Gemeint ist ein Leben, das gänzlich von Angst statt von Vertrauen geprägt ist, das den Kontakt zu anderen Menschen stets unter der Frage sieht, wer wen zu unterjochen und zu versklaven imstande ist. Ein solches Leben der Angst mag man mit dem Evangelisten Markus in der Tat als „dämonisch" bezeichnen. Doch die Frage stellt sich dann nur um so mehr, was denn gegen ein solch entsetzliches Leiden sich tun lässt.

Die Antwort mutet zunächst höchst paradox an. Dieser „Besessene", möchte man meinen, behielte seine „Ruhe", wenn er auf die Ankunft Jesu einigermaßen gelassen reagieren würde – er brauchte sich bloß versteckt zu halten und nichts würde ihm passieren. Statt dessen aber sehen wir ihn „von weitem" schon auf Jesus zulaufen, statt dessen schreit der „Besessene" Jesus an, er solle aufhören ihn zu quälen. Psychologisch ist ein solcher Widerspruch durchaus geläufig: Menschen kommen und bedürfen dringend der Hilfe, sie können bei Tag und bei Nacht kein Auge mehr zutun, und alles, was sie machen, ist ein verängstigtes Suchen nach Rettung. Und doch werden sie zunächst jeden abweisen, der sich auf sie einlässt. Denn jede seelische Erkrankung schafft ja nicht nur Leiden, sondern ist unbewusster Ausdruck eines Konflikts, der bewusst nicht gelöst wird bzw. gelöst werden will. Und so braucht der seelisch Kranke die Krankheit, und so sehr er auch darunter leidet, so sehr ängstigt er sich insgeheim vor einer heilenden Begegnung, weil dann all die verdrängten Wahrheiten über sich selbst und über die Beziehungen zu anderen Menschen bewusst würden und ans Licht kämen.

Jesus gehorchen die „Dämonen" der Angst keineswegs prompt. Dann aber lernt er aus seinem Misserfolg, was die Heilung der Seele eines Menschen bedeutet. Er fragt nach dem Namen des „Besessenen". In diesem Augenblick erst beginnt die eigentliche Heilungsgeschichte mit dem Wechsel von der Haltung des Befehlgebenden zum fragend Zuhörenden. Nur wenn die Frage nach dem Namen und damit nach dem Wesen des anderen so einfühlend, so ernst und so geduldig gestellt wird, dass sie in ihrem Interesse als glaubwürdig und in ihrer Menschlichkeit als tragfähig erscheint, kann man damit rechnen, von dem Betroffenen eine wahre Antwort zu erhalten. „Wie heißt du?" – das eröffnet die Möglichkeit, einmal trotz aller Angst glauben zu dürfen, dass der andere, der so fragt, mich bedingungslos akzeptieren wird.

Das einzige, was der „Besessene" auf die Frage nach seinem Namen als Antwort zu geben vermag, besteht in der Schilderung der Zerrissenheit, in der er sich selbst erlebt; erklären muss er, dass sein Ich besetzt gehalten wird von fremden Truppen, die mit breiten Stiefeln in seiner Seele umhermarschieren, ein Bündel sich widersprechender Befehle. Solche Menschen wagen niemals ‚Ich' zu sagen, über ihnen lastet der Zwang, stets zu bereden, was „man" tut, wie „es" geht, was „aber doch" „an und für sich" „notwendig" ist, was „die anderen" sagen werden, und oft merken sie gar nicht, wie uneigentlich und unpersönlich, wie entfremdet und besetzt gehalten sie existieren: Statt des eigenen Ichs denkt, redet, fühlt, wertet, agiert plötzlich der Vater, die Mutter, die Schwester, der Dorfpfarrer, der Klassenlehrer etc. Wo aber bleibt dann das Ich?

Man darf annehmen, dass es vor allem diese Erfahrung der inneren Zerrissenheit und Ausgeliefertheit ist, die als Kern dessen gelten muss, was in der Bibel als „Besessenheit" beschrieben wird und was als Erfahrung von einem jeden Menschen mehr oder minder mitempfunden werden kann.

Aus: Ders., Tiefenpsychologie und Exegese. Band II, 251 f., 264 f. sowie ders., Jesus von Nazareth. Befreiung zum Frieden, beide © Patmos Verlag GmbH & Co. KG, Düsseldorf, 282 ff.

1. *Markieren Sie Schlüsselwörter oder zentrale Aussagen mit Grün und streichen Sie Ihre die übrigen Passagen mit Bleistift vorsichtig durch, sodass am Schluss nur die entscheidenden Schlüsselbegriffe oder -sequenzen für das Auge sichtbar übrig bleiben. Diskutieren Sie Ihre Arbeitsergebnisse und dabei auftretende Fragen im Plenum des Kurses.*
2. *Vergleichen Sie die erarbeitete Deutung Drewermanns mit den bisherigen Arbeitsergebnissen zu der biblischen Erzählung.*

Notizen

Grabhöhlen zur Zeit Jesu

Gelände im Westen von Golgota, Illustration von Klaus-Peter Hüsch

Herbert Grönemeyer: angst

angst vor der geschichte
angst vor sich selbst
sich in sich zurückzuziehen
aus angst vor der welt

angst auszubrechen
sich zu blamieren
sich auf's eis zu wagen
angst zu erfrieren

angst zu verblöden
vor der endgültigkeit
sich an alles zu gewöhnen
aus angst vor der zeit
angst zu verblöden
bereits mundtot zu sein
angst stellt ruhig
angst kriegt klein

angst braucht waffen
aus angst vor dem feind
obwohl keiner so recht weiß
wer ist damit gemeint

angst überholt zu werden
aus angst vor konkurrenz
angst vor der dummheit
vor ihrer intelligenz

angst als methode angewandt
das einschüchtern ist geplant
angst stellt ruhig
angst kriegt klein

angst vor einander
angst 'rauszugehen
wir sind uns alle verdächtig
angst in die augen zu sehen

angst vor gefühlen
angst vor zärtlichkeit
angst aus erfahrung
zu viel vertraulichkeit

angst zu verblöden
vor der endgültigkeit
sich an alles zu gewöhnen
aus angst vor der zeit
angst zu verblöden
bereits mundtot zu sein
angst stellt ruhig
angst kriegt klein

angst ferngelenkt zu werden
angst vor dem aus
angst es allen recht zu machen
angst frisst auf

angst sich zu wehren
angst alleine zu sein
angst vor der angst
wir schlafen ein
angst vor der angst
wir schlafen ein

Baustein 2

Mk 5, 11 – 15: Das Ende der Angst

Ist bis zu dieser Stelle die Entschlüsselung des biblischen Verständnisses von Besessenheit erarbeitet worden, geht es im Folgenden um eine Interpretation des fantastisch ausgeschmückten Erzählabschnittes über den Untergang der „Dämonen".

→ **Kapitel 2.2**
→ **Kapitel 3.5**

Ersetzt man in der **Hinführung** den Begriff der Dämonen durch die Angst, Zerrissenheit und Ausgeliefertheit, dürften sich in der **Erarbeitung** und **Auswertung** fast zwangsläufig Deutungen ergeben, die im Kern darin übereinstimmen, *dass* Jesus offensichtlich ein Mensch war, in dessen Nähe die Betroffenen ihre Entfremdung verloren.

Da Markus über das *Wie* der Heilung nur in poetischer Weise redet (**Arbeitsblatt 6**, S. 66), muss ein weiterer Text Drewermanns in der **Vertiefung** diese Erklärungslücke schließen (**Arbeitsblatt 7**, S. 67).

Das als **Transfer** gedachte Fallbeispiel eines ADS-Kindes soll Drewermanns These von der vermuteten therapeutischen Arbeit Jesu erhellen (**Arbeitsblatt 8**, S. 68 und Zusatzmaterial 4, S. 69).

Die Symbolik der Schweineherde in Mk 5, 11–15

Im Folgenden erfährst du, wie die Wundergeschichte weitergeht. Dabei sind unserem bisherigen Kenntnisstand zufolge die „Dämonen" durch den Begriff der Angst (mitdenken können wir die Zerrissenheit und Ausgeliefertheit) ersetzt worden. Dieser Eingriff in den Text soll dir helfen, die fantastische Erzählung zu interpretieren.

11 Nun weidete dort am Berghang gerade eine große Schweineherde. 12 Da baten ihn die Ängste:
Lass uns doch in die Schweine hineinfahren. 13 Jesus erlaubte es ihnen. Darauf verließen die
Ängste den Menschen und fuhren in die Schweine und die Herde stürzte sich den Abhang hinab
in den See. Es waren etwa 2000 Tiere und alle ertranken. 14 Die Hirten flohen und erzählten alles
in der Stadt und in den Dörfern. Darauf eilten die Leute herbei, um zu sehen, was geschehen war.
15 Sie kamen zu Jesus und sahen bei ihm den Mann, der von der Legion Ängste besessen gewesen
war. Er saß ordentlich gekleidet da und war wieder bei Verstand.

1. *Wenn wir klären konnten, dass mit den „Dämonen" verschiedene Formen der Ängste und der Zerrissenheit gemeint sind, wofür können dann symbolisch Ihrer Meinung nach die „Schweine" stehen, die im „See" ertrinken und damit das Ende der „Dämonen" (Ängste) erreichen?*
2. *Vergleichen Sie Ihre Lösungsansätze mit der psychologischen Deutung Drewermanns zu der biblischen Szene.*
3. *Diskutieren Sie die Konsequenzen folgender Annahme aus der aktuellen theologischen Forschung: Vorausgesetzt wird, dass sich die grundsätzliche Heilung von den Ängsten über einen längeren Zeitraum erstreckt haben dürfte. Der literarische Kniff des Erzählers besteht folglich darin, die tatsächlichen und längere Zeit dauernden Heilungsprozesse in märchenhaftem Stil so zu verdichten, dass der Eindruck entsteht, Jesus habe die Menschen in kürzester Zeit auf fantastische Art geheilt. Während die ersten Leser der Evangelien um diese literarische Technik der Zeitraffung und der fiktionalen Ausschmückung wussten, tun wir uns heute damit wesentlich schwerer.*
4. *Welches Bild gewinnen Sie von Jesus, seinem Gottesglauben und seiner Botschaft vom Reich Gottes, wenn mit seiner therapeutischen Hilfe Menschen ihre Ängste offenbar „zur Sau" machen konnten?*

Notizen

Eugen Drewermann: Die Schweineherde in tiefenpsychologischer Deutung

Ursprünglich stellt sich die Frage, wie denn dieser totalen Fremdbestimmung und Selbstzerstörung anders beizukommen sein soll, außer man verlegt sich auf einen Kompromiss, man schließt in gewissem Sinne einen Pakt mit dem Teufel und leitet das ungeheuere, aufgestaute aggressive Potenzial auf symbolischem Wege nach außen ab. Wie ist es möglich, mit der menschlichen Destruktivität so umzugehen, dass man sie integriert, statt projiziert? Es ist zum einen nötig, die Gründe der (verdrängten und auf das eigene Ich gerichteten) Aggressionen sich erzählen zu lassen und damit bewusst zu machen; alles, auch das Zerstörerische in der menschlichen Psyche, hat seine verstehbaren Ursachen, und statt sie zu „verteufeln", ist es unerlässlich, diesen Ursachen nachzugehen und sie durchzuarbeiten. Dann aber ist es möglich und nötig, ersatzweise Ventile zu schaffen, um den zerstörerischen Anteil kontrolliert auszuagieren und damit unschädlich zu machen. Die Vernichtung der „Schweine" steht dann als Symbol für all die bis dahin niemals zugelassenen Triebregungen, die nun nach außen zu setzen sind, um im wörtlichen Sinne „erledigt" zu werden. Erst danach sitzt der ehedem „Besessene" „ruhig und vernünftig" da, „er, der die Legion gehabt hatte"!

Aus: Ders., Jesus von Nazareth. Befreiung zum Frieden, 285f., © Patmos Verlag GmbH & Co. KG, Düsseldorf

■ *Geben Sie die Kernthese(n) Drewermanns mit eigenen Worten wieder.*

Notizen

Wolfgang Bergmann: ADS als moderne Form der Besessenheit

Der folgende Bericht eines Psychologen schildert den therapeutischen Heilungsprozess eines Jungen, Karl, der an dem Aufmerksamkeits-Defizit-Syndrom (kurz: ADS) leidet. ADS-Kinder sind permanent unruhig und undiszipliniert (man spricht von Hyperaktivität), zeitweilig sehr aggressiv, sodass es immer wieder zu Selbstverletzungen kommt. Zu beobachten sind auch Essstörungen wie die Magersucht. Im Hintergrund steht oft das gestörte Verhältnis zu den Eltern, Geschwistern u.a., aber auch zu sich selbst. Als Karl ein Jahr alt war, trennte sich seine Mutter vom alkoholkranken Vater. Karl wächst bei der warmherzigen, aber auch überbehütenden Mutter auf, bis die Symptome des Zorns und der Angst sich Bahn brechen.

Manchmal ist der Zorn dieser Kinder so gewaltig, dass sie ihn gar nicht mehr auffangen können. Dann entsteht ein Übermaß an Aggressivität, und die Kinder wissen nicht, wohin damit. Schließlich wenden sie die Wut gegen sich selber. [...] So war es auch bei Karl.
Was Karl umtrieb, war nicht einfach Unruhe, ruheloses Haben-Wollen. Vor allem waren es Wut und Angst. Auffällig war, welchen bitteren, destruktiven Charakter beides annehmen konnte. Nachdem er Vertrauen zu mir gefasst hatte, lebte Karl ungehemmt seine Wut aus. Er verlieh ihr Ausdruck, er kannte kaum Grenzen dabei. Ich ließ es zu. [...]
In meiner Praxis steht ein uralter Vogelbauer [...]. Karl assoziierte Gefangensein, Gitter, Nicht-weg-Können – und entwickelte eine ungehemmte Fantasie. Er stellte ein Puppenmännchen in den Vogelkäfig, verschloss sorgfältig die Tür, dann rannte er auf die Toilette. Er kam mit einer ganzen Papierrolle zurück, dann begann er schweigend und konzentriert (ganz anders, als es sonst seine Art war) den Vogelbauer zu verhüllen. Der Bauer und das Puppenmännchen wurden von oben bis unten zugebunden, eingehüllt, vermummt. Karl hatte einen Plan. [...] „Der soll ersaufen“, sagte er zufrieden. „Wer?“, fragte ich. „Der da im Gefängnis, der ist böse gewesen. Deshalb ist er im Gefängnis“, erklärte Karl mit einem wütenden Seitenblick. „Das kommt davon, wenn man nicht gehorsam ist. Das passiert einem, wenn man im Gefängnis sitzt, wenn man nicht raus kann! Dann wird man ertränkt.“
Seine Vernichtungswut war detailreich. Behutsam senkte er den Vogelbauer in ein imaginäres tiefes Wasser, es gluckste in seiner Vorstellung so lebhaft, dass man es beinahe hören konnte. Schließlich imitierte Karl auch noch Gurgeln und Seufzen, das war wohl das Puppenmännchen, eine hingebungsvolle Imitation der Auslöschung seiner Existenz. „So“, sagte er befriedigt, „das hat er nun davon.“
Es war einfach so [...], dass Karl durch und durch besetzt war von Angst. „Besetzt“ ist ein zutreffendes Wort, die Angst war wie eine Besatzung in einer ansonsten heiteren, vertrauensvollen Seele. Die Angst mauerte ihn ein, die Angst brauchte Bilder, deren Intensität so stark sein sollten, dass sie die im Inneren wütenden Angstangriffe überlagerten, erstickten. In den Fantasiebildern konkretisierte sich ein Angstphänomen, das er sonst nicht aus seinem Kopf herausbekam. Jetzt, in der beschwichtigenden Gegenwart eines Erwachsenen (dem er vertraute), durfte es endlich zum Ausdruck gebracht werden, damit greifbar werden. Es war sein „Ich“, das da ertränkt wurde, und wiederum sein „Ich“, das das Ertränken bewerkstelligte. Es war *ein* Ich, das leidet und das Leiden zufügt.
Die Welt machte ihm riesengroße Angst. Die Angst erlaubte keine Distanz zwischen ihm und der ängstigenden Welt, sie tat genau das Gegenteil: Sie überflutete und füllte seine Seele, bis kaum eine kräftige Energie in ihm übrig blieb außer den Energien, die seine Angst speisten. Das war der Grund für seine Unruhe. Deshalb musste der Vogelbauer eingehüllt werden, bis er ein in sich schlüssiges Bild war, ein Angstbild, das versenkt wurde.
Inzwischen besucht Karl regelmäßig die Schule, die Welt macht ihm immer noch Angst, aber neben der Angst gibt es viele andere Dinge, die ihm helfen, die Angst zu bewältigen. Wir lachen jetzt oft miteinander. Der Vogelbauer steht in der Ecke, Karl braucht ihn nicht mehr.

Aus: Ders., Karl oder: Die Wut und der Gefangene im Vogelbauer. In: Ders., Das Drama des modernen Kindes. Hyperaktivität, Magersucht, Selbstverletzung, Beltz, Weinheim ²2007, 111 f.

1. *Vergleichen Sie Aspekte der psychischen Erkrankung Karls, seiner Therapie und ihrer Folgen mit einzelnen Zügen der Wundergeschichte und ihrer Deutung durch Eugen Drewermann. Entwerfen Sie dazu ein Tafelbild.*

2. *Vorausgesetzt, man akzeptiert die These, dass ADS eine moderne Form der „Besessenheit“ ist: Diskutieren Sie in Kleingruppen, welche Rolle die Religion im Sinne Jesu beim Heilungsprozess moderner psychischer Krankheiten spielen könnte. Welche Konsequenzen ergäben sich Ihrer Meinung nach für die Zusammenarbeit von Psychologie/Psychotherapie und Religion? Stellen Sie Ihre Ergebnisse später im Plenum vor.*

Tafelbild: Moderne Besessenheit

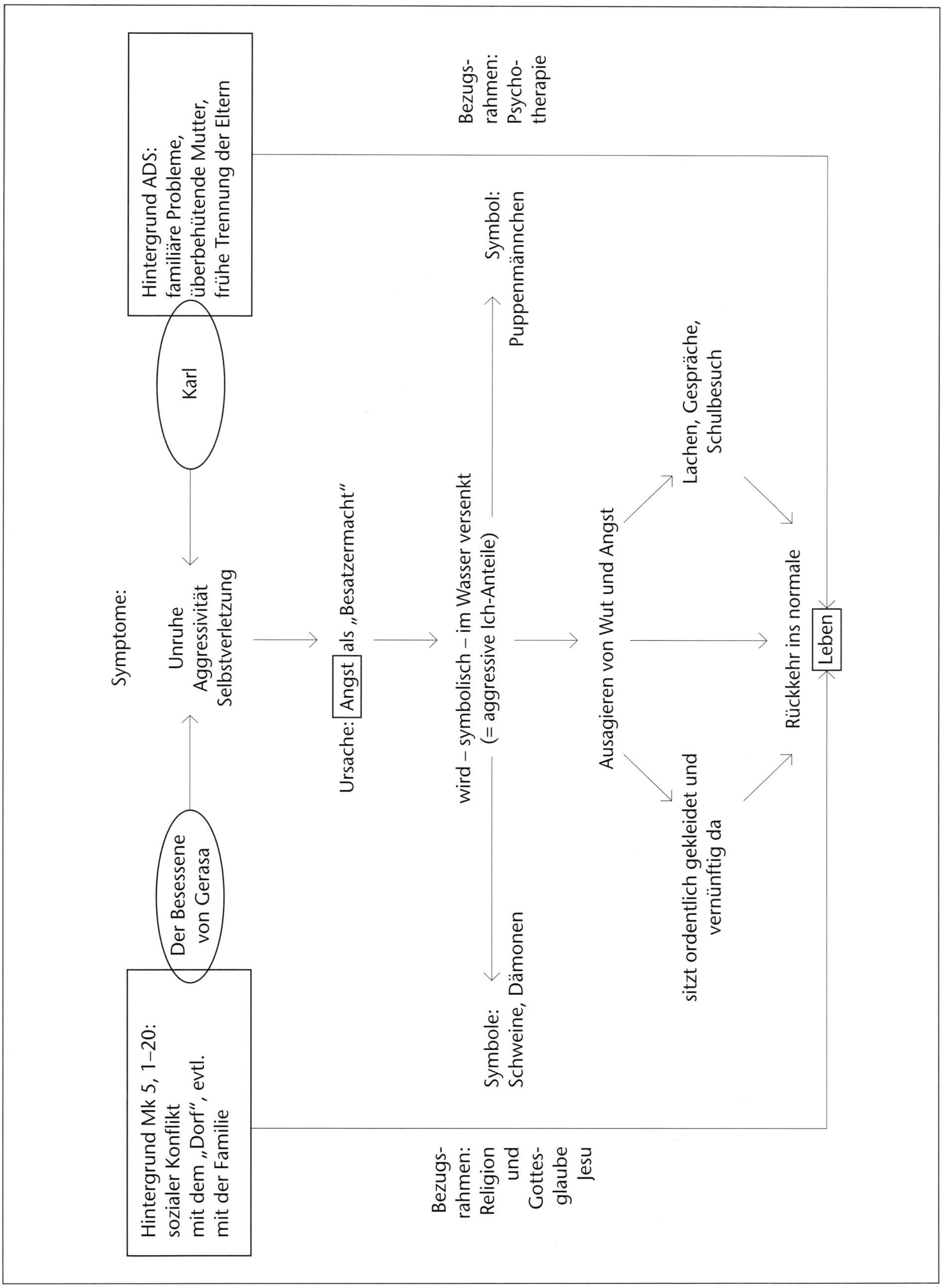

Baustein 3

Mk 5, 15 – 20: Die Reaktion der Hirten auf die Rückkehr ins Leben

→ Kapitel 2.2
→ Kapitel 2.5

Als **Hinführung** zu **Arbeitsblatt 9** (S. 71) sollte der Schluss der Perikope gelesen worden sein.

Zur **Erarbeitung** und Textbegegnung erstellen die Schüler ein Standbild zu VV 15 – 17, um das Verhältnis der Hirten und Dorfbewohner zu Jesus zu veranschaulichen. Dabei kann nämlich in Szene gesetzt werden, wie die Menschen mit ihrer abwehrenden und ängstlichen Haltung nun die Rolle des Besessenen selbst einnehmen, der ja zu Beginn der Erzählung mit ähnlicher Gestik und Mimik auftrat.

Da bei der Methode des Standbildes das Plenum Rückfragen an den Regisseur des Bildes und die Darsteller/die Figuren richten darf, soll im Verlauf der **Auswertung** des Standbildes auch darüber spekuliert werden, warum die Bevölkerung diese massive Furcht und Abwehr zeigt, sodass man den Eindruck gewinnt, sie selbst besitze „Angst-Dämonen" ganz eigener Art.

Drewermanns Interpretation greift diesen Gedanken als **Vertiefung** auf und macht am Ende plausibel, warum der ehemals Besessene Jesus nicht nachfolgen, sondern in den früher so verteufelten Familienkreis zurückkehren soll. Damit gibt er eine Antwort auf die Fragen des lyrischen Ich im Gedicht „Der geheilte Gadarener" von Erich Fried (**Arbeitsblatt 10**, S. 72); das lyrische Ich fühlt sich von Jesus am Ende im Stich gelassen.

Die letzte Aufgabe bilanziert die persönliche Bedeutung von Mk 5, 1 – 20 für die Schüler. Sie bildet die Basis der weiteren **Transfer**übungen.

Eugen Drewermann: Die Reaktion der Umwelt auf die Heilung und die Zukunft des Geheilten

Was sich hernach begibt, ist in doppelter Hinsicht erstaunlich: Da kommen die Leute und sehen den Mann *geheilt* vor sich, doch sie bedauern den Verlust ihrer Schweine! Ist es möglich, dass sie, die bis dahin mit Ketten und Fesseln so sehr um die „Resozialisierung" dieses „Besessenen" bemühten, in Wahrheit ein unausgesprochenes Interesse am Erhalt seiner Krankheit besessen hätten, in der richtigen Vermutung womöglich, dass seine Heilung sie teuer zu stehen kommen würde? Was für ein Bild liegt allein in dieser *Reaktion* all der „Vernünftigen" und so „Geordneten" auf die Gesundung dieses Mannes! Sie *bitten* Jesus förmlich, ihr Gebiet schleunigst zu verlassen! Es macht sich auf der Stelle unbeliebt, wer Menschen nicht an die Erwartungen anderer anpassen will, sondern wer sie ernsthaft zu sich selbst, in ihre Freiheit führen möchte. Wer, wie Jesus, in dieser Welt die Menschlichkeit fordert und fördert, wird als erstes entdecken müssen, dass all die Leute, die ehedem so verantwortlich und treusorgend z. B. um das Wohl des armen Irren von Gerasa bemüht schienen, in Wahrheit die Partei der Angst, der Außenlenkung und der Entfremdung ergreifen und nicht bereit sind, sich auf die Seite des neu gewonnenen Lebens zu schlagen. Die strukturelle Tödlichkeit der Spielregeln des bürgerlichen Zusammenlebens mit ihrem schier unendlichen Bedürfnis nach Sicherheit, Ruhe und Ordnung kann logischerweise nichts anderes wollen und betreiben als Jesus aus dem Gebiet von Gerasa (und damit im Prinzip aus dem Leben selber) zu vertreiben.

Es mag Menschen geben, die lernen müssen, die engen Bindungen des häuslichen Lebens zu *verlassen*, um frei zu werden; doch andere gibt es, die ein Zuhause niemals gehabt haben; *sie* müssen lernen, mit den Menschen zurecht zu kommen, deren Gestalt sie verinnerlicht haben wie eine Heerschar von 2000 Teufeln. Erst indem sie lernen, bei sich selbst heimisch zu werden, sind sie imstande, die „Großtaten Gottes" zu verkünden; das heißt, sie werden von Gott gar nicht anders mehr reden können, als indem sie *des* Mannes gedenken, in dessen Nähe sie, wie dieser namenlose Besessene von Gerasa, ihr eigenes Ich wiedergefunden haben. Darin vor allem wird das „Zeugnis" bestehen, das der vormals „Besessene" in alle Zeit für die Machttaten Gottes durch sein bloßes Dasein mehr noch als durch sein Reden ablegen wird: dass er die ehedem so verhasste enge Welt der Fessel- und Kettenträger zu ertragen vermag, weil er seine Freiheit nicht mehr am Rande der Gräber und Grüfte zu verteidigen braucht; in alle Zukunft wird dieser Mann bekennen wollen und bekennen müssen, dass Gott in der Nähe dieses einen alle Angst aus dem menschlichen Herzen zu verbannen vermocht hat, und das, was er am Anfang am meisten fürchtete, wird jetzt zum Inbegriff seines Glücks. Weil er sich *Jesus* anvertraute, als er ihn nach seinem Namen fragte, wird er für alle Zeit wissen, wie sehr er *Gott* vertrauen kann.

Aus: Ders., Tiefenpsychologie und Exegese, Band II, 272 sowie ders., Jesus von Nazareth. Befreiung zum Frieden, 286 f., beide

1. *Vergleichen Sie die Deutung Drewermanns zum merkwürdigen Verhalten der Dorfbewohner mit den Arbeitsergebnissen zu Ihren Standbildern zu Mk 5, 15–17.*
2. *Diskutieren Sie die Kernthese, dass die Bevölkerung von Anfang an kein Interesse an einer Gesundung des Mannes hatte. Können Sie Beispiele aus Ihrer Lebenswelt benennen, die die These belegen, wonach es für bestimmte Menschen von Vorteil sein kann, wenn „Besessene" gerade nicht von ihren Ängsten geheilt werden?*
3. *Erzählen Sie die Geschichte weiter: Der Mann kommt in das Dorf und in seine Familie zurück ... Leitfragen können sein: Wie wird man ihn empfangen? Mit welcher Persönlichkeit wird er sich nun präsentieren? Wie wird er zukünftig auftreten und leben? Welche neuen Konflikte, aber auch welche neuen Chancen des Zusammenlebens könnten sich ergeben?*

Erich Fried: Der geheilte Gadarener

Der verjagt hat aus mir die Legion meiner Teufel
will mich nicht mitnehmen da die Sauhirten ihn verjagen
(„Tu anderswo deine Wunder
nicht auf Kosten unserer Schweine")

Der mich genug geliebt hat um mich zu retten
liebt er mich nicht genug um mich bei sich zu haben?
Nie hatte ich genug Liebe
Nur in die leeren Höhlen
der Ungeliebtheit in mir
konnten die Teufel sich setzen
(so wie ich meine Zuflucht hatte in leeren Gräbern)

„Gott ist die Liebe" sagt er
doch wen liebt *er*?
Liebt er nur seine Wunder
und die Herrlichkeit die sein Teil ist?
Liebt er die Menschheit und nicht die einzelnen Menschen?
Liebt er nur den Gedanken an seine Liebe?
Oder gelten die Menschen ihm gleich
und hasst er nur ihre Teufel?
Bin ich ihm gleichgültig wie die ertrunkenen Schweine?
und wie die Hirten die von den Schweinen leben?

Ist seine Liebe gar nicht wirklich von hier?
Liebt er nur seinen Vater und seinen Auftrag?

Ich gehe und rufe sein Wunder aus
wie er mir sagte
Ich will ihn lieben
der mich gerettet hat
Aber wie ist diese Liebe
die mich alleinlässt?

Aus: Beunruhigungen,

1. *Der ehemals Besessene möchte Jesus nachfolgen, was dieser ablehnt. Vergleichen Sie die Begründung Drewermanns für die Ablehnung mit den kritischen Anfragen des lyrischen Ich aus dem Gedicht „Der geheilte Gadarener" von Erich Fried.*
2. *Verfassen Sie abschließend zu dem ganzen biblischen Text Mk 5, 1–20 ein reimloses Gedicht, ein sogenanntes Akrostichon, das die für Sie wichtigsten Aspekte noch einmal auf den Punkt bringt. Wofür steht für Sie abschließend GERASA? Die Buchstaben des biblischen Ortes bieten jeweils den ersten Buchstaben des Wortes, das den Vers eröffnet. Inhalt und Länge des Verses bestimmen Sie.*

G ______________________________

E ______________________________

R ______________________________

A ______________________________

S ______________________________

A ______________________________

Baustein 4

Moderne Formen biblischer Dämonie – erste Überlegungen

Nachdem in den ersten Bausteinen die Erschließung des biblischen Textes im Vordergrund stand, besitzen die folgenden Beiträge eine ausdrückliche Scharnierfunktion, insofern sie Schülern wie Lehrern als hinführende Informationen zu den Transfermöglichkeiten und Aktualisierungen der biblischen Besessenheitsthematik dienen. Der Lehrer sollte selbst entscheiden, welche(s) der **Arbeitsblätter 10–12**, (S. 72, 74 f.) einzusetzen sind (ist).

Bevor die hier insgesamt noch recht allgemein gehaltenen Aussagen mithilfe der nachstehenden Bausteine 5–10 konkretisiert werden, erhalten die Schüler den Aufgabenstellungen entsprechend Gelegenheit zu eigenen Überlegungen bezüglich aktueller Formen der Dämonie.

→ Bausteine 5–10

Die danach einzusetzenden Bausteine beginnen mit allgemeinen Entfremdungszuständen (Baustein 5), leiten die Schüler über die gestörten Beziehungen in Partnerschaft, Familie und Beruf (Baustein 6) zu den Problemkreisen Alkohol und Drogen (Baustein 7), sexuellem Missbrauch (Baustein 8) sowie religiös bedingten neurotischen Erkrankungen (Baustein 9), bevor sie den Blick ein letztes Mal auf die Figur des Besessenen in Mk 5, 1–20 lenken, genauer gesagt auf seine explizite literarische Bearbeitung in modernen Gedichten (Baustein 10).

Horst Klaus Berg: „Dämonie" heute (Teil 1: Kompetenzverluste)

Auch in unserer Gegenwart gibt es vielfache Formen von „Besessenheit"; dabei ist nicht an jenen abergläubischen Spuk zu denken, der sich oftmals mit dem Stichwort „Exorzismus" verbindet, sondern an die verbreiteten Erscheinungen, die die Psychologie als „Obsessionen" oder „Zwangshandlungen" bezeichnet. Die Folgen sind bekannt:

- die betreffende Person ist nicht mehr in der Lage, reflektiert und verantwortlich zu entscheiden; es kommt zum einschneidenden Verlust an Handlungskompetenz;
- die betreffende Person ist nicht mehr in der Lage, ihre sozialen Beziehungen sinnvoll und verantwortlich zu gestalten; es kommt zum einschneidenden Verlust an sozialer Kompetenz;
- die betreffende Person ist nicht mehr in der Lage, eigene Ziele und Bedürfnisse zu erkennen und einzulösen; es kommt zum einschneidenden Identitätsverlust.

Die Frage nach der Besessenheit muss zur eigenen, betroffenen Frage des heutigen Lesers oder Hörers werden: Welche Obsessionen haben Macht über mich, welche Ziele oder Verhaltensweisen sind so stark lebensbestimmend, dass sie die freie Entscheidung, die sozialen Kontakte einschränken oder sogar die Identität gefährden? In diesem Zusammenhang ist es nützlich, sich an die bekannte Erklärung Luthers zum 1. Gebot zu erinnern: Woran du dein Herz hängst und worauf du dich verlässt, das ist eigentlich dein Gott.

Aus: Ders., Existentiale Auslegung. In: Ders., Ein Wort wie Feuer. Wege lebendiger Bibelauslegung, Kösel-Verlag in der Verlagsgruppe Random House, München 4. Auflage 2000, 113 ff.

1. *Nennen Sie Beispiele, die den Verlust von Handlungskompetenz, sozialer Kompetenz und Identität veranschaulichen und damit eine moderne Form der Dämonie abbilden.*
2. *Klären Sie für sich, welche Zwänge im Sinne Bergs Ihr Leben schon einmal bestimmt haben und ob und welche Lösungsmöglichkeiten sich boten.*

Notizen

Eugen Drewermann: „Dämonie" heute (Teil 2: Entfremdung, Selbsthass, Einsamkeit)

Es ist zu hoffen, dass die vorgeschlagene Auslegung der Heilung des Besessenen von Gerasa zu zeigen vermag, wie intensiv ein Text zu uns zu reden beginnt, wenn wir ihn nicht in historischer Distanz „untersuchen", sondern wenn wir ihn befragen nach den Nöten und Ängsten, den Zerrissenheiten und Hilflosigkeiten, die das Erleben eines „Besessenen" in eine leibhaftige Hölle verwandeln können und die doch, mindestens ansatzweise, in einem jeden von uns hausen. Erst im Rahmen einer solchen einfühlenden und mitfühlenden Interpretationsweise wird man das fremde Leid im Spiegel des eigenen Schicksals verstehen lernen und umgekehrt die eigene Erfahrung in den Konflikten eines nur scheinbar vergangenen Lebens wiederentdecken. Nicht mehr getrennt durch den Graben der Zeit, sondern verbunden durch die Gemeinsamkeit der gleichen Angst und der gleichen Hilflosigkeit darf man anhand einer solchen Wundererzählung *gemeinsam* sich der Frage Jesu stellen: „Was ist's um deinen Namen", und ein jeder für sich mag die Gründe durchforschen, durch die er selber den fremden Mächten der Angst (z. B. in Gestalt seiner eigenen Eltern, seiner eigenen Familienangehörigen oder gewisser uralter Kindheitserinnerungen) sich ausgeliefert fühlt; wie der „Besessene" damals mag auch er selber den gleichen Raum der Erlaubnis betreten, in dem er sein eigenes Wesen, seinen eigenen Namen zurückgewinnen kann; und wie von selbst wird die Geschichte von der Heilung des Besessenen von Gerasa damit zu einer Einladung, auf dem Erfahrungshintergrund derselben Angst gemeinsam den Schritt auch des gleichen Vertrauens zu wagen.

In der Tat handelt es sich bei der Geschichte des Besessenen um ein einfühlbares Bild für das Wunder der Verwandlung von Tod in Leben, von Entfremdung in Freiheit, von Selbsthass und Einsamkeit in Würde und Gemeinsamkeit; selbst das Sprechen von Gott ist am Ende kein „leeres Bekenntnis" mehr, sondern es beschreibt vollgültig und dankbar, wie heilend einander Menschen zu begegnen vermögen, wenn sie nicht mit „Ketten" und „Binden" einander traktieren, sondern langsam und geduldig die Kunst einüben und erlernen, das Wesen des anderen zum Klingen zu bringen.

Aus: Ders., Tiefenpsychologie und Exegese. Band II, 276 f.

1. *Unterstreichen Sie mit Rot zunächst jene Begriffe, die Drewermann als Synonyme für „Besessenheit" gebraucht, und mit Grün jene, mit denen er den Zustand nach der Heilung umschreibt.*
2. *Suchen Sie Beispiele, die die Verwandlung von „dämonischen" Zuständen (z. B. in Familie, Schule, Gesellschaft etc.) im Sinne Drewermanns veranschaulichen.*

Notizen

Gerd Theißen: „Dämonie heute" (Teil 3: Panik, Zorn, Kontrollverlust)

Der Exeget Gerd Theißen verweist darauf, dass noch heute in vielen Kulturen der Glaube an die Dämonen existiert. Theißen nimmt Folgendes an: Da die Menschen dieser Kulturen unser psychologisches und medizinisches Vokabular nicht besitzen, ermöglicht ihnen der Glaube an die Dämonen eine Chance, verschiedene Krankheitsformen unter dem Oberbegriff „Dämonie" zu benennen. Interessanterweise kommt die Forschung, die sich mit diesen Kulturen beschäftigt, zu Ergebnissen, die Rückschlüsse zulassen auf das Dämonieverständnis der biblischen Zeit.

Geister und Dämonen gehören in Gesellschaften außerhalb der europäisch geprägten Kultur zur Lebenswelt. Der Glaube an sie wird genährt von der Angst vor Kontrollverlust – also vor jenen Situationen, in denen wir nicht mehr „Herr" im eigenen Haus sind, sondern uns als fremdbestimmt erfahren. Unheimliche Orte gelten als von Dämonen besessen, weil man in Panikattacken angesichts des Unheimlichen nicht mehr Herr über sich selbst ist. Starke Affekte und Abhängigkeiten gelten als Auswirkungen von Dämonen, so sieht man z.B. in der Trunksucht, in Hurerei und Zorn Dämonen am Werk! Denn in diesen „Lastern" verliert der Mensch die Kontrolle über sich. Ebenso können normale Krankheiten auf Dämonen zurückgeführt werden, weil auch sie den Menschen aus seinem Leben herausdrängen: Starke Schmerzen oder Behinderungen berauben ihn seiner Selbststeuerung. Erst recht aber ist das der Fall, wo ein Mensch aufgrund psychisch abweichender Verhaltensweisen nicht mehr als der erscheint, der er sonst war – also bei „Besessenheit" im engeren Sinne, bei der ein fremdes Subjekt das Subjekt des Kranken verdrängt. Möglicherweise traten alle diese Formen der „Besessenheit" auch zur Zeit Jesu im einfachen Volk in Galiläa häufig auf.

1. *Vergleichen Sie die in außereuropäischen Kulturen anzutreffenden Formen der Dämonie mit den bisherigen Arbeitsergebnissen zu Mk 5, 1–20. Wo sehen Sie Gemeinsamkeiten, wo geht Theißens Beitrag noch über bisherige Ergebnisse hinaus?*
2. *Benennen Sie ähnliche Situationen wie im Text, in denen Menschen auch in unserer Gesellschaft nicht mehr „Herr im eigenen Haus", also „besessen" sind.*

Notizen

„Dämonie" heute: Allgemeine Entfremdungszustände

Edvard Munch: Der Schrei

→ Kapitel 2.3
→ Kapitel 3.1
→ Kapitel 3.5

Eine erste Transferübung greift insbesondere die Exposition des biblischen Textes nochmals auf. Sie ist daher auch für einen Einsatz in Baustein 1 geeignet und ermöglicht die Kooperation mit dem Fach Kunst.

Sachanalyse

Die folgende Sachanalyse beginnt mit einem Zitat Munchs:

„An einem Abend ging ich auf einem Weg spazieren – auf der einen Seite lag die Stadt und unter mir der Fjord. Ich war müde und krank – ich blieb stehen und sah hinaus über den Fjord – die Sonne ging gerade unter –, die Wolken waren rot gefärbt wie Blut. Ich fühlte, wie ein Schrei durch die Natur ging; mir schien, dass ich den Schrei hören konnte. Ich malte dieses Bild – malte die Wolken als richtiges Blut. – Die Farben schrien.

Nichts Äußerliches gibt uns einen Hinweis auf die Ursache des Grauens, das diesen Schrei auslöst. Das schreckerfüllte Individuum – anscheinend eine Frau – sieht an uns vorbei und biegt sich zurück gegen ein Geländer, das sich endlos hinzuziehen scheint. Da sie sich die Ohren zuhält, kann sie wohl kaum die verhallenden Schritte zweier in der Ferne verschwindender männlicher Gestalten hören. Auch die beiden Boote und einen fernen Kirchturm, die sie aus ihrer absoluten Isolierung erlösen könnten, kann sie nicht sehen, da sie ihnen den Rücken zukehrt. Der Wirklichkeit völlig entfremdet, wird sie das Opfer einer inneren Wahrnehmung, von einem unaussprechlichen inneren Grauen überwältigt. Obwohl Munch sich in der Farbgebung an einen gewissen Naturalismus hält und nicht willkürlich auf farbliche Glaubwürdigkeit verzichtet, sind das blaue Wasser, die braune Erde, der grüne Pflanzenwuchs, und der rote Himmel expressiv überhöht: Ein tiefes Blutrot versetzt Himmel und Horizont in bedrohliche Unruhe und kollidiert mit den violetten Tönen der See, die sich in der Ferne verdunkeln. Dasselbe Violett wiederholt sich in dem Kleid des Opfers. Nur seine Hände und sein Kopf sind von graubrauner Blässe. Die streifigen Muster, die der Komposition als Ganzem Intensität und wirbelnde Bewegtheit verleihen, sind oft als eine Veranschaulichung von Schallwellen gedeutet worden. […] Munch (erreicht) einen emotionalen Höhepunkt, indem er eine extreme innere Angst nach außen kehrt, in die Hörvorstellung eines Schreies umwandelt und diese in überzeugenden abstrakten Sinnbildern veranschaulicht."

Aus: Messer, Thomas, Edvard Munch, Köln 1989, 72

Methodischer Kommentar

Isolation, Entfremdung, extreme Angst – Begriffe, die sowohl die Existenz und psychische Verfassung der Hauptfigur aus Edvard Munchs Bild als auch die des „Besessenen" von Gerasa treffen. Aus dieser Motivverwandtschaft ergeben sich diese Arbeitsaufträge zu einer Bildverfremdung (**Arbeitsblatt 14**, S. 82):

SI SII

1. *Betrachten Sie das Bild zwei Minuten und beschreiben Sie es anschließend, ohne es zu deuten.*
2. *Deuten Sie das Bild anschließend und begründen Sie, warum es auch den Titel „Gerasa" tragen könnte.*
3. *Das Bild liegt Ihnen in einer Schwarz-Weiß-Kopie vor. Gestalten Sie das Bild farblich so, dass die Pointen Ihrer Deutungen über den Farbeinsatz erkennbar werden.*
4. *Stellen Sie Ihre Bilder in der Klasse vor, vergleichen Sie sie mit dem Ölgemälde „Der Schrei" von Edvard Munch und diskutieren Sie die Lösungen.*
5. *Halten Sie Kurzreferate zur Biografie und dem künstlerischen Ansatz des Malers Edvard Munch.*

In der **Hinführung** wird der Schwarz-Weiß-Holzschnitt „Der Schrei" (1895) unter dem verfremdenden Titel „Gerasa" vorgelegt (**Arbeitsblatt 14**, S. 82). Spätestens durch eine genauere Bildbeschreibung wird diese Verfremdung offenbar, denn weder die dem kahlköpfigen Menschen abgewandten beiden Personen auf der Brücke (in eher moderner bürgerlicher Kleidung) noch die im Hintergrund der Dorfsilhouette erkennbare Kirchturmspitze passen auf den ersten Blick zur biblischen Szenerie von „Gerasa".

Die Diskussion darüber, ob denn das moderne Bild trotz oder vielleicht sogar gerade wegen des irritierenden Titels sehr wohl zu der biblischen Perikope passen könnte, leitet dann zur weiteren **Erarbeitung** des Bildes über. Die Schüler sollen die in dem Holzschnitt von 1895 ausgesparten Farben aus der gesamten Komposition des Bildes subjektiv ableiten und nachträglich auftragen.

Eine gute Aufgabenlösung setzt voraus, dass die Schüler zwischen der seelischen Situation der Person im Vordergrund (und damit eben auch zwischen dem „Besessenen" von Gerasa) und den gewählten Farben Bezüge herstellen müssen. Das gilt auch für Schüler, die das Bild bereits kennen. Sie sollten versuchen, aus ihrer Erinnerung das Original möglichst gut zu rekonstruieren und die Rekonstruktion in der **Auswertung** zu begründen.

Im Anschluss sollte zur **Vertiefung** mit einem Dia das Ölgemälde „Der Schrei" von 1893 gezeigt und mit den Schülerlösungen verglichen werden. Es versteht sich von selbst, dass an dieser Stelle Kurzreferate zu Munchs berühmten Bild, seiner Kunst und seiner Biografie gehalten und überhaupt die Kooperation mit dem Fach Kunst gesucht werden können.

Den pointierten Abschluss des **Transfer**s bildet das folgende, auf einer Folie präsentierte Statement Drewermanns, das den geleisteten Brückenschlag zwischen beiden Existenzen, aus Bild und biblischem Text, nachträglich sehr gut begründet und als letzte **Ergebnissicherung** dient:

> „Um sich eine derart geängstigte Isolation (des Besessenen von Gerasa), eine derart um Lichtjahre von jeder menschlichen Nähe abgeschnürte Existenzform vorzustellen, muss man etwa das berühmte Bild von EDVARD MUNCH „Der Schrei" betrachten, mit den schreckgeweiteten Augen und dem offenen Mund unter einem feuerflammenden Himmel. Dann versteht man, wie derselbe Mensch, der jeden anderen, der sich in seine Nähe traut, wild zurückstößt und voller Feindseligkeit abweist, sich im Hintergrund mit einem nicht endenden, langgezogenen Hilferuf nach dem Beistand anderer Menschen sehnt."
>
> Aus: Drewermann, Eugen, Tiefenpsychologie und Exegese, Band II, Patmos Verlag, Düsseldorf [6]2001, 255

Gustav Sack: Der Schrei

Sachanalyse

Gut 20 Jahre nach Munchs Bild entsteht ein zweites Kunstwerk mit dem Titel „Der Schrei", ein Gedicht, verfasst von dem Expressionisten Gustav Sack (1885–1926) wenige Monate vor dem Ausbruch des 1. Weltkrieges (**Zusatzmaterial 5**, S. 84). Die Literaturwissenschaft hat das Gedicht in den Reclamband „Deutsche Großstadtlyrik vom Naturalismus bis zur Gegenwart" aufgenommen – ein beliebtes Thema im Deutschunterricht der Oberstufe (vgl. Rothe, Wolfgang, Deutsche Großstadtlyrik vom Naturalismus bis zur Gegenwart, Stuttgart 1973, 14, 145). Bis heute versteht man im DU das Gedicht „Der Schrei" als einen gelungenen expressionistischen Ausdruck der beklemmenden Atmosphäre einer durch die Industrialisierung entstandenen und die Menschen einander entfremdenden Großstadt (vgl. Werner, Rainer, Unterrichtsideen Lyrik in den Klassen 8–10. Handlungs- und produktionsorientierte Vorschläge, Stuttgart 1995, 82f.).

Ganz anders liest sich das Gedicht, wenn man die Biografie des Zeitgenossen und späteren Bekannten Sacks, Hans W. Fischer, als Basis einer autororientierten Lesart nutzt. Demnach hat Sack kaum in der Großstadt gelebt und wenn, dann fühlte er sich – wie am Studienort München – recht heimisch, obwohl ihn Geldsorgen quälten. Was – wenn nicht die erdrückende Großstadt – provozierte den Künstler zu dem Gedicht? (vgl. zum Folgenden: Fischer, Hans W., Gustav Sacks Leben und Werk, in: Sack, Paula (Hg.), Gustav Sack. Gesammelte Werke, Bd. 1, Berlin 1920, 11–89)

In seiner Kindheit lebte Sack sehr isoliert, gleichsam introvertiert. Er ließ kaum jemanden nah an sich heran. Gleichzeitig, so Fischer, mangelte es ihm an Anpassungsfähigkeit. Sein großer Freiheitsdrang wurde immer wieder von Abhängigkeitsverhältnissen beschnitten und gebremst. Ein gutes Beispiel dafür ist die Phase des Studiums, in dem die finanzielle Abhängigkeit von den Eltern insofern strapaziert wurde, als Sack (trotz der Gewissensbisse) mit Geld großzügig umging. Der Vernachlässigung des Studiums korreliert die „Sucht nach einem reuelosen Freudenleben" (S. 17). Als erste Schreibentwürfe von Verlegern abgelehnt werden, folgen ob des Minderwertigkeitskomplexes Selbstmordgedanken. Zugleich verschärft sich die materielle Lage, der Kampf um das tägliche Brot. Als Sack 1911 zum Militärdienst einberufen wird, empfindet er den Kasernendrill als eine einzige Zumutung, nichts widerspricht der Sehnsucht nach Freiheit mehr (vgl. S. 25). Da obendrein eine unglückliche Liebe scheitert, umschreibt er seine Isolation lakonisch: „Freunde habe ich nicht." (S. 29) Fischer bescheinigt ihm in dieser Zeit eine „innere Ruhelosigkeit", ein geistiges „Umgetriebensein von Mühen und Enttäuschungen" (S. 26).

Die „Totenstadt" aus dem Gedicht wird aus dieser Perspektive dann zu einer Metapher, die ein Konglomerat aus gestörten (Liebes-) Beziehungen, finanziellen Nöten, beruflichen (Verleger, Militär) und familiären Abhängigkeiten sowie beruflichem Misserfolg als Schriftsteller bündelt. Die schriftstellerische Produktion bietet gemäß dieser Lesart eine Möglichkeit der Lebensbewältigung in Form eines lyrischen „Schreis", verfasst auf dem Höhepunkt der persönlichen Misere, der Einsamkeit, Verlassenheit und Suizidgefahr. Man wird also bei der folgenden Kurzanalyse berücksichtigen müssen, dass die Kritik an der Entfremdung in der Großstadt zugleich als Chiffre einer differenzierteren seelischen Problematik zu verstehen ist.

Das 5-strophige Gedicht formuliert das Leiden an einer „lauten Totenstadt" (Metapher) im Bild eines sehnsuchtsvollen Schreis nach Beachtung und Hilfe. Die ersten beiden Strophen benennen die Ursachen des Leidens: Das lyrische Ich spürt den Lärm und die Isolation wie eine schwere Last („aufgelagert“), es lebt in einem Reich der „Toten“, offensichtlich seelenlose Menschen, lebendig „Tote“. Die kalte Wohnumgebung („steingewordene Not“) wird in V 2 ergänzt um die wütende, sich animalisch gebärdende Jagd nach dem sexuellen Abenteuer („Brunst“ als Metapher aus dem Tierreich) und der Nahrung (vgl. die Alliteration „Brunst und Brot“). Viele dunkle Vokale und betonte, stumpfe, harte Kadenzen (Versende) verstärken den Eindruck der bedrückenden Entfremdung einer „Stadt“, die zum Ort der Abwendung wird (vgl. die 3-fache Anapher „aus“). Die Komparative aus Strophe 3 („härter“, „schwerer“) im Verbund mit den klassischen Rohstoffen der Schwerindustrie lassen die Last gleichsam unerträglich erscheinen. Jetzt, nach der durch Komparative intensivierten Schilderung der erdrückenden Not, erfolgt in V 6 in einem einzigen Satz die Veranschaulichung der Sehnsucht, die mit einem Schrei verglichen wird. In dieser wichtigen Mittelachse des Gedichtes wechseln die dunklen Vokale in hellere, eine Alternative zu dem Elend wird damit angedeutet. Strophe 4 beinhaltet das Ziel der Sehnsucht, Naturbilder lösen die Stadtszenerie ab. Unbetonte, weich klingende („weibliche“) Kadenzen signalisieren diesen positiven Umschwung formal, sodass sich eine beruhigende, friedlichere Sprechmelodie einstellt. Das lyrische Ich hat Sehnsucht nach unberührten Landschaften, nach einem Ort der Ruhe abseits der lärmenden Masse. Die Schlussstrophe kontrastiert bilanzierend die dreckige, laute und beklemmende Stadtatmosphäre mit der hyperbolisch gezeichneten Weite der Natur („grenzenloser Himmel“). Zugleich fixiert sie nochmals die Raumopposition: *unten* die schmutzige Enge, deren Zustand nicht zu korrigieren ist (vgl. das Partizip Perfekt mit präsentischer Bedeutung „steingeworden“) – *oben* Freiheit und Entgrenzung.

Methodischer Kommentar

Die Schüler erhalten in der **Hinführung** eine Kopie einer Collage (**Arbeitsblatt 15**, S. 83), die drei Elemente zueinander in Beziehung setzt: zum einen das aus dem ersten Baustein bekannte Bild einiger Grabhöhlen zur Zeit Jesu. Sodann wurde vor diese Höhlen ein freier Raum montiert, in den die Schüler z. B. den ausgeschnittenen, kahlköpfigen Menschen aus Edvard Munchs Holzschnitt „Der Schrei“ kleben können. Auch andere sinnstiftende Personen/Figuren aus Werken der bildenden Künste sind denkbar. Verwoben werden beide Elemente nun mit dem Gedicht „Der Schrei“ von Gustav Sack. Die Originalversion des Gedichtes wurde hierbei gleichsam auf den Kopf gestellt, d. h. ein sinnerschließendes Lesen ist der obigen Analyse entsprechend nur von unten nach oben möglich. Hilfreich zur Orientierung sind die Groß- und Kleinschreibung (nur die Gedichteröffnung besitzt am Versanfang eine Majuskel), der Paarreim sowie die Interpunktion (das Gedicht bildet formal-syntaktisch einen lang gezogenen Satz („Schrei“) ab, der erst am Ende mit einem Punkt beendet wird). Das Auge des Lesers soll so von der unteren Bildhälfte (der „Totenstadt“) über die Mittelachse von Gedicht und Collage (dem „Schrei“) in den oberen, Freiheit und Weite verkörpernden Bildteil geführt werden. Hier wird der Lesefluss dadurch verzögert und irritiert, dass die Verse in der Druckanordnung weiter auseinandergezogen wurden und der Paarreim also erst durch den umständlich von links nach rechts schweifenden Blick erkannt werden kann. Auch müssen die Verse links der Mittelachse jetzt von innen nach außen gelesen werden. Solchermaßen die ganze Weite des Himmels taxierend, wird das Auge noch einmal zu einem kurzen Abstieg in die untere Sphäre der „Totenstadt“ genötigt, um dann aber zügig zurückgeführt zu werden zum Zielpunkt der Sehnsucht. Der unendlichen Weite des Himmels entsprechend, durchwandert der Blick noch einmal den Horizont von rechts („Gewimmel“) nach links („grenzenlosen“), bis er schließlich rechts oben im „Himmel“ endet. Der Punkt signalisiert das Ende der Rekonstruktionsarbeit.

Aufgabe in der **Erarbeitung** ist die dezidierte Entschlüsselung des Schriftbildes, sodann die Deutung des Gedichtes im Kontext von Mk 5, 1–5. Die Kooperation mit dem DU bzw. ein Kurzreferat über die Großstadtlyrik und/oder über die Biografie Sacks lässt breiter darüber ins Gespräch kommen, wie modern eigentlich die biblische Erzählung ist. Wie der Mann aus Gerasa lebt das lyrische Ich in einem „Totenreich“, ist wie er eigentlich zu Lebzeiten bereits tot, da es wie dort der ‚Besessene' an der Entfremdung von der Umwelt und von sich selbst leidet, sodass es wie jener nur noch einen unadressierten Schrei zu artikulieren vermag.

Natürlich kann man dem Dichter Sack nicht unterstellen, er habe mit Beschwörung des „Himmels“ einen religiösen Akzent setzen wollen, dennoch lohnt als **Vertiefung** ein Exkurs über die Himmelsmetaphorik. Der Religionslehrer sollte darauf hinweisen, dass die Symbolik des Himmels in der christlichen Religion (vgl. etwa die Himmelfahrt Jesu Mk 16, 9–20) ältestes mythologisches Bildergut aufgreift und als Chiffre der Daseinsdeutung verstanden werden muss. Der „Himmel“ bei Markus etwa ist nichts anderes als ein Gegenbild zu dem, „was im Getriebe der Angst als ‚Dämonie' bezeichnet wird [...], ein ermüdendes Kreislauf-Einerlei ohne Ausblick, ohne Richtung, ohne Perspektive, ohne einen festen Halt und ohne jeden festen Sinn. Christi Himmelfahrt ist im Grunde ein ganz ruhiges ‚Fest' oder besser, es ist die Ruhe, die dadurch entsteht, endlich zu wissen, wohin wir gehören, wo wir zu Hause sind, wofür wir wirklich leben und wovon unser Leben eigentlich abhängt. Um dieses freie Heraustreten aus der Versklavung der Umstände, um diese Überwindung der Herrschaft der Verhältnisse, um diese Gewinnung eines Standpunktes über den Dingen geht es bei der Vision der Himmelfahrt Jesu. Es ist die Entdeckung eines Vorganges, der sich ganz im Inneren abspielt, wenngleich er als Bild wie ein Vorgang im Raum empfunden und dargestellt werden muss.“ (Drewermann, Eugen, Das Markusevangelium. Zweiter Teil. Bilder der Erlösung, Düsseldorf ⁶2003, 729)
Insofern Jesus dem „Besessenen“ von Gerasa einen solchen festen Standpunkt, eine solche Ruhe vermittelt hat, wird man vom Nazarener sagen dürfen, dass das Ende der „Dämonen“ für den Kranken ein Geschenk des „Himmels“ war, dass sich in „Gerasa“ „Himmel“ und Erde berührten – von dieser Überwindung der Verhältnisse kann das lyrische Ich im Gedicht nur träumen, aber es umschreibt seine Sehnsucht nach Erlösung in den gängigen mythischen Bildern vieler Religionen, in der Vorstellung eines geöffneten „Himmels“.

Folgende **Aufgabenstellungen** sind also vorgesehen: SI SII

1. *Betrachten und beschreiben Sie die (unvollständige) Bildverfremdung.*
2. *Interpretieren Sie die Montage, indem Sie eine entsprechende Figur/Person aus einem Kunstwerk in die Collage einfügen, und sorgen Sie so für ein sinnstiftendes Zusammenspiel von Bild und Text.*
3. *Bei dem Text handelt es sich um das Gedicht „Der Schrei“ von dem expressionistischen Dichter Gustav Sack. Informieren Sie sich über den Dichter und die Epoche des Expressionismus, insbesondere die Großstadtlyrik. Welche Deutung des Gedichtes ergibt sich vor dem Hintergrund (a) der Biografie des Dichters und (b) der Großstadtthematik? Überlegen Sie im Rahmen dieser Aufgabe eine mögliche Kooperation mit dem Deutschunterricht.*
4. *Kehren Sie mit Ihren Gedichtinterpretationen noch einmal zurück zur Bild-Text-Montage: Rechtfertigen Sie die Bezüge der drei Elemente, des Gedichtes „Der Schrei“ (Gustav Sack), Ihrer gewählten Figur/Person und der Grabhöhlen von Gerasa (Mk 5, 1–20).*

„Gerasa?"

Edvard Munch: Der Schrei, Holzschnitt (1895)

grenzenlosen
einem
nach
Weiten
und
nach
Meeren
empor quellend
härter als Erz,
aus dieser lauten Totenstadt,
aus dieser
Aus dieser
steigt meine Sehnsucht wie ein Schrei
ungeheuren
und
aus all dem Staub
und Schmutz,
und Gewimmel
Himmel.
Einsamkeiten
schwerer als Blei,
die sich mir aufgelagert hat
Wut nach Brunst und Brot,
steingewordenen Not,

Gustav Sack (1885–1926): Der Schrei (1913/14)

Aus dieser steingewordenen Not,
aus dieser Wut nach Brunst und Brot,

aus dieser lauten Totenstadt,
die sich mir aufgelagert hat

härter als Erz, schwerer als Blei,
steigt meine Sehnsucht wie ein Schrei

quellend empor nach Meeren und Weiten
und ungeheuren Einsamkeiten,

aus all dem Staub und Schmutz und Gewimmel
nach einem grenzenlosen Himmel.

Aus: Rothe, Wolfgang, Deutsche Großstadtlyrik vom Naturalismus bis zur Gegenwart, Reclam, Stuttgart 1973, 145

Baustein 6

Dämonie als Entfremdung in Beziehungen

„Dämonie" in der Nachbarschaft

→ Kapitel 2.3

Rolf Haufs. Er

Die Kurzgeschichte „Er" von Rolf Haufs (**Arbeitsblatt 16**, S. 97) lässt sich besonders gut mit dem Aspekt der Paradoxie von Freiheitsdrang und Ausgesetztheit aus der markinischen Erzählung vergleichen.

→ Kapitel 3.5

Sachanalyse

Die ersten beiden, auffällig umständlich und verschnörkelt formulierten Sätze erwähnen gleich siebenmal das Motiv der Tür(en). Bedenkt man, dass die beiden Eröffnungssätze etwa die Hälfte des ganzen Textes ausmachen, fällt auf, dass sie über die konkreten Handlungen des nach Hause zurückkehrenden Mannes sehr wenig, dafür aber umso mehr über die Türen und ihre Bedeutung aussagen. Die Vorgänge sind rasch aufgezählt: Ein anonym bleibender Mann kehrt in seine Wohnung zurück, verschließt die Haus- und anschließend die Küchentür, zieht sich aus, läuft durch die Zimmer, benässt seine Füße, um seine Fußabdrücke auf dem Fußboden zu mustern. In diesen äußeren Ablauf werden diverse Varianten der Wort- und Satzwiederholungen, die alle um das Motiv der Tür kreisen, eingeflochten. Wir erfahren, dass beide Türen mit einer Eisenplatte beschlagen und zusätzlich mit einer Kette gesichert sind. Die Eisenplatten verstärken offenbar die Verbindungstüren zur Außenwelt, verleihen ihnen Stabilität und hinterlassen damit den Eindruck einer Panzerung, eines Schutzschildes. Im Verbund mit den Ketten stellen sie einen regelrechten Schutzwall dar, der dem Mann nach eigener Aussage ein Gefühl der Sicherheit und Freiheit verleiht. Das lässt den Umkehrschluss zu, dass die Welt außerhalb der Wohnung als Bedrohung und Einschränkung empfunden wird. Es bleibt in diesem ersten Teil der Geschichte unklar, vor wem oder was sich der Mann eigentlich fürchtet. Das Raumsymbol, die wie zur Rettung seiner Person verbarrikadierte Wohnung, wird vom Erzähler selbst an exponierter Stelle erläutert und auf die Psyche bezogen.

Genau in die Mitte der Erzählung montiert nämlich der Autor eine auffällige Anadiplose (Wiederaufnahme des letzten Wortes aus dem vorangehenden Satz am Satzanfang des neuen Satzes), die das bisherige Verhalten begründet: „Er hatte *Angst*. *Angst* war es, die ihn daran hinderte, etwas Vernünftiges zu tun." Dieses Stilmittel und die nun plötzlich auf ein Minimum reduzierte, überschaubare und leicht lesbare Syntax lassen aufhorchen. Alles, was bislang so umständlich erzählt wurde, lässt sich im Grunde kurz und bündig erklären: „Er hatte Angst." Es ist möglich, dass der Erzähler die Form der erlebten Rede verwendet, also eine Redewiedergabe in der 3. Person Präteritum Indikativ, aber mit Innensicht und Selbstkommentar (die Person redet in ihrem Inneren zu sich selbst). In diesem Fall spielen Form und Inhalt vortrefflich zusammen. Der Mann benötigt viel Zeit und Aufwand, um im wahrsten Sinne des Wortes auf den Punkt zu kommen, als wolle er sich versichern (vgl. die Parallele zur Sicherung der Wohnung), auch ja alle Details erwähnt zu haben. Entsprechende Verzögerungen im Satzfluss treten auf (vgl. besonders auffällig die mehrfache Correctio:

„die Tür, die *laute* Tür"; „die Tür, die *eigene* Tür"; „sich auszog, sich *ganz* auszog") oder die Satzwiederholungen zu den Eisenplatten und Ketten), er beginnt zu spekulieren, sich in Möglichkeitsformen zu verlieren (vgl. den Konjunktiv): was wäre, wenn ... Die auf formaler Ebene der Satz- und Gedankenbildungen benötigte ungeheure Energie spiegelt folglich sein Tun wider: Wie die Angst ihn blockiert, etwas Vernünftiges zu tun, wie also alles Bisherige (das Verschließen, das Ausziehen und das Studium der Fußspuren) nur unvernünftig war, so versperrt auch die Syntax den leichten Zugang zur Satzaussage, der umständliche, hypotaktische Satzbau blockiert ein verständliches, „vernünftiges" Lesen.

Dieser reflexive Teil, der sich formal so deutlich vom Rest des Textes absetzt, endet bereits nach kurzer Zeit, d. h. die längeren und komplizierteren Sätze setzen wieder ein. Dem entspricht die Wiederaufnahme der „unvernünftigen" Taten und Gedanken des Mannes. Man kann wegen dieser formalen und inhaltlichen Besonderheit davon ausgehen, dass es sich bei der Anadiplose „Er hatte Angst. Angst war es, die ihn daran hinderte, etwas Vernünftiges zu tun" um einen erläuternden Einschub des personalen Erzählers handelt, der für Sekunden die erlebte Rede der Figur aufgibt und sich eines allwissenden Moments bedient: der Erzähler analysiert treffend die Psyche des Mannes. In diesem Fall fehlt dem Mann jedes Bewusstsein für sein unvernünftiges Handeln. Gibt der Mann selbst die psychologische Erklärung ab, dann führt diese Selbstreflexion zu keinerlei Veränderung im Verhalten und Denken.

Im Gegenteil: Der Mann steigert sich in einen paranoischen Zustand der Verfolgungsangst. Die anaphorischen, zunächst v. a. Sinneswahrnehmungen beinhaltenden Satzeröffnungen („er hörte", „er lauschte", „er hörte hin") betonen die Ich-Bezogenheit des Mannes und geben spätestens jetzt dem Titel größten Sinn. Seine ganze Konzentration gilt jedoch den Stimmen und Schritten der Nachbarn über ihm. Konnte wegen der Verbarrikadierung der Wohnung bereits geahnt werden, dass der Mann unter einer ständigen eingebildeten Bedrohtheit leidet, so manifestiert sich nun das Urteil des Lesers. Der Mann ist im biblischen Sinn besessen von einer unablässigen Verfolgungsangst. Dass es sich um Einbildungen handelt, wird ersichtlich aus den Erinnerungen des Mannes an flüchtige Begegnungen. Einzig der nur mühsam erwiderte Gruß des Nachbarn und das ständig getragene Kopftuch seiner Frau (wohl ein Hinweis auf die ihm fremde Religion) lösen die Unheilgewärtigung aus. Nichts im Text deutet auf eine konkrete, ernst zu nehmende Gefahr für den Mann hin.

Kommunikationspsychologisch argumentiert, bezieht er die ohnehin spärlichen Worte und Gesten auf sich, nimmt alles persönlich, fühlt sich angegriffen und hört alle Nachrichten allein auf dem Beziehungsohr. Er projiziert dabei seine eigenen Ängste vor Fremden in die Nachbarn hinein: Vermeintlich (er „spürt" dies nur) sind sie diejenigen, die sich ihn wegen seiner demonstrativen Isolation und Verschlossenheit zum Objekt ihrer Beschwerden wählen. Der Schluss der Erzählung, das Lauschen an der Zimmerdecke, deckt die ganze Paradoxie des Mannes nochmals auf. So groß sein Wunsch nach Isolation und Freiheit und so groß seine Angst vor zwischenmenschlicher Begegnung und Kommunikation auch sind, so nachhaltig ist gleichzeitig die heimliche Sehnsucht nach Nähe und Gemeinschaft. Er, der die Vorhänge zuzieht, um nicht gesehen zu werden, beobachtet seine Nachbarn genau; er, der die Abgeschiedenheit wählt, belauscht die Gespräche anderer; er, der „spürt", wie man ihm übel nachredet, dokumentiert die ganze Zeit seine Vorurteile gegenüber den Nachbarn. Die Angst vor den Menschen verformt so seine Existenz bis hin zur Paranoia. Inmitten seiner „Schutzburg", dem Ort vermeintlicher Sicherheit und Freiheit, ist er doch wie der Besessene von Gerasa seiner Zerrissenheit und Entfremdung schutzlos ausgeliefert, lebt dort völlig unfrei als unbehaustes Selbst, kommandiert von „unvernünftigen" Befehlen. Ähnlich dem Besessenen demonstriert er sich und vor Besuchern durch das Kettenrasseln beim Versperren der Tür seine vermeintliche Stärke, doch dieses Gefühl von Sicherheit und Macht ist nichts als (Selbst-)Täuschung und kündet von einer permanenten Unheilsgewärtigung.

Methodischer Kommentar

Die Methoden zielen auf eine Erkundung darüber, in welchem Grade die Erzählhandlung durch den ängstlichen Charakter der Hauptfigur geprägt ist. Dazu soll in der **Erarbeitung** eine Anti-Figur erstellt werden, bei der sich alle auffällig unnormalen Merkmale (Charaktereigenschaften, Verhalten, Wohnumgebung) in ihr Gegenteil verkehren.
Die **Vertiefung** zielt im Kern auf einen ergiebigen Vergleich der in der Erarbeitung problematisierten Charaktereigenschaften des Mannes mit denen des Besessenen aus Mk 5, 1–20.

Sodann soll durch das Verfassen eines eigenen, analog konstruierten Textes im Schutz der Rolle einer Figur der **Transfer** der Kernproblematik in die eigene Welt gewagt werden.

„Dämonie" in Liebe und Partnerschaft

Rosenstolz. Raubtier

→ Kapitel 2.3
→ Kapitel 2.4

Das Einzige, so zitierten wir oben E. Drewermann, was der Besessene von Gerasa auf Jesu Frage nach seinem Namen zur Antwort geben konnte, war das Pars pro toto „Legion", ein militärischer Ausdruck, der assoziieren lässt, wie sein Ich „besetzt" gehalten wird von fremden „Soldaten", die mit „breiten Stiefeln" in seiner Seele „herummarschieren" und als übergeordnete „geheime Kommandostelle" Befehle erteilen. Im übertragenen Sinn zerfällt seine Persönlichkeit, er fühlt sich innerlich zerrissen und ausgeliefert. Im Hintergrund derartiger Selbstentfremdung vermutet die Psychologie eine Reihe von Komplexen, u.a. gegenüber den Eltern, aber auch die sexuelle Gehemmtheit. Dass diese Deutung der militärischen Angabe keineswegs an den Haaren herbeigezogen ist, kann einsichtig werden, wenn das Lied „Raubtier" des in den letzten Jahren sehr erfolgreichen Popduos „Rosenstolz" betrachtet wird (**Arbeitsblatt 17**, S. 98). So offen der Text in bestimmten Passagen auch ist, gerade das Bild von den im Kopf herummarschierenden Soldaten ist eindeutiger und lässt sich gut mit der tiefenpsychologischen Auslegung des Namens „Legion" ins Gespräch bringen.

Sachanalyse

Strophe 1 allein vermag den metaphorischen Titel noch nicht zu erläutern: An die Stelle der zerstörten Liebe (wer hat sie „weggesprengt"?) tritt ein Stacheldrahtzaun, der an ein Gefängnis denken lässt. Das eingesperrte lyrische Ich stellt die Frage nach dem Zeitpunkt der Befreiung. In Entsprechung zu der Assoziation, wonach Soldaten eine Absperrung errichtet haben (etwa beim Mauerbau 1961 oder in Gefangenenlagern aktueller Kriegsgebiete), eröffnet der militärische Ausdruck „Soldaten" die 2. Strophe. Doch an eine rein militärische oder politische Aktion zu denken, fällt vom folgenden Text her schwer. Die Soldaten „sind im Kopf", d.h. die militärische Aktion dürfte als Bild zu interpretieren sein, das Aufschluss über den psychischen Zustand des lyrischen Ich Auskunft gibt. Die „Besatzer" „marschieren" im Inneren auf und ab, demonstrieren bereits ihren Sieg. Das verzweifelte Zuhalten der Ohren (vgl. die ähnliche Geste in Munchs Bild „Der Schrei") und das zur Übertönung der Stimmen eingesetzte eigene Lied wirken erfolglos: Die Soldaten „marschieren" weiter. Die Auslassungszeichen unterstreichen, dass sich an der Ausgangslage wenig geändert hat.

Möglich ist, dass Strophe 3 (Refrain) das angesprochene eigene Lied ist, das der „Besatzermacht" entgegengesetzt wird. Das „wilde Raubtier", das dringend „freigelassen" werden soll, umschreibt als Metapher das lyrische Ich selbst. Es ist „besessen", und zwar „vor Sehnsucht" nach „Nahrung". Dürfte das „wilde Raubtier" noch allgemein die aggressiven Anteile im Menschen meinen, so verweist es im Verbund mit dem Wortfeld „Liebe-Sehnsucht" auf das Thema Liebe, Erotik, Sexualität (vgl. die Redewendungen: jemanden zum Fressen gern haben; zum Fressen gut aussehen). Gestillt werden soll demnach der Liebeshunger des „Raubtiers" (vgl. die äquivalente sexuelle Konnotierung der Redewendung „hungrig wie ein Wolf sein").

Strophe 4 greift das Thema der 1. Strophe wieder auf und schildert den Aufbau eines „Käfigs" mithilfe eines „Krans". Das an einen Zoo erinnernde Szenarium (Gehege) umschreibt nichts anderes als das eigene unfreie Leben, gegen das emphatisch protestiert wird. Der anschließende Refrain warnt vor den Folgen des Eingesperrtseins: je länger es der Freiheit beraubt wird, umso aggressiver wird das Ich sich verhalten. M.a.W.: Sollten die Gefühle, die Sehnsüchte nach Liebe und Sexualität weiterhin unterdrückt werden, kann ein friedliches Zusammenleben nicht garantiert werden. Ein Mensch, der mit Liebesentzug bestraft wird, wird seine aggressiven Impulse auf anderem Wege kanalisieren müssen. Die Schlussverse belegen durch die Wiederholungen zwar einerseits den nicht aufzugebenden Freiheitsgedanken, sie dokumentieren andererseits jedoch auch die gesteigerte innere Unruhe. Im Sinne der bekannten Redewendung entwickelt sich bei dem im „Käfig" Eingesperrten allmählich eine Aggressivität, das lyrische Ich kann unter den skizzierten Umständen einfach nur „zum Tier werden".

Methodischer Kommentar

Da das Lied stark von Bildern lebt, die gut nachzuvollziehen sind, soll in der **Erarbeitung** eine Illustration des Liedes geleistet werden. Die Schüler sollen ein Umschlagbild für eine CD zeichnen, das sich auf interessant erscheinende Textstellen bezieht.

Damit dürften in der **Auswertung** die Themen der Freiheitsberaubung und insbesondere der „Besatzungstruppen" im Kopf sowie des Liebeshungers ins Blickfeld rücken. Sehr gute Schüler dürften künstlerisch die eine oder andere Vorstellung darüber entwickeln, wen die „Soldaten" repräsentieren können. Es wird zu diskutieren sein, wer eigentlich für die „Gefangenschaft" sorgt, wer die „Liebe weggesprengt" hat.

In der **Vertiefung** dürfte abschließend der Lehrerimpuls für Gesprächsstoff sorgen, ob die CD bzw. ihr Cover nicht auch den Titel „Gerasa" tragen könnte.

→ Kapitel 3.5

Jacques Prévert. Frühstück

Sachanalyse

„Was alles in unserer Gesellschaft lässt sich nicht in dem grausamen Symbol der ‚Ketten' und ‚Fesseln', in den Bildern der Entfremdung und Unterdrückung jeder einzelnen Herzensregung, eines jeden eigenen Gedankens, einer jeden eigenen Handlungsweise durchaus angemessen darstellen! Die für die bürgerliche Ordnung z. B. so zentrale Institution der Ehe mit ihrem Monopolanspruch aller Gefühle und den Herrschaftszuweisungen innerhalb der patriarchalischen Gesellschaft" (Drewermann, Eugen, Tiefenpsychologie und Exegese, Band II, Patmos, Düsseldorf [6]2001, 271).

Obgleich das Gedicht von Prévert (**Arbeitsblatt 18**, S. 99) in einem weiter zurückliegenden zeitlichen Kontext entstand – 1962 – und nicht ausdrücklich von einer Ehe die Rede ist, trifft es doch im Kern die von Drewermann in der Institution Ehe ausgemachte moderne Form der Dämonie: der Unterdrückung von Gefühlen, Nachdenklichkeit und Operationen.

Mit der Literaturwissenschaft gesprochen, beschreibt Prévert in seinem Gedicht mittels einer Momentaufnahme des Lebens (anhand eines alltäglichen, ritualisierten Frühstücks) die ganze Wahrheit einer Beziehung (wohl zwischen einem Mann und einer Frau, obwohl diese nicht explizit genannt wird). Dieser, in Anlehnung an die Technik der modernen Kurzgeschichte sogenannte „moment of truth" offenbart formal und inhaltlich zugleich schonungslos das Ende jeder Kommunikation und damit der Beziehung.

Die 28 Verse bilden eine einzige Strophe, die aufgrund des Zeilenstils (die Verse bestehen aus vollständigen Sätzen, die am Versende auch durch einen Punkt abgeschlossen werden) und der häufigen Parataxe wie eine schier endlos wirkende Reihe von vermeintlichen Belanglosigkeiten des Mannes wirkt. Im verkehrten Sinne der bekannten Redewendung, die oft als Kommentar von Trennungen zitiert wird, zeichnet Prévert eben nicht das Bild von einem „Ende mit Schrecken", sondern von einem „Schrecken ohne Ende". Noch die das Gefühl von Eintönigkeit und Redundanz erzeugenden Komposita (Kaffee – Kaffeetasse – Milchkaffee; Asche – Aschenbecher; Regen – Regenmantel) unterstreichen diese Beobachtung. Dass es in dieser Beziehung nichts mehr gibt, was das Paar zusammenhält, verdeutlichen die Reimlosigkeit und das fehlende Metrum. Beziehung und Gedicht fehlen Harmonie, Wohlklang, eine positive Grundstimmung. Die oft parataktischen Parallelismen spiegeln die Wiederkehr von Gleichgültigkeit und kurzer Angebundenheit (des Mannes). Zahlreiche ausgelassene Konjunktionen und Ellipsen belegen formal, wie wenig auf der inhaltlichen Ebene die Menschen noch verbindet. Dem Grau in Grau des Alltags und der Beziehung entspricht die Raumsymbolik (es regnet) und der schmucklose und sachlich-nüchterne Stil: Wie die Personen, so wirkt auch die Diktion eher sprachlos, schlicht.

Auffällig ist dabei, dass die Konzentration zunächst ganz dem Mann gehört. Allein 11 Verse beginnen mit dem Personalpronomen „er", und so verweist diese Anapher darauf, dass für das lyrische Ich, das sich erst am Ende zu erkennen gibt und im Gedicht seinen (begrenzten) Raum sucht, eigentlich kein Platz in der Welt dieses Mannes ist. Die minutiöse Beschreibung der eigentlich banalen Vorgänge (des Kaffeetrinkens, des Rauchens, des Anziehens und Gehens) werden unterbrochen und kommentiert durch die aussagekräftigen anaphorischen Ellipsen „Ohne ein Wort" und „Ohne einen Blick". Erst im Anschluss an die erneute Wiederholung – so als müsse sich das lyrische Ich erst vergewissern, ob das alles wirklich wahr sein kann – reagiert es auf die Sprach- und Teilnahmslosigkeit des Mannes. Die Epanalepse („Und *ich,/ich* schlug ...") verzögert die Reaktion für Sekunden, weil der Leser durch das Komma am Versende zu einer Lesepause gezwungen wird. Die solchermaßen aufgebaute Spannung, die der zunehmenden Anspannung der Frau während der gesamten Szene entsprechen dürfte, entlädt sich mit einer symbolischen Geste: in Entsprechung des Todes der Beziehung *vergräbt* die Frau ihr Gesicht in ihren Händen und weint. Sie will und kann das alles nicht mehr sehen. Die Tränen stehen für ihre Verzweiflung, ihre Ratlosigkeit angesichts der emotionalen Kälte (der Mann ist wortlos gegangen und hat ihr buchstäblich die kalte Schulter gezeigt bzw. ihr den Rücken gekehrt). Was bleibt, sind das benutzte Geschirr, der kalte Zigarettenrauch und die erkaltende Asche auf dem Tisch: letzte Spuren, Reste von Widerwärtigkeit und Vergänglichkeit – und das, obwohl der Tag doch gerade erst begonnen hat.

Mit bitterer Ironie zeichnet Prévert folglich das Bild einer Frau, die schon am Morgen nervlich am Ende ist (und dabei stehen die weiteren Mahlzeiten erst noch an), die ihre Gefühle bis zum Verschwinden des Mannes unterdrückt, die sich jede Aufklärung über ihre Lage und ihre Rolle in der Beziehung versagt (an keiner Stelle reflektiert sie explizit das Geschehen, ihre Tränen scheinen eher ein spontaner emotionaler Ausbruch zu sein) und die erst recht keinen Mut zur Kritik aufbringen kann. So erscheint sie dem Leser im Sinne der Gerasageschichte „gefesselt" und „angekettet", ihrem Mann und ihrem Leben entfremdet, eine lebendig Tote – ein neuer Morgen, ein weiteres Frühstück werden kommen. Der Verzicht auf den bestimmten Artikel im Titel macht unmissverständlich klar: ohne Anstrengung und Hilfe wird sie so schnell diesem „dämonischen" Zustand nicht entkommen.

Methodischer Kommentar

Methodisch dürfte es interessant sein, im Anschluss an eine **Spontanphase** zu erkunden, wie sich die Schüler die Vorgeschichte zu dieser Szene ausmalen.

Die **Erarbeitung** einer Biografie soll zu folgenden Überlegungen führen: Wie kommen die Partner dazu, dass sich ihre Beziehung – in der Sprache der Psychologie – „ausschleicht", dass die Sprachlosigkeit Einzug hält?

Das Gedicht gibt dazu einige Hinweise, die in der **Auswertung** unbedingt benannt werden sollten. So ist erkennbar, dass die Rollenverteilung eingefahren ist und von beiden akzeptiert wird. Dabei gibt sich der Mann machohaft-abweisend, die Frau passiv-duldend, dennoch nicht ganz unsensibel für die Sprachlosigkeit (siehe Sachanalyse).

Die **Vertiefung** (vgl. **Arbeitsblatt 18**, S. 99, Aufgaben 2, 3 und 4) könnte mit dem Impuls beginnen: Ist es typisch, dass gerade sie Sprecherin der Verse ist?

→ Kapitel 2.4

„Dämonie" als Anpassungsethik und Erziehungstyrannei zu Leistung und Erfolg

→ Kapitel 3.5

A. de Saint-Exupéry. Der kleine Prinz (Der Laternenanzünder)

Das grausame Symbol der „Ketten" und „Fesseln" lässt sich gemäß Drewermann über die Partnerschaft hinaus noch weiteren gesellschaftlichen Ebenen zuordnen, etwa der familiären oder schulischen Erziehung. Nicht zuletzt die widerlichen Bestechungsskandale in der deutschen Automobilindustrie und die offenbarten Dopingfälle im Radsport belegen, zu welcher Seelenlosigkeit die kapitalistische Gesellschaft verkommen kann, wenn die Gier nach Leistung und Erfolg nur einen Altar kennt, den des Mammons. Die Kehrseite dieser (Gold-)Medaille aber ist, so Drewermann, „die Vergewaltigung aller eigenen Seelenregungen von Fantasie, Poesie, Kreativität, Entscheidungsfreude, Neugier, Mut und Lebenssehnsucht in dem Getto einer reinen Anpassungsethik und Erziehungstyrannei zu Leistung und Erfolg inmitten einer fast pflichtweisen Gesinnung des puren Materialismus" (Drewermann, Eugen, Tiefenpsychologie und Exegese, Band II, Patmos, Düsseldorf ^{6}2001, 271).

Sachanalyse

Das Beispiel schlechthin für die fanatische Befolgung falscher Ideale, der „Legion" Kommandos in mir, liefert die Figur des neurotischen Laternenanzünders aus Antoine de Saint-Exupérys berühmter Erzählung „Der kleine Prinz" (1943) (**Arbeitsblatt 19**, S. 100). Sein Leben verbringt er damit, im Minutentakt eine Laterne zu löschen und wieder anzuzünden. Auf die Nachfrage des kleinen Prinzen enthüllt der Laternenanzünder seine grausame Wahrheit: Er habe eine Weisung, und da sich der Planet im Laufe der Zeit immer schneller drehe, die Weisung aber stets dieselbe bleibe, habe er keine Sekunde zum Ausruhen mehr. Dem kleinen Prinzen ist die volle Hingabe an den Beruf nicht unsympathisch, doch bleiben auch ihm die „dämonischen Ketten" nicht verborgen.

„Wie ein Galeerensklave an seine Bank ist der Laternenanzünder an seine ‚Weisung' gekettet. Er hat weder Raum noch Zeit für eine Zweierbeziehung. Der neurotische Laternenanzünder symbolisiert den Zwanghaften in uns. [...] Wer hat dem Laternenanzünder eigentlich die Weisung gegeben? Wer hat diese Weisung, als sie längst unsinnig wurde, nicht korrigiert? Der Laternenanzünder weiß es nicht mehr. Er hat es vergessen. Aber er folgt gedankenlos dem bloßen Wortsinn dieser uralten Weisung. ‚Dienst ist Dienst', denkt unser Mann wohl, ‚ich lebe, um zu arbeiten', ‚Pflicht ist Pflicht'...

Der Mann wagt nicht mehr, die Frage nach dem Sinn seines Tuns und Seins zu stellen. Er ist unbelehrbar. Er ist unfähig zur Wandlung. Sein Ich erfüllt sich in der sturen Befolgung einer anachronistisch gewordenen Weisung. Er pervertiert Treue und Pflicht. Wie unter einem hypnotischen Zwang befolgt er das längst sinnlos gewordene Ziel. Er lebt nicht, er wird gelebt. Er ist das Opfer seiner Neurose, seiner Wahrnehmungs- und Handlungsverzerrung. Seine hohe Fähigkeit zu Engagement und hinreißender Verlässlichkeit stellt er in den Dienst einer falschen Sache. In der Unrast seiner sinnentleerten Arbeit verliert er die Sonne und Poesie seines Planeten.

Was fast noch schlimmer ist – mit seinem monotonen Jammern und Schuften lässt der Laternenanzünder den Planeten seiner Seele zusammenschrumpfen; es ist nicht Platz für zwei. Er bleibt einsam im Teufelskreis seiner wirren Geschäftigkeit. Was er im Leben liebt, bekennt der Neurotiker, das ist einzig der Schlaf. Er meint dabei seine Schläfrigkeit. Nur ja nichts anpacken! Nur ja nicht aus dem psychodynamischen Sumpf des verrotteten alten Lebens aufbrechen und das Neue wagen! Nur ja nicht die trügerische Sicherheit aufgeben und durch alle Ängste des Übergangs hindurch die Neugeburt wagen! Seine Lage ist aussichtslos, behauptet der Anzünder. Das stimmt. Weil er nichts tut. Weil er sein falsches Leben nicht in Frage stellt. Weil er seinen Hintern nicht hochkriegt. [...]

Ich könnte mir vorstellen, dass der neurotische Laternenanzünder sein Amt und seine Weisung von seinem Vater erhalten hat oder von einer Behörde. Ideale, die uns von den Eltern, von Erziehern oder Religionsfunktionären eingehämmert wurden, können sich als neurotische Weisungen entpuppen. [...] Weisungen, die absolut sind oder sich überlebt haben, können mich terrorisieren. Nichts hemmt mich mehr am Leben als falsch gewordene Weisungen und destruktive Ideale der Vergangenheit. Ich habe mir Meinungen, Ideologien, grobe Vereinfachungen und Fanatismus in Sachen Moral, Benimm, Essen, Trinken, Wohnen und Sexualität, Beziehung und Arbeit überstülpen lassen. Jetzt leide ich darunter, dass ich mit meinem Eigen-Sinn in diesen Fremdbotschaften nicht vorkomme.

Oft habe ich mich bis zur Unkenntlichkeit angepasst und meine eigene Sehnsucht verraten, meine Wünsche verdrängt. [...] Hinter diesen Lebenshemmungen stecken diese Ängste und überholten Selbstbilder, die mich festlegen und mich dazu veranlassen, Teile meines Selbst zu unterdrücken. Wenn ich den Alltagstrott meiner enervierenden Laternenknipserei einmal verlasse, kann ich das Verleugnete in mir wiedergewinnen: Begabung, Freiheit, Neugier, Mut, Sexualität, Wagnis. Ich kann mich ändern. Nur Laternenanzünder bleiben stehen. Es ist widersinnig, in einem sich ununterbrochen zellular verändernden Körper seelisch stehen zu bleiben. Wie ein Hamster rotiere ich im Tretrad fremder Weisungen und versäume wie der Laternenanzünder die 1440 blutroten Sonnenuntergänge und die 1440 verheißungsvollen Sonnenaufgänge."

Aus: Jung, Mathias, Der kleine Prinz in uns. Auf Entdeckungsreise mit Saint-Exupéry, Düsseldorf 2005, 76–80

Methodischer Kommentar

Der als **Erarbeitung** gedachte Vergleich mit Mk 5, 1–20 ist ergiebig: Während der ehemals Besessene am Ende wieder zu Hause und „vernünftig" ist, hat sich der Anzünder mehr und mehr von seinem (Arbeits-) Leben entfremdet. Im Gegensatz zu früher, als „alles noch vernünftig zuging", verrichtet er nun einen „schrecklichen Dienst" und folgt fremdbestimmt wie der Besessene einem Kommando, einer „Weisung". Wie der Gerasener sich über seine

„Dienstanweisungen" definiert, so ganz ähnlich der Anzünder, der ebenfalls keinen persönlichen Namen trägt. Dessen rastlose und perspektivlose Tätigkeit „Tag und Nacht" hinterlässt beim Prinzen den Eindruck des „Verrücktseins", denn er merkt nicht einmal, dass seine Kommandos und damit seine – im wahrsten Sinne des Wortes – Weltanschauung völlig konservativ und überholt sind. Während Jesus aber dem Besessenen zeigen kann, dass und wie Glauben einen Unterschied ausmacht, gelingt es dem Prinzen nicht, den Ruhesüchtigen und im Teufelskreis der Entfremdung Gefangenen zu dem zurückzuführen, was ihn wirklich leben ließe: dem Weg der Sonne zu folgen und den hochtrabenden Begriff der Weisung, ihren vermeintlichen Anspruch der Allwissenheit und Weltgewandtheit für die Romantik, Poesie und Muße des Lebens einzutauschen.

Exupéry beschwört eine parabolische Konfliktsituation, die am Schluss lediglich mit „einem Seufzer des Bedauerns" kommentiert wird und die als **Transfer**impuls genutzt werden kann. Drewermann hat diese resignierende Art des kleinen Prinzen denn auch heftig als literarische Schwäche kritisiert und demgegenüber nach Chancen, den „großen Leuten" auf den einzelnen Planeten wirklich zu helfen, gefragt: „Erfühlen müsste man bei dem *‚Laternenanzünder'* die Angst, von Grund auf falsch und unberechtigt zu sein, sobald er von dem Diktat fremder Weisungen auch nur ein Stück weit abweichen würde, und erst wenn man seine Angst vor der Freiheit, die Furcht vor dem Chaos, die Flucht vor sich selbst, gegen eine tiefere Bejahung und Entschlossenheit zu einem eigenen Leben und einer eigenen Verantwortung eintauschen könnte, vermöchte sogar sein pflichtgehetztes Dasein in einem frei gewählten Gleichmaß zwischen Pflicht und Neigung Ruhe zu finden." (Drewermann, Eugen, Das Eigentliche ist unsichtbar. Der kleine Prinz tiefenpsychologisch gedeutet, Freiburg 1984, 37)

Die für unsere Zeit aktuelle Angst, sich vom Diktat fremder Weisungen zu befreien und eigenverantwortlich ein ausgewogenes Dasein zu gestalten, zeigt sich in Mk 5, 1–20 an zwei Stellen: Zum einen beim Besessenen in der abwehrenden Frage „Was habe ich mit dir zu schaffen, Jesus?"; dann aber überraschenderweise auch in der kritischen Reaktion der Hirten und der Dorfbewohner, die Jesus loswerden wollen.

Es soll in **Erarbeitung** und **Transfer** bewusst gemacht werden, wie grundsätzlich vergleichbar die Ausgangslagen des Anzünders wie des „Besessenen" und der „Leute", aber auch wie unterschiedlich die Lösungen des Konfliktes ausfallen. Ausgangslagen und Lösungen bieten Raum für moderne Deutungsansätze des Verhaltens vom Laternenanzünder.

→ Kapitel 3.5

BAP. Wellenreiter

Die Problematisierung der Erziehung zum Gehorsam ist auch Gegenstand des Pädagogikunterrichts. Die Kooperation mit dem Fach Pädagogik ist deshalb vielversprechend, weil hier Argumentationsmuster vorgestellt werden, die den behandelten von Drewermann und Jung zum kleinen Prinzen bzw. zu Mk 5, 1–20 ähneln. So zitiert das Lehrwerk von Georg Bubolz (Hg.) „Erziehungssituationen und Erziehungsprozesse" (Berlin 2006, 110f.) den Religionspädagogen Hubertus Halbfas, dass die Angst vor der Freiheit viele Menschen in eine Anpassungsethik treibt, die deren Charakter bis zur Unkenntlichkeit verstellt. In diesem thematischen Kontext ist das Lied „Wellenreiter" von der Kölner Rockband „BAP" als zusätzlich erläuterndes Material abgedruckt (**Arbeitsblatt 20**, S. 101).

Sachanalyse

Die von „BAP" gewählten Bilder veranschaulichen die Angst des fremdgesteuerten Menschen, die aktuellen Trends zu verpassen. Wie ein „Wellenreiter" mit seinem Surfbrett stets auf die günstigste Gelegenheit wartet, „oben auf" der Welle, gleichsam passiv vom Strom der (Wasser-)Masse möglichst weit getragen zu werden, so berechnet der Angesprochene, wie er am besten ohne eigene Kraftanstrengung, aber dennoch erfolgreich durchs Leben kommt.

Da er sich von der Masse durch eine eigene Individualität nicht absetzt, kann der Ängstliche mit einem Statisten (Komparse) verglichen werden, der als Schauspieler in einem Film doch in Wahrheit nie über eine Nebenrolle in einer Massenszene hinauskommt und in der Bedeutungslosigkeit untergeht. Opportunistisch dreht sich der ängstliche Wendehals wie ein „Wetterfähnchen im Wind" und bestätigt mit seiner Mimikry die Redewendung, dass er „in jede Schublade passt". Dass er dabei rat- und kraftlos wird und wie ein „Ochse vor dem Berg" steht, hat System. Denn wer sich selbst zum Statisten degradiert, bis er letztlich nur ein Schatten seiner selbst ist, kann den Mächtigen nicht ernsthaft gefährlich werden. Die Flucht vor sich selbst in die bequeme Abhängigkeit fremder Kommandos (gleich ob von Eltern, Erziehern oder Religionsfunktionären) ist dem Status quo förderlich und lässt den Opportunisten als willkommenen „Deppen" erscheinen. Wie das Kapitel über den Laternenanzünder, so zeigt damit auch der Wellenreiter-Song, wie verrückt oder irrsinnig die „normal" erscheinende Welt des angepassten Bürgers doch in Wahrheit ist. Die eigentlichen „Deppen", das sind plötzlich die „Dorfbewohner" und „Schweinehirten" aus Mk 5, 1–20, die die vorgeschriebene Ordnung nicht verlassen, selbst dann nicht, wenn einem Besessenen geholfen werden könnte. Ein wenig Freiheit, Selbstständigkeit und Individualität kommt ihnen wie Verrat vor, was prompt ihre Solidarität mit den „Dämonen" zur Folge hat. Ihre Antwort auf die „Wunderheilung": Jesus möge auf der Stelle das Gebiet verlassen.

Methodischer Kommentar

Man wird das Lied nicht einfach allegorisch auf den biblischen Text beziehen können. Grundsätzlich benennt es jedoch durch viele Bilder, die in der **Hinführung** zu sichten und zu deuten sind, ebenfalls moderne (Selbst-) Entfremdungserscheinungen und fragt insofern in der **Erarbeitung** kritisch an, ob man als (von „Dämonen" besetzter) Wendehals in Klassen- und Lehrerzimmern so weiterleben möchte, was durch entsprechende Recherchen im Pädagogikunterricht zu einer **Vertiefung** führen kann.

„Dämonie" in der Familie

→ Kapitel 2.3
→ Kapitel 2.4
→ Kapitel 3.1
→ Kapitel 3.5

Franz Kafka. Die Verwandlung

Wenn gemäß Drewermanns Auslegung Mk 5, 1–20 ein „verbindliches Bild für das Wunder der *Verwandlung* von Tod in Leben" malt, dann drängt sich (besonders für Kollegen mit dem Zweitfach Deutsch) ein Exkurs über die Erzählung „Die Verwandlung" (1912) von Franz Kafka (1885–1924) geradezu auf. Diese schildert nämlich kontrastiv die „dämonische" Deformation des Lebens durch Familie und Beruf bis hin zum Tod.

Sachanalyse

Der Handelreisende Gregor Samsa findet sich eines Morgens beim Erwachen in einen großen Käfer verwandelt. Über drei Kapitel schildert der Erzähler aus überwiegend personaler Perspektive, wie er und seine Familie, seine Eltern und die Schwester Grete, auf diese neue Situation mit zunehmend ablehnender Haltung reagieren. Während Gregors Geist und Psyche weiterhin menschlich sind, entkleiden ihn die eingeschränkten Körperfunktionen, die abwehrenden Reaktionen der Umwelt auf den widerlichen Anblick des Ungeziefers und die völlige Isolation in seinem abgesperrten Zimmer aller Menschenwürde. Eingepfercht in sein

Zimmer-Gefängnis, verwahrlost er angesichts der stetig abnehmenden Versorgung, bis er schließlich dem latenten Wunsch der Familie nachkommt, sie von seiner grauenvollen und belastenden Existenz zu befreien, indem er die Nahrung bis zum Tod gänzlich verweigert. Als die Dienerin den Kadaver beseitigt hat, atmet die Familie erleichtert auf und schmiedet glücklich Zukunftspläne.

Folgende Analogien zwischen den beiden „Verwandlungsgeschichten" fallen ins Auge:

1. Gerade wegen des engen Bezugs des Werkes zur Biografie Kafkas kann veranschaulicht werden, wie persönliche Erfahrungen so in eine literarische Form übersetzt werden, dass sie viele Leser unmittelbarer ergreift. Beide Erzählungen eint, dass ihr jeweiliger Autor reale Erlebnisse (Markus die tradierte Lebenspraxis Jesu, Kafka das gestörte Verhältnis zum Vater) surreal-gebrochen wiedergeben. Beide bedienen sich der literarischen Technik, in die Alltagswelt irrationale Momente zu montieren. Wenn aus Menschen in 2000 Schweine Dämonen ausfahren und wenn ein Mensch sich zum Käfer verwandelt, dann stehen Gewöhnliches und Verstörendes dicht nebeneinander. Allerdings unterscheidet sich Markus von Kafka in einem entscheidenden Punkt: Während Kafka Alltag und Alptraum so aufeinander bezieht, dass alltägliche Dinge plötzlich fremd erscheinen und der Wahnsinn sich in der Normalität einrichtet und eine bis zum Ende nicht aufgehobene realistische Logik gewinnt (die Verwandlung wird ja von allen Personen „real" erlebt und ist keine Halluzination Gregors), verfährt Markus umgekehrt. Er sorgt mit der Erscheinung Jesu letztlich dafür, dass die bedrohliche, unüberschaubare Situation des Besessenen aufgehoben wird. Insofern aber der von „Dämonen" Besessene eine in sich gestörte Persönlichkeit ist und zunächst ausgerechnet die einzige Hilfe (Jesus) vehement ablehnt, verdient seine Verstörung die sprechende Attributierung „kafkaesk", die auch für Gregors Lage zutrifft. Wo aber für Gregor der verstörende Umschlag tödlich ausgeht, bewahren neues Selbst- und Gottvertrauen den Mann aus Gerasa vor diesem Schicksal.

2. Hatte die Tiefenpsychologie besonderen Wert auf das Zusammenspiel zwischen Figurenpsyche und Raumskizze gelegt, so betont die Literaturwissenschaft in struktureller Analogie für die Kafka-Erzählung „die auffallend ausgiebige Ausmalung von Innenräumen, die den seelischen Innenraum als eigentlichen Ort der Handlung symbolisieren" (Meurer, Kafka, 46; vgl. Brück, Verwandlung, 59).
   a) Der Raumsymbolik des abgeschlossenen Zimmers in Kafkas Erzählung korreliert wie in der Mk-Perikope das beherrschende Thema der Existenzangst, hier konzentriert auf den Familienkonflikt, insbesondere zwischen Vater und Sohn, aber auch auf die berufliche Belastung (vgl. Brück, Verwandlung, 2).
   b) Gregors Versuche, der Isolation zu entfliehen, scheitern insbesondere an den barbarisch-wilden Reaktionen des Vaters (auch er ist folglich „besessen"!), der seinen Sohn mit einem Stock schlägt und ihn mit einem nachgeworfenen Apfel schwer verletzt. Da auch die Schwester die anfängliche Fürsorge nach und nach einstellt, empfindet Gregor sein Zimmer zunehmend wie eine „Höhle", der Leser realisiert die Grabmetaphorik: „Im Verlauf der Handlung wird Gregors Bewegungsradius immer kleiner, schließlich versteckt er sich im innersten Winkel des Zimmers, unter dem Kanapee, und zieht ein leichentuchartiges Leinen über die Öffnung seines unbequem engen und finsteren Aufenthaltplatzes, der einem Sarg nahekommt. In dieser Selbstnegierung drückt sich symbolisch Kafkas grenzenlose Selbstverachtung aus, die auch dazu beiträgt, jede menschliche Beziehung scheitern zu lassen." (Meurer, Kafka, 47). Die Parallelen zu Mk 5, 1–20 liegen auf der Hand. Hier wie dort begegnet die Isolation in einer „Grabhöhle" und Todeslandschaft, die einerseits von den Umstehenden bewusst betrieben, andererseits von dem Isolierten paradoxerweise geradezu ersehnt wird und als Form der Selbstverachtung und Selbstbestrafung zu interpretieren ist. Drückt Markus diese

Verachtung am deutlichsten durch das Schlagen mit Steinen aus, so muss Gregors Verwandlung als eine einzige Art der Selbstnegierung verstanden werden, gegen die alle „Ausbruchsversuche" machtlos sind.

c) Warum verachtet sich Gregor selbst? Wieder argumentiert die Literaturwissenschaft ganz ähnlich wie die Tiefenpsychologie bezüglich Mk 5, 1–20. Die Flucht in die Käferexistenz ermöglicht Gregor eine Befreiung von allen familiären und beruflichen Zwängen, führt jedoch paradoxerweise zugleich in den Tod. Das eint ihn grundsätzlich mit dem Besessenen, der sich von allen Ketten und Fesseln befreit, nur um nachher – vom Leben abgeschnitten – „bei den Gräbern zu wohnen". Wird der eine vom tierischen Körper eines Käfers gefangen genommen, so wird der andere von „Dämonen" besetzt. Wie der Besessene verliert Gregor nach der Verwandlung die Selbstkontrolle, denn alle Versuche, in die willkürlichen Körperbewegungen „Ruhe und Ordnung" (so Gregor) zu bringen, scheitern kläglich. Die neue Gefangenschaft Gregors dokumentiert seine Verachtung dafür, dass er nun nicht länger die Familie ernähren und für sie verantwortlich sein will, auch dafür, dass er der völlig fremdbestimmenden Arbeit entsagt.

d) Somit ist die Flucht in die innere Emigration auch eine Form der Selbstbestrafung und dient der Kompensation von Schuldgefühlen. Da Gregor seine Aggressionen gegenüber Arbeitgeber und Vater nicht kommunizieren kann, entladen sich die unterdrückten Wünsche und Triebe an ihm selbst, und zwar in Form der widerlichen und hässlichen Entstellung. Solche verinnerlichte Schuld demonstrierte bereits der Besessene, der in Überbietung des Levitikusgebotes „nackt" und unheimlich auftrat.

e) Da Gregor also den Zumutungen der Familie und der Vorgesetzten nicht offensiv entgegentritt, richten sich schließlich Protest und Rebellion, die aufgrund der unerträglichen persönlichen und sozialen Situation eigentlich der Familie und Gesellschaft gelten, gegen sich selbst. Eltern und Arbeitgeber sind die eigentlichen „Dämonen", verinnerlichte Kommandos, die ein Leben in Selbstbestimmung blockieren. Zu seinem Unglück verdrängt er in diesem Zusammenhang die Realität und besitzt zu ihr wie zu sich selbst ein gestörtes Verhältnis: Anfänglich will er seinen körperlichen Zustand nicht wahrhaben, bis zu seinem Tod beschönigt und rechtfertigt er das unsoziale, für ihn tödliche Verhalten der Familie. Die Analogie im Evangelium: In völliger Verkennung der Realität wähnt sich der Besessene in „Sicherheit", solange Jesus ihm nicht zu nahe kommt und er Untertan der „Legion" ist. Beide verfügen über kein Bewusstsein für das ihnen zugefügte Leid und rechtfertigen das eigene Todesschicksal als Notwendigkeit – im Evangelium wird dieses Schicksal sogar religiös legitimiert.

f) Die Käfergestalt kann demzufolge auch verstanden werden als Ausdruck des Verlustes aller sozialer Beziehungen, der Isolation und Entfremdung von Familie und Gesellschaft, der völligen Einsamkeit und Verlassenheit. Hier wie im Evangelium verbirgt sich hinter dem Zurückweichen vor den Menschen gleichzeitig eine heimliche Sehnsucht nach Ansprache, Blickkontakt und Kommunikation (vgl. das merkwürdige Zulaufen auf Jesus und das effektheischende Gebaren in den Bergen sowie Gregors Bemühungen um Kommunikation).

3. Ein genauer Blick auf das Erzählelement der Zeit sollte nicht fehlen, da Kafka eine interessante biblische Anspielung vornimmt. Er lässt die Handlung mit der Verwandlung einige Wochen vor Weihnachten einsetzen. Dann, als das „Ungeziefer" Gregor für seine Familie zunehmend zu einer „tierischen" Belastung wird, lässt er – mit bitterer Ironie – Gregor anmerken, dass das Weihnachtsfest (als Fest der *Mensch*werdung (!) Gottes) wohl schon „längst" vorbei sein müsse, und verlegt seine im Tod gipfelnde Passion in die Karwoche (März). Dies geht daraus hervor, dass der Erzähler durch den Stil altertümlicher, biblischer Feierlichkeit an die Sterbestunde Jesu erinnert (Gregor stirbt „um die dritte Morgenstunde") und erwähnt, dass die Familie direkt nach dem Tod Gregors zu einer „Art Osterspa-

ziergang" (Meurer, Kafka, 54) aufbricht, um das von Gregors Existenz befreite Leben in der warmen Frühlingssonne zu genießen. Bezeichnend, dass der Vater – ehedem nach dem Ruin seines Geschäftes ein alter, gebrechlicher Mann – nach der Verwandlung Gregors erstarkt, gleichsam als „Vollstreckerfigur ohne menschliche Züge" dessen Tod beschleunigt und in seiner Macht und Vitalität als strafender Vater der Kindheit „wiederaufersteht" (Brück, Verwandlung, 61). Gregor stirbt folglich einen Opfertod, der der Familie ausgerechnet an Ostern die Feier der (eigenen) Auferstehung ermöglicht – jener Familie, die nichts unversucht ließ, ihren Sohn und Bruder „ins Grab zu bringen".

Methodischer Kommentar

In der Oberstufe bietet sich die **Erarbeitung** an, während der einige Schüler ein Referat zu den wesentlichen Erzählelementen von Kafkas „Die Verwandlung" ausarbeiten und vorstellen. Insbesondere sollen die Schüler das Zusammenspiel von Raumgestaltung und Figurenpsyche untersuchen. Folgende Literatur ermöglicht Schülern und Lehrern diesbezüglich einen sehr guten Einstieg in das Thema: Brück, Martin, Franz Kafka. Die Verwandlung (= Interpretationshilfe Deutsch), Freising 1999; Meurer, Reinhard, Franz Kafka. Erzählungen (= Oldenbourg Interpretationen), München ^{3}1999.

Auf der Basis dieses Referates kann als **Vertiefung** ein anschließender Vergleich mit Mk 5, 1 – 20 inhaltliche und formal-erzähltechnische Parallelen und Unterschiede erkennen und so biblische und moderne Formen der Dämonie konturierter erscheinen lassen.
Ein entsprechender Impuls könnte folglich lauten:

> Der in der Literaturwissenschaft gebräuchliche Ausdruck „kafkaesk" wird einerseits auf alltägliche Situationen bezogen, die für die Personen bedrohlich oder unüberschaubar sind. Zum anderen meint man damit eine spezielle literarische Gestaltungstechnik, einen alptraumartigen, verstörenden und fremd wirkenden Zustand als „normalen", realistischen vorzustellen. Machen Sie sich am Beispiel von „Die Verwandlung" diese Technik klar und überlegen Sie, ob und inwiefern die Bezeichnung des „Kafkaesken" nicht auch auf die Perikope Mk 5,1 – 20 anzuwenden ist.

Ein abschließender Impuls könnte die Schüler zu Überlegungen darüber motivieren, wie denn im Sinne Jesu und der Erzählung vom Besessenen aus Gerasa Gregor wieder in den Familienkreis integriert hätte werden können. Was können, so lautet die Frage dieses **Transfers**, Menschen unternehmen, um frühzeitig dem unbewussten Wunsch nach einer „Verwandlung" präventiv zu begegnen?

Rolf Haufs: Er

Er schloss die Tür, die laute Tür, die von innen mit einer Eisenplatte beschlagen war, mit einer Kette im unteren Drittel, die er nur manchmal benutzte, eigentlich nur aus Spaß, wenn er Besuch hatte oder einfach nur so, das Kettenrasseln, das Gefühl in Sicherheit zu sein, das Gefühl, die Tür, die eigene Tür hinter sich zu haben, er selbst zu sein, machen zu können, was er wollte. Auch in der Küche war die Tür, durch die man in das hintere Treppenhaus gelangte, mit einer Eisenplatte beschlagen, mit einer Kette im unteren Drittel, die er nun einhängte, bevor er sich auszog, ganz auszog, und nackt durch die Wohnung ging, quer durch alle Zimmer hindurch und schon daran dachte, was geschehen würde, wenn das Telefon klingelte oder jemand vor der Tür stünde, ob er den Mut haben würde, nackt ans Telefon zu gehen, nackt die Tür zu öffnen, daran dachte, während er Wasser über seine Füße laufen ließ, wieder durch alle Zimmer ging mit nassen Füßen und die Fußspuren betrachtete auf dem Parkettfußboden, die dunklen Abdrücke seiner Zehen, seiner Fersen. Er hatte Angst. Angst war es, die ihn daran hinderte, etwas Vernünftiges zu tun. Er hörte auf die Geräusche im Haus, auf die Schritte im Treppenhaus, er war erleichtert, wenn die Schritte an seiner Tür vorübergingen und der Schatten, den er durch den Spion erkennen konnte, nach oben oder nach unten verschwand. Er hörte auf die Schritte in der Wohnung über ihm, auf die Schritte des Mannes, der, wenn er ihm begegnete, kaum seinen Gruß erwiderte, auf die kürzeren, schnelleren Schritte der Frau, die immer ein dunkles Kopftuch trug, deren Stimme durch die Decke drang, er lauschte, er hörte hin, ob sie über ihn sprachen, eine Beschwerde an den Hausverwalter schrieben, eine Anzeige machten, spürte, dass sie über ihn redeten, dass sie sich fragten, was er denn eigentlich täte, den ganzen Tag hinter dem Fenster, den geschlossenen Vorhängen, hinter der Tür, die mit einer Eisenplatte beschlagen war, im unteren Drittel mit einer Kette. Er holte einen Stuhl und stellte ihn auf den Tisch, er kletterte auf den Tisch, auf den Stuhl um der Decke ganz nahe zu sein, den Stimmen, die immer leiser wurden, aber so leise sie wurden, er hörte sie.

1. *Verkehren Sie die wichtigsten Charaktereigenschaften der Hauptfigur in ihr Gegenteil, sodass eine Anti-Figur entsteht, und schreiben Sie die Kurzgeschichte entsprechend um. In welchem Grade wird die Handlung der neuen Erzählung nun von den Merkmalen der Anti-Figur verändert?*
2. *Vergleichen Sie die Grundproblematik der Kurzgeschichte von R. Haufs mit den Erörterungen zu Mk 5, 1–20.*
3. *Schreiben Sie einen neuen Text, der entweder völlig frei erfunden sein oder einer eigenen Lebenserfahrung entsprechen kann. Die neue „Dämonie"-Geschichte soll nach dem Muster der Kurzgeschichte „Er" gestrickt sein: also mit einem ähnlichen Konflikt nach Art der Hauptfigur, aber auch unter Verwendung formaler Eigenarten (Satzbau, Stilmittel, Perspektive, Raumdarstellung etc.) des Originals.*

Rosenstolz: Raubtier

Die Liebe wurde weggesprengt,
jetzt bau'n sie einen Zaun.
Ich steh hier vor dem Stacheldraht,
versuche mich zu trau'n.
... Wann bin ich wieder frei?

Soldaten sind in meinem Kopf
und feiern schon den Sieg.
Ich halte mir die Ohren zu
Und sing mein eignes Lied.
... marschieren auf und ab
... vom Sieg wird man nicht satt.

Lasst mein wildes Raubtier frei,
gebt ihm wieder was zu fressen,
denn es wird gefährlich sein,
ist vor Sehnsucht schon besessen.

Draußen steht ein großer Kran.
Sie bau'n den Käfig auf.
Was fang ich mit `nem Leben an,
an das ich selbst nicht glaub?
... reißt den Käfig ab!
... nur Freiheit macht mich satt!

Lasst mein wildes Raubtier frei,
gebt ihm wieder was zu fressen,
denn es wird gefährlich sein,
ist vor Sehnsucht schon besessen.

Gebe niemals auf
und laufe weiter.
Gebe niemals auf
und laufe weiter.
Gebe niemals auf
Und laufe weiter.

Urheber: Peter Plate/Ulf Sommer/AnNa Err/Ralf Lübke
Verlag: Partitur Musikverlag GbR/Wintrup Musikverlag, Detmold/Rückbank Musikverlag Mark Chung

- *Sie arbeiten für einen Musikverlag, der eine CD der Gruppe „Rosenstolz" herausbringen möchte. Sie soll ein Cover erhalten, das dem Titel des Liedes „Raubtier" entsprechend künstlerisch gestaltet wird. Entwerfen Sie in Teamarbeit ein solches Cover. Farbgestaltung, künstlerische Technik etc. bleibt Ihnen überlassen.*

Jacques Prévert: Frühstück (1962)

Er goss den Kaffee in die Tasse.
Er goss die Milch
in die Kaffeetasse.
Er tat den Zucker
in den Milchkaffee.
Mit dem kleinen Löffel
rührte er den Kaffee um.
Er trank den Kaffee
und stellte die Tasse ab.
Ohne ein Wort.
Er zündete eine Zigarette an.
Er blies Ringe aus Rauch.
Er streifte die Asche
in den Aschenbecher.
Ohne ein Wort.
Ohne einen Blick.
Er stand auf.
Er setzte seinen Hut auf.
Er zog seinen Regenmantel an;
denn es regnete.
Er ging hinaus
in den Regen.
Ohne ein Wort.
Ohne einen Blick.
Und ich,
ich schlug die Hände
vors Gesicht
und weinte.

1. *Verfassen Sie für das lyrische Ich eine Biografie: Beginnen Sie damit, wie es den Mann kennengelernt hat; erzählen Sie aussagekräftige Episoden aus ihrer Partnerschaft, bis deutlich wird, wie es zu der im Gedicht deutlich werdenden Sprach- und Lieblosigkeit gekommen ist. Erfinden Sie neben der Geschichte und Entwicklung auch das Äußere des lyrischen Ich: Gesicht, Gestalt, Sprechen, Mimik, Verhalten im Alltag, Kleidung, Selbstbild usw.*
2. *Angenommen, Sie sind der Regisseur eines Spielfilms, in dem das lyrische Ich die Hauptrolle spielt: Mit welcher Schauspielerin aus der (aktuellen) Filmszene würden Sie die Rolle besetzen? Begründen Sie Ihre Entscheidung.*
3. *Es wird nicht deutlich, ob oder was die Frau denkt, während sie ihren Partner beobachtet. Schreiben Sie hinter jeden Vers einen kurzen Gedanken aus Sicht der Frau, der ihre Einstellung zu dem Mann wiedergibt.*
4. *Diskutieren Sie in Kleingruppen vor dem Hintergrund von Mk 5, 1–20 die These, dass auch in Beziehungen „Dämonen" ihr Unwesen treiben können. Wie könnte dem Paar hier Ihrer Meinung nach geholfen werden und welche Rolle könnte dabei gemäß Mk 5, 1–20 die Religion Jesu spielen? Stellen Sie Ihre Ergebnisse im Plenum zur Diskussion.*

Antoine de Saint-Exupéry: Der kleine Prinz (Der Laternenanzünder, 1943)

Der fünfte Planet war sehr sonderbar. Er war der kleinste von allen. Es war da gerade Platz genug für eine Straßenlaterne und einen Laternenanzünder. Der kleine Prinz konnte sich nicht erklären, wozu man irgendwo im Himmel, auf einem Planeten ohne Haus und ohne Bewohner eine Straßenlaterne und einen Laternenanzünder braucht. Doch sagte er sich:
Es kann ganz gut sein, dass dieser Mann ein bisschen verrückt ist. Doch ist er weniger verrückt als der König, der Eitle, der Geschäftsmann und der Säufer. Seine Arbeit hat wenigstens einen Sinn. Wenn er seine Laterne anzündet, so ist es, als setze er einen neuen Stern in die Welt oder eine Blume. Wenn er seine Laterne auslöscht, so schlafen Stern oder Blume ein. Das ist eine sehr hübsche Beschäftigung. Es ist auch wirklich nützlich, da es hübsch ist.
Als er auf dem Planeten ankam, grüßte er den Laternenanzünder ehrerbietig.
„Guten Tag. Warum hast du deine Laterne eben ausgelöscht?"
„Ich habe die Weisung", antwortete der Anzünder. „Guten Tag."
„Was ist das, die Weisung?"
„Die Weisung, meine Laterne auszulöschen. Guten Abend."
Und er zündete sie wieder an.
„Aber warum hast du sie soeben wieder angezündet?"
„Das ist die Weisung", antwortete der Anzünder.
„Ich verstehe nicht", sagte der kleine Prinz.
„Da ist nichts zu verstehen", sagte der Anzünder. „Die Weisung ist eben die Weisung. Guten Tag." Und er löschte seine Laterne wieder aus. Dann trocknete er sich die Stirn mit einem rot karierten Taschentuch.
„Ich tue da einen schrecklichen Dienst. Früher ging es vernünftig zu. Ich löschte am Morgen aus und zündete am Abend an. Den Rest des Tages hatte ich zum Ausruhn und den Rest der Nacht zum Schlafen ..."
„Und seit damals wurde die Weisung geändert?"
„Die Weisung wurde nicht geändert", sagte der Anzünder. „Das ist ja das Trauerspiel. Der Planet hat sich von Jahr zu Jahr schneller und schneller gedreht, und die Weisung ist die gleiche geblieben!"
„Und?" sagte der kleine Prinz.
„Und jetzt, da er in der Minute eine Umdrehung macht, habe ich nicht mehr eine Sekunde Rast. Jede Minute zünde ich einmal an, lösche ich einmal aus!"
„Das ist drollig! Die Tage dauern bei dir eine Minute!"
„Das ist ganz und gar nicht drollig", sagte der Anzünder. „Das ist nun schon ein Monat, dass wir miteinander sprechen."
„Ein Monat?"
„Ja, dreißig Minuten. Dreißig Tage! Guten Abend."
Und er zündete seine Laterne wieder an.
Der kleine Prinz sah ihm zu, und er liebte diesen Anzünder, der sich so treu an seine Weisung hielt. Er erinnerte sich der Sonnenuntergänge, die er einmal gesucht hatte und um deretwillen er seinen Sessel rückte. Er wollte seinem Freund beispringen:
„Weißt du ... ich kenne ein Mittel, wie du dich ausruhen könntest, wenn du wolltest ..."
„Ich will immer", sagte der Anzünder. Denn man kann treu und faul zugleich sein. Der kleine Prinz fuhr fort:
„Dein Planet ist so klein, dass du mit drei Sprüngen herumkommst. Du musst nur langsam genug gehen, um immer in der Sonne zu bleiben. Willst du dich ausruhen, dann gehst du ... und der Tag wird so lange dauern, wie du willst."
„Das hat nicht viel Witz,", sagte der Anzünder, „was ich im Leben liebe, ist der Schlaf."
„Dann ist es aussichtslos", sagte der kleine Prinz.
„Aussichtslos", sagte der Anzünder. „Guten Tag."
Und er löschte seine Lampe aus.
Der, sagte sich der kleine Prinz, während er seine Reise fortsetzte, der wird von allen anderen verachtet werden, vom König, vom Eitlen, vom Säufer, vom Geschäftsmann. Dabei ist er der einzige, den ich nicht lächerlich finde. Das kommt vielleicht daher, weil er sich mit anderen Dingen beschäftigt statt mit sich selbst.
Er stieß einen Seufzer des Bedauerns aus und sagte sich noch:
Der ist der einzige, den ich zu meinem Freund hätte machen können. Aber sein Planet ist wirklich zu klein. Es ist nicht Platz für zwei ...
Was sich der kleine Prinz nicht einzugestehen wagte, war, dass er diesem gesegneten Planeten nachtrauerte, besonders der tausendvierhundertvierzig Sonnenuntergänge wegen, in vierundzwanzig Stunden!

Aus: Ders., Der kleine Prinz, 37 ff., © 1950 und 1998 Karl Rauch Verlag, Düsseldorf

1. *Inwiefern kann der Laternenanzünder im Sinne des biblischen Dämonieverständnisses als eine moderne Form der „Besessenheit" begriffen werden?*

2. *Fallen Ihnen aktuelle Beispiele ein, die dem Schicksal des „besessenen" Laternenanzünders gleichen?*

BAP: Wellenreiter

N'abend Wellenreiter, saach, wie jeht et dir?
Höchstens ald ens zweiter oder dritter,
ävver miehßtens nit ens Nummer vier
läufs do pausenlos dä Trends wie'ne Komparse
hingerher,
echt, dat däät mich öden un zwar schwer.

Wie e Wetterfähnche driehßte dich em Wind.
Woher dä jraad weht, ess dir ejal,
de Hauptsaach ess, et ess der neuste Wind.
Vun dir selvs blieht kaum jet övvrich, nur op
dat, wat anjesaat, fährste aff,
als bröötste en Schublad.

Wat ess bloß passiert, dat do su mutlos bess,
dat ding Power fottess, dat do dich dermaßen
selver opjejovven häss,
ratlos römläufs wie 'ne Schatten,
dä sich kleinmäht wie 'ne Zwerch,
der mir vüürkütt wie 'ne Ohß vürm Berch.

Hühr ens, Wellenreiter, t'ess nit alles Driss.
T'süht zwar baal su uss, doch et künnt sinn,
dat – jenachdem – noch jet ze ändre ess.
Nur, wie do jetz bees, pass do dänne ganz prima ent
Konzept,
die dich su hann wollte
– halt als Depp ...

Musik: Manfred Boecker, Wolly Boecker, Alexander Büchel,
Klaus Heuser, Steve Borg, Hans Wollrath
Text: Wolfgang Niedecken

Guten Abend, Wellenreiter, sag, wie geht es dir?
Höchstens als zweiter oder dritter,
aber meistens nicht als Nummer vier
läufst du pausenlos den Trends wie ein Komparse
hinterher,
wirklich, das würde mich anöden und zwar schwer.

Wie ein Wetterfähnchen drehst du dich im Wind.
Woher der gerade weht, ist dir egal,
Hauptsache, es ist der neuste Wind.
Von dir selbst bleibt kaum was übrig, nur auf
das, was angesagt ist, fährst du ab,
so als bräuchtest du eine Schublade.

Was ist bloß passiert, dass du so mutlos bist,
dass deine Power fort ist, dass du dich dermaßen
aufgegeben hast,
ratlos herumläufst wie ein Schatten,
der sich klein macht wie ein Zwerg,
der mir vorkommt wie ein Ochse vor dem Berg.

Hör'mal, Wellenreiter, es ist nicht alles Mist.
Es sieht zwar bald so aus, doch es könnte sein,
dass – je nachdem – noch etwas zu ändern ist.
Nur, so wie du jetzt bist, passt du denen ganz prima ins
Konzept,
die dich so haben wollten
– eben als Depp ...

1. *Erläutern Sie die im Lied erwähnten Bilder und Vergleiche.*
2. *Begründen Sie, warum der „Wellenreiter" ebenfalls eine moderne Form der Dämonie darstellt.*
3. *Das Lied wird auch im Pädagogikunterricht eingesetzt, dort zum Thema „Gehorsam". Bemühen Sie sich um entsprechende Hintergrundinformationen aus dem Pädagogik-Kurs, um diese moderne Form der Besessenheit noch umfassender erläutern zu können.*

Baustein 7

Dämonie als Sucht nach Alkohol und Drogen

→ Kapitel 3.3
→ Kapitel 3.5

Im Februar 2007 verkündete eine dpa-Meldung, dass der Popstar Robbie Williams erneut in eine Entzugsklinik eingeliefert werden musste. Seit Jahren schon konsumiert Williams bekanntermaßen Drogen, Tabletten und Alkohol bis zum Exzess. Titel und Untertitel des dpa-Artikels lassen nun in unserem thematischen Kontext aufhorchen: „Delirium Williams. Star kämpft in Entzugsklinik gegen Tabletten und Dämonen." Vom ironischen Unterton der Meldung einmal abgesehen: Im Grunde ist der dpa-Notiz in der Verknüpfung des Dämonen-Motivs mit dem Drogenkonsum aus biblisch-antiker Sicht nur zuzustimmen. Wenn – wie im ersten Teil dieser Arbeit belegt – die historisch-kritische Exegese den Alkohol als „dämonische" Macht beschreibt, weil er den Menschen nicht mehr Herr über sich selbst sein lässt, dann kann das bereits in der Antike bekannte Phänomen der Alkohol-Besessenheit auch auf andere Süchte übertragen werden – noch einmal mit Blick auf die Raumsymbolik in Mk 5, 1 – 20: „Es genügt, sich in das Leben so vieler Verzweifelter einzufühlen, deren Dasein, kaum dass es wirklich begonnen hat, von der düsteren Magie des Todes bis zur Unentrinnbarkeit heimgesucht wird: all die ‚langsamen Selbstmörder', die Süchtigen, die Drogenabhängigen, die ohne Alternative Ausgestiegenen, die Haltlosen, die sich Verlierenden – sind sie nicht alle Höhlenbewohner der Verzweiflung, Kinder des Todes [...]?" (Drewermann, Eugen, Tiefenpsychologie und Exegese II, 253).

→ Kapitel 3.4
→ Kapitel 3.5

Die Teufelsfratzen von Alkohol und Drogen

Sachanalyse

Das Lied „Johnny W." von **Marius Müller-Westernhagen** (**Arbeitsblatt 21**, S. 107) beschreibt anschaulich, dass der Alkohol – hier der Whiskey der Marke „Johnny Walker" – ein Substitut ist, das den besten Freund ersetzt und alle seine Charaktereigenschaften besitzt. Die Stilmittel der direkten hyperbolischen Anrede („Johnny", „bester Freund") und Personifikation unterstreichen: er ist loyal und verlässlich (vgl. z. B. V 1, 3, 9, 20). Vers 2 macht dabei beispielhaft die Selbsttäuschung des lyrischen Ich durchsichtig. Die Freude über die Wiederkehr des „Freundes" (in das Regal eines Geschäftes) unterschlägt, dass es eigentlich das lyrische Ich ist, das sich aus der Masse der Flaschen und Marken eine auswählt und als Trinker eigentlich derjenige ist, der mit seiner Sucht „wieder da ist". Wohl unbewusst greift er dabei zu einer Marke, die den Eigennamen des Erfinders trägt und dadurch – äußerst werbewirksam – eine persönliche „Beziehung" zum Kunden vorgaukelt. So wird deutlich, dass die Sucht eine gravierende seelische Störung darstellt, die im Kern ein neurotisches Lösungsrepertoire von Konflikten trägt, ein Verdecken innerer Probleme. Ähnliche Realitätsverzerrungen beinhalten Aktivität vorspielende, mit cooler Lässigkeit vorgetragene Wendungen wie „komm, gieß dich noch mal ein", „lass 13 gerade sein", „roste mich". Zu diesen Vernebelungen zählt auch das euphemistische und wegen seiner Doppeldeutigkeit konstante Attraktivität vorgebende Bild vom „immer braun gebrannten" und damit gesundes Leben repräsentierenden Freund. Feine Risse erhält das Fundament der Freundschaft durch die unterschwellige Anspielung auf den desolaten Zustand des Sprechers, der eigentlich selbst „mit dem Rücken zur Wand" steht; durch die zwar offen bekannte, aber sogleich verharmloste Abhängigkeit (V 9 f.); durch den gespielt lässigen Appell („von mir aus"), den Sprecher körperlich zu ruinieren (vgl. den euphemistischen Neologismus „roste mich"); schließlich durch den Verweis auf die Teufelsfratz-Metapher (V 13f.). Gerade die vehement bestrittene Disqualifikation des Whiskeys als verzerrtes, hässliches Gesicht des Teufels („Quatsch") provoziert beim Zuhörer bzw. Leser nur das Gegenteil der Negation: könnte an der vermeintlich üblen Nachrede nicht doch etwas dran sein? Wenn dem so ist, verkehren sich die Dinge. Das emphatisch bekundete „königliche" Gefühl (der Macht) ist nichts als ein Blendwerk des Teufels, das die eigene Minderwertigkeit kompensiert. Die geringe Selbstachtung spricht noch aus den Lobeshymnen, gemäß denen „Johnny" *so gut* zuhören kann wie kein Mensch (V 11) und dass er den Sprecher *nie* verlacht (V 12). Ganz offensichtlich leidet das lyrische Ich an einer Kommunikationsstörung, gekoppelt mit Minderwertigkeitskomplexen. Die ganze Tragik des Trinkers mit seiner Sehnsucht nach Liebe und Anerkennung besteht demnach in der falschen Einschätzung der Möglichkeiten des „Freundes", dem eine aktive Rolle als Freund zugeschrieben wird, die er in Wahrheit nicht besitzt.

Ähnlich argumentiert das Lied **„Alkohol"** von **Herbert Grönemeyer (Arbeitsblatt 22a**, S. 108), nur werden hier weitere Drogen genannt, die Schülern bekannt sein dürften (vgl. V 17) und die zur Flucht in die Illusion verhelfen.

Das Chanson von **Reinhard Mey „Kati und Sandy" (Arbeitsblatt 22b**, S. 109) erspürt noch nachdrücklicher die Gründe für den Alkoholkonsum und benennt konkrete Alltags- und Schulprobleme, die zur Diskussion einladen dürften.

Aus dem **Zeitungsartikel** über **Robbie Williams (Arbeitsblatt 23**, S. 110) geht hervor, wie mangelnder Erfolg den depressiven Künstler in den Drogenkonsum stürzte.

Das wahrlich irre Lachen des Drogensüchtigen im Bild **„Rauschgiftsüchtiger I"** von **Herbert Falken (Arbeitsblatt 25**, S. 112) veranschaulicht, welche „Teufelsfratz" sich die Drogen geben. Bereits die untere Bildhälfte deutet an, wie verworren die Welt des Abhängigen ist, wie sich seine Existenz langsam auflöst und wie sich die Bewegungen in der Wahrnehmung als eine Art Slowmotion überlappen. Die Mimik des Süchtigen bewegt sich zwischen irrem Lachen und schmerzverzerrtem Schrei. Augen und Mund sind weit aufgerissen; als wolle Falken demonstrieren, dass die Drogen in erster Linie die Psyche und nicht den Körper attackieren, verschwimmen die Konturen im Kopfbereich noch stärker als im unteren Teil; wie Gitterstäbe eines Käfigs den deutlichen Blick auf ein Tier verhindern, so zerstören (der Aggressivität der Drogen entsprechend) die Schraffuren sein Gesicht; er liegt isoliert in einem Raum, ist buchstäblich am Boden (zerstört) und sieht sich in die Ecke gedrängt; wie der Besessene von Gerasa ist er solchermaßen eine Randfigur, sitzt nahezu mit dem Rücken zur Wand. Der Ausdruck „am Boden zerstört sein" hat u. E. seinen Ursprung übrigens in der Kriegsberichterstattung; hier war oft der stereotype Kommentar zu hören, dass soundso viele feindliche Flugzeuge abgeschossen wurden, während der Rest „am Boden zerstört wurde" – wie in der militärischen Metaphorik („Legion") der biblischen Erzählung, so haben sich also auch in unserer Sprache martialische Bilder verankert, um die „zerstörende" Entfremdung zu veranschaulichen.

Methodischer Kommentar

In den letzten Jahren hat sich die Strategie der Suchtprävention an den Schulen entscheidend geändert. Glaubte man früher, im Biologieunterricht etwa die Jugend vor den Suchtgefahren dadurch warnen zu können, dass man ihr nur die Folgen anhand von Filmmaterial vor Augen zu führen brauche, so lehnt man diese Versuche heute ab. Man hat erkannt, dass Bilder von abfaulenden Raucherbeinen oder zitternden Drogenabhängigen nicht wirklich vor Konsum schützen. Dagegen verspricht man sich aus gutem Grund mehr von der Taktik, bei den Minderwertigkeitsgefühlen vieler Kinder und Jugendlicher anzusetzen und die Persönlichkeit so weit zu stärken, dass sie die Kraft finden mögen, „Nein" sagen zu können, wenn sie mit Drogen konfrontiert werden.

Die Aufgabenstellungen bemühen sich, dieser pädagogischen Richtung zu folgen. Angedacht ist eine Art Kurzreihe, in der alle Medien hintereinandergeschaltet werden können (was den alleinigen Einsatz eines Mediums nicht ausschließt). Sinnvollerweise könnte mit dem Lied von Müller-Westernhagen so die **Hinführung** vorgenommen werden, die zunächst einmal für die Aktualität der biblischen Problematik sensibel machen soll. Die Aufgabenstellung führt zeitgleich zur **Erarbeitung** eines „dämonischen" Grundkonfliktes eines Alkoholikers, seiner Einsamkeit.

Die ebenfalls den Alkohol thematisierenden Lieder von Grönemeyer und Mey können als **Vertiefung** nochmals nach der therapeutischen Funktion Jesu zurückfragen lassen.

Der Zeitungsartikel über Williams schlägt dann von der biblischen Welt noch einmal die Brücke zu einer weiteren Facette des modernen Dämonieverständnisses, dem Drogenkonsum. Dieser **Transfer** dürfte überraschend aktuell erscheinen und wird ergänzt durch eine Übung zu dem Bild von Falken, das ja im Grunde die Endstufe des von Williams genossenen Drogenkonsums darstellt. Die Übung einer kreativen Ergänzung der gelöschten oberen Bildhälfte zu dem sprechenden Bild von Falken soll für die Zeichnung des Kopfbereiches sensibel machen, hat hier doch die „Legion" ihre „Kommandozentrale".

→ Kapitel 3.1
→ Kapitel 3.3
→ Kapitel 3.5

Ernest Hemingway: Ein sauberes, gut beleuchtetes Café

Auf der Suche nach modernen „Grabbewohnern", „langsamen Selbstmördern", „sich Verlierenden" begegnen uns zwei literarische Figuren aus der Kurzgeschichte „Ein sauberes, gut beleuchtetes Café" (A Clean, Well-Lighted Place, 1933) von Ernest Hemingway (1899–1961) (**Arbeitsblatt 26**, S. 113f.). Die dem Short-Story-Band „Der Sieger geht leer aus" entnommene Kurzgeschichte geht insofern thematisch über das letzte Unterkapitel hinaus, als hier nicht allein der Alkoholkonsum sowie die Angst vor der Leere und der Einsamkeit angesprochen, sondern diese Motive explizit mit der Gottesfrage verknüpft werden. Die Kooperation mit dem Englischunterricht bietet sich an.

Sachanalyse

Zwei Kellner unterhalten sich spät in der Nacht in einem Café über einen letzten Gast, einen alten, tauben Mann, der Schnaps trinkt, um seine Sorgen zu vergessen. Die Kellner spekulieren zunächst über die Gründe für den kürzlichen Selbstmordversuch des Alten. Schon über diese Unterredung verteilt Hemingway die Sympathien für den Suizidgefährdeten. Während der ältere Kellner zu berichten weiß, dass sich der reiche, etwa 80 Jahre alte Mann aus „Verzweiflung über nichts" das Leben nehmen wollte, kennt ihn der jüngere Kellner nicht so gut. Auch möchte dieser zu seiner Frau nach Hause und beklagt sich über die Rücksichtslosigkeit, mit der ihm der Alte, der irgendwann seine Frau verloren hat, seine Nachtruhe raubt. Seine Antipathie offenbart sich in dem Vorwurf: „Ein alter Mann ist etwas Ekelhaftes." Dagegen verteidigt der ältere Kellner die nächtlichen Besäufnisse des Alten, weil er seine Motive dafür nur allzu gut kennt: „‚Ich bin einer von denen, die gern lange im Café bleiben wollen', sagte der ältere Kellner. ‚Mit all denen, die nicht ins Bett gehen wollen. Mit all denen, die nachts Licht brauchen. [...] Nur mit Widerstreben mach ich jede Nacht zu, weil vielleicht jemand das Café braucht.'" Nachdem das Café dann geschlossen worden ist und der Alte schwankend, „aber voll Würde" gegangen ist, bedenkt der ältere Kellner in seiner Einsamkeit die Vorteile eines sauberen, gut beleuchteten Cafés. Dann – die erlebte Rede signalisiert es – geht er in sich: „Wovor hatte er Angst? Es war nicht Angst oder Furcht. Es war ein Nichts, das er nur zu gut kannte. Es war alles ein Nichts, und der Mensch war auch ein Nichts. Es war nur das, und Licht war alles, was man brauchte und eine gewisse Sauberkeit und Ordnung."

Die Raum- und Lichtmetaphorik wird von Hemingway als Chiffre des seelischen Zustands eingesetzt. Der alte Mann sitzt – so der Erzähler gleich mehrfach – im Schatten der Bäume, die sich nur umso konturierter vom beleuchteten Innenraum des Cafés absetzen. Die Aussage des unverständigen jungen Kellners, dass es noch genügend andere Bistros gebe, die eigens die ganze Nacht geöffnet haben und sich als Aufenthaltsort für den Alten eignen würden, wird von seinem Kollegen konterkariert: „Das Licht ist sehr gut, und jetzt sind auch noch die Schatten der Blätter da." M.a.W.: Das ausgezeichnete Licht ermöglicht erst den romantischen Schattenwurf und umgekehrt verweist der Schatten auf die Lichtquelle, die wiederum symbolisch für Wärme und Geborgenheit steht, die Menschen wie der alte Mann und der ältere Kellner in der Dunkelheit der Nacht suchen. Tiefenpsychologisch lässt sich deuten, dass der Alte den „Schatten" des Jungen darstellt, dessen Angst vor dem Altern und der nachlassenden Libido (vgl. den Hinweis auf die verlorene Frau im Gegensatz zu der „im Bett wartenden" Frau des Kellners) und Vitalität (vgl. die Taubheit); daher sein Ekelgefühl.

Die beiden Älteren benötigen den Zufluchtsort dieses Cafés, weil sie tief in ihrer Seele umdüstert sind, haltlos, verzweifelt. Der alte Mann hat seine Frau verloren und sein Suizidversuch spricht dafür, dass er genau jenes Vertrauens in das Leben entbehren muss, das der ältere Kellner ebenfalls bemängelt. Wohl überlegt montiert Hemingway im unmittelbaren Anschluss an den Bericht über die Verzweiflungstat eine Szene, die so unmotiviert und scheinbar „harmlos" daherkommt. Die Kellner beobachten einen Soldaten und ein Mädchen, ein Paar, das alles das repräsentiert, was weder der Alte noch der ältere Kellner im Moment besitzen: Vitalität und Jugend, Sexualität und Zweisamkeit.

Die düstere Seelenstimmung, die durch das jetzt geschlossene Café noch stärker ins Bewusstsein des älteren Kellners gedrungen ist, manifestiert sich schließlich in einer meisterhaften Parodie auf das Gebet des Vaterunser und des Ave-Maria. In dem Augenblick also, da der Mann auf sich allein zurückgeworfen wird, verfällt er in eine resignierende Haltung. Sie äußert sich in dem Austausch bedeutungsschwerer Wörter der christlichen Gebete zugunsten des nihilistischen „nada", was im Spanischen „nichts" heißt. Hemingway ersetzt das zentrale christliche Gebet aus der Mitte der Bergpredigt – das dankbare Einverständnis in das Leben, die Öffnung des Menschen ins Universelle (die Himmel), die Mitteilung der Nöte an den geglaubten Gott, das Suchen nach einem Ort des Vertrauens, den Appell an friedliche, nachsichtige und damit tragende soziale Beziehungen – alles das ersetzt er durch die Negation. Augenzwinkernd lässt Hemingway den Kellner aus diesen ironischen Brechungen der Gebete in die Realität zurückkehren: „Heil dem Nichts, voll von Nichts. Nichts ist mit dir. Er lächelte und stand vor einer Theke mit einer glänzenden Kaffee-Espressomaschine." Eine Kaffeemaschine in einem Bistro – der Kellner spürt (er lächelt) die Zweifelhaftigkeit dieses Ersatzes für den vermissten Lebenssinn. Denn der finale innere Monolog bestätigt, dass eine „bodega" und eine Tasse Kaffee das eigentliche Problem der erfahrenen Sinnlosigkeit nicht lösen werden und dass die Schlaflosigkeit siegen wird.
Schnaps zur Kompensation des fehlenden Lebensmutes bei einem Suizidgefährdeten, Angst vor der nächtlichen Einsamkeit, fehlendes Vertrauen in das Leben, Schlaflosigkeit und schließlich nihilistische Absage an Religion und Glaube – alle diese (Schatten-)Seiten des Lebens werden sichtbar auf dem Hintergrund des „gut beleuchteten Cafés" als Symbol für die tiefe und nicht wirklich zu befriedigende Sehnsucht nach Geborgenheit und Wärme

(Hemingway selbst litt unter diesen Schlafstörungen, und schlief aus Angst vor Einsamkeit und Dunkelheit bei künstlichem Licht). Das „Nada unser", das der verzweifelte Kellner am Ende spricht, könnte als schriftstellerischer Transfer der Abwehr des Besessenen aus Mk 5, 1 – 20 gedeutet werden: „Was habe ich mit dir zu schaffen, Jesus [...]?"

Methodischer Kommentar

Methodisch wird vorgeschlagen, in der **Erarbeitung** die Vaterunser-Parodie ins Blickfeld zu rücken. Dies geschieht mittels einer Löschung der markanten nihilistisch klingenden Passagen. Die Schüler sind aufgefordert, die Textlücken zu schließen, die im Original eine Antwort auf die Frage des Kellners geben, warum er eigentlich Angst habe.

Es wird sicher Schüler geben, die das Vaterunser rekonstruieren, so als wolle der Lehrer ihre Gebetssicherheit überprüfen. Doch ein genauer, in der **Auswertung** vorzunehmender Blick auf den Textbestand lässt erahnen, dass diese Lösung zu widersinnig wäre. Die Sympathie des älteren Kellners für den potenziellen Selbstmörder („aus Verzweiflung über *nichts*"), seine eigene Melancholie in der Nacht (er ist *nicht* mehr jung und hat *keine* Frau), sein Misstrauen in das Leben und seine eigene Schlaflosigkeit – alles das macht ein vertrauensvoll gesprochenes Vaterunser geradezu unwahrscheinlich. Die Solidarität mit dem Alten impliziert noch ein Weiteres: Wir erfahren, dass die Nichte aus religiösen Motiven den Selbstmord vereitelt hat – aus „Angst um sein Seelenheil". Der hinter ihrer Haltung von Hemingway treffend rekonstruierte christliche moral-theologische Anspruch ist mit der Verzweiflungstat des Alten schlichtweg unvereinbar. Die Moraltheologie, die hier von der Nichte repräsentiert wird, betont ja entschieden, dass sich der Glaube gerade über die Verzweiflung der Endlichkeit erhebt und sich demonstrativ gegen die Reduktion des Daseins auf die irdische Existenz wehrt. Der Selbstmordversuch des Alten, mit dem sich der ältere Kellner im Geiste verbunden fühlt, steht als Ausdruck einer prinzipiellen Verzweiflung über das Leben dem offiziellen christlichen Standpunkt diametral gegenüber. Auch von daher wäre eine Besinnung des Kellners auf das „korrekte" Vaterunser nur dann noch gerade logisch nachvollziehbar, wenn man ihm unterstellt, er glaube noch an eine Hoffnung des Daseins (auch über den Tod hinaus), an einen Gott, auch wenn er jetzt das Leben momentan als ausweglos erlebt. Diese Lesart erscheint vom Kontext der Szene her als sehr unwahrscheinlich.

Sehr gute Schüler werden folglich eine Lösung des Kontrastes suchen und das Gebet entsprechend auffüllen – vielleicht mit Ironie, eventuell aber auch mit resignativen, anklagenden Momenten. Aus Sicht des Kellners ergäbe auch der Ersatz des „Vaters" durch Begriffe wie „Licht", „gut beleuchtetes Café", „sauberer, angenehmer Raum" etc. Sinn. Am deutlichsten erfolgt jedoch der Hinweis Hemingways auf die Lösung an der Stelle, wo der Kellner aus dem inneren Monolog gleichsam erwacht und noch ganz in Gedanken dem fremden Kellner in einer Bar auf die Frage „Was bekommen Sie?" antwortet: „Nada." Denn diese Antwort ergibt im engeren Kontext keinen Sinn, der Kommentar der Bedienung, „Noch so ein Verrückter", sagt alles. Sinnvoll wird die Antwort „Nada" nur dann, wenn der innere Monolog des Älteren mit in die Überlegungen einbezogen wird.

In der **Vertiefung** soll das Original mit den Schülerlösungen verglichen und diskutiert werden. So gelangt man zu einer Deutung der Short-Story.

Die als **Transfer** herangezogene Übung ist im Deutschunterricht recht beliebt. Man lässt zwei Figuren unterschiedlicher Werke fiktiv aufeinandertreffen. Was hätten sich Jesus (wie ihn die Schüler aus der Perikope Mk 5, 1 – 20 jetzt kennen) und der ältere Kellner zu sagen, kämen sie noch in derselben Nacht an der Bar als Vertreter des jüdischen Gottesglaubens und der nihilistischen Lebensphilosophie ins Gespräch?

Marius Müller-Westernhagen: Johnny W.

Johnny Walker, jetzt bist du wieder da.
Johnny Walker, ich zahl dich gleich in bar.
Johnny Walker, du hast mich nie enttäuscht.
Johnny, du bist mein bester Freund!

Johnny Walker, immer braun gebrannt.
Johnny Walker, mit dem Rücken an die Wand.
Johnny Walker, komm gieß dich noch 'mal ein.
Johnny, lass 13 gerade sein!

Ich hab's versucht, ich komme ohne dich nicht aus.
Wozu auch? Du gefällst mir ja.
Kein Mensch hört mir so gut zu wie du.
Johnny, du lachst mich auch nie aus!

Johnny Walker, ich glaub nicht an den Quatsch,
Johnny Walker, du wärst 'ne Teufelsfratz.
Johnny Walker, von mir aus roste mich.
Johnny, ich fühl mich königlich!

Ich hab's versucht, ich komme ohne dich nicht aus.
Wozu auch? Du gefällst mir ja.
Kein Mensch hört mir so gut zu wie du.
Johnny, du lachst mich auch nie aus!

Johnny Walker!
Johnny Walker, du hast mich nie enttäuscht!
Johnny, du bist mein bester Freund!
Johnny, du bist mein bester Freund!
Johnny, du bist mein bester Freund!

M+T: Mueller-Westernhagen, Marius

■ *In der historisch-kritischen Exegese gilt als gesichert, dass der übermäßige Alkoholgenuss in der Antike eine Form der Besessenheit darstellte, die in Bildern über Dämonen ausgeschmückt wurde. Aus dem Lied lässt sich gut rekonstruieren, warum das lyrische Ich „besessen", also nicht mehr Herr seiner selbst ist. Erfinden Sie alltägliche Szenen aus dem Leben des Trinkers, die erklären können, warum er in „Johnny Walker" den „besten Freund" zu besitzen glaubt.*

Notizen

Herbert Grönemeyer: Alkohol

Wir haben wieder die Nacht zum Tag gemacht,
ich nehm' mein Frühstück abends um acht.
Gedanken fließen zäh wie Kaugummi,
mein Kopf ist schwer,
mir zittern die Knie.

Gelallte Schwüre in rotblauem Licht,
vierzigprozentiges Gleichgewicht,
graue Zellen in weicher Explosion,
Sonnenaufgangs- und -untergangsvision.

Was ist los, was ist passiert?
Ich hab bloß meine Nerven massiert.
Alkohol ist dein Sanitäter in der Not,
Alkohol ist dein Fallschirm und dein Rettungsboot,
Alkohol ist das Drahtseil, auf dem du stehst,
Alkohol, Alkohol.

Die Nobelszene träumt vom Kokain,
und auf dem Schulklo riecht's nach Gras.
Der Apotheker nimmt Valium und Speed,
und wenn es dunkel wird, greifen sie zum Glas.

Was ist los, was ist passiert?
Ich hab bloß meine Nerven massiert.
Alkohol ist dein Sanitäter in der Not,
Alkohol ist dein Fallschirm und dein Rettungsboot,
Alkohol ist das Drahtseil, auf dem du stehst,
Alkohol ist das Schiff, mit dem du untergehst.
Alkohol ist dein Sanitäter in der Not,
Alkohol ist dein Fallschirm und dein Rettungsboot,
Alkohol ist das Dressing für deinen Kopfsalat,
Alkohol, Alkohol.

Alkohol ist dein Sanitäter in der Not,
Alkohol ist dein Fallschirm und dein Rettungsboot,
Alkohol ist das Drahtseil, auf dem du stehst,
Alkohol ist das Schiff, mit dem du untergehst.

Alkohol ist dein Sanitäter in der Not,
Alkohol ist dein Fallschirm und dein Rettungsboot,
Alkohol ist das Dressing für deinen Kopfsalat,
Alkohol, Alkohol, Alkohol.

Alkohol ist dein Sanitäter in der Not,
Alkohol ist dein Fallschirm und dein Rettungsboot,
Alkohol ist das Drahtseil, auf dem du stehst,
Alkohol ist das Schiff, mit dem du untergehst.

Alkohol ist dein Sanitäter in der Not,
Alkohol ist dein Fallschirm und dein Rettungsboot,
Alkohol ist das Drahtseil, auf dem du stehst,
Alkohol ist das Schiff, mit dem du untergehst.

■ *Über die Begegnung Jesu mit Alkoholikern sagt die Bibel direkt nichts aus. Daher kann die Forschung Jesus natürlich nicht unterstellen, dass er die ohnehin schwer zu therapierende Alkoholsucht bekämpft hätte. Dennoch könnten Lieder wie „Johnny Walker" oder „Alkohol" einmal mehr bewusster machen, welche Funktion Jesus grundsätzlich für die Menschen seiner Zeit besaß, wenn er sie von „Dämonen" befreite.*

Notizen

Reinhard Mey: Kati und Sandy

Kati und Sandy aus der zehnten Klasse

Im Schulzentrum in der Thälmanstraße.
Kati hasst Deutsch und Sandy Mathematik.
Und beide stehn auf Rave und Techno, – jede Art von Musik. Die gleichen Haare, die gleiche Art sich zu kleiden,
Die gleichen Löcher in den Jeans, immer zusammen die beiden.
Zuhaus immer Zoff, zuhaus immer Krach,
Und ihre Zuflucht ist vom Supermarkt das Parkhausdach.

Zwischen Fahrstuhl, Müllcontainern und Einkaufswagen,
Manchmal kann man das Leben nur noch hier oben ertragen.
Katis Mutter stresst den ganzen Tag für jede Kleinigkeit,
Sandys Vater hängt im Sofa, schon am Mittag breit.
Und dann kommen seine fiesen, ekligen Sprüche
Und Mutter hört die lust'gen Musikanten in der Küche.
Manchmal ist alles so sinnlos, hat alles keinen Zweck,
Manchmal sehnen sich die beiden weit, weit weg.

Weit, weit weg aus diesem Film, raus aus der Kulisse,
Dem Parkhaus, dem Gestank von Autos und Pisse.
Und dann lässt Sandy schon mal zwei, drei von den Fläschchen mitgehn,
Die im Supermarkt körbeweis vor der Kasse stehn,
Die, die den lustigen Spaß im Glas verheißen.
Das reicht dann, um für ein paar Stunden auszureißen,
Aus der Trostlosigkeit, aus dem Schrott, aus dem Schwund,
In eine heile Welt, wie im Werbefernsehn, so schön und so bunt.

Kati und Sandy, Kati und Sandy

Kati kriegt 'ne Fünf in Deutsch, ein Heidentheater
Und Sandy voll den Stress mit ihrem Vater.
Der grabscht sie an, der schlägt um sich im Zorn,
Und Sandy klaut ihm seine Flasche mit dem Apfelkorn.
Und die Volksmusik spielt, und die Türen knallen,
Und Sandys Schritte im Treppenhaus hallen
Im kahlen Betonschacht noch lange nach,
Und Kati wartet schon auf sie auf dem Parkhausdach.

Vor dem Graffiti beim Fahrstuhlhaus zusammengesunken,
Der Fröhlichmacher ist ausgetrunken.
Die Flasche rollt und scheppert im Treppenhaus,
Nein, es führt sie kein Weg aus diesem Elend hier 'raus.
Da ist keiner, der versucht sich einzuschalten,
Da ist keiner, der versucht, sie aufzuhalten,
Da ist auch kein Freund, der sagt: „Komm mit, scheißegal,
Was bess'res als keinen Ausweg findest du allemal!"

„Wir machen alles zusammen!", haben sie sich geschworen.
Aneinandergekauert, den Walkman auf den Ohren.
Und die Nähe und die Wärme der And'ren tut gut
Auf dem zugigen Dach, und die Musik macht Mut.
Nur noch einen Schritt und alles wird sich wenden!
Und zusammen vom sechsten Parkhausdeck
Fliegen die beiden weit, weit weg ...

Kati und Sandy

■ *Über die Begegnung Jesu mit Alkoholikern sagt die Bibel direkt nichts aus. Daher kann die Forschung Jesus natürlich nicht unterstellen, dass er die ohnehin schwer zu therapierende Alkoholsucht bekämpft hätte. Dennoch könnten Lieder wie „Johnny Walker" oder „Kati und Sandy" einmal mehr bewusster machen, welche Funktion Jesus grundsätzlich für die Menschen seiner Zeit besaß, wenn er sie von „Dämonen" befreite.*

Delirium Williams

Star kämpft in Entzugsklinik gegen Tabletten und Dämonen

London (dpa/nico). „Koks ist Gottes Weg, dir zu sagen, dass du zu viel Geld hast", sagte Robbie Williams nach seinem letzten Drogenentzug. Jetzt müsste es heißen: „Der Zusammenbruch ist Gottes Weg, dir zu sagen, dass du zu viele Drogen genommen hast" – seit Dienstag ist der 33-Jährige wieder Stargast in einer Entzugsklinik, britischen Medienberichten zufolge diesmal in der Meadows-Klinik in Arizona (USA).

Nach dem ersten Schrecken sind Freunde und Verwandte von Robbie Williams inzwischen eher erleichtert. Viele hatten sich gesorgt, weil der Popstar in letzter Zeit düstere Andeutungen über Selbstmordgedanken gemacht haben soll. Wie die Boulevardzeitung *The Sun* berichtete, verglich sich Williams immer öfter mit dem einstigen Drummer der Rockband „The Who", Keith Moon, der an einer Überdosis starb.

Ihn hatte Williams in dem Song „Good Doctor" auf seinem 2006 erschienenen Album „Rudebox" erwähnt – zusammen mit „all diesen Dämonen, die ich nicht stoppen kann". Gegen sie hat er nun den Kampf aufgenommen. Was für ein weiter Weg und schwieriger Weg vor ihm liegt, machten Londoner Medien mit einer Aufzählung deutlich: Zusätzlich zu etlichen Tabletten des Anti-Depressionsmittels Seroxat habe der Ex-„Take That"-Musiker täglich mehr als 30 doppelte Espresso getrunken, mehr als 60 Zigaretten geraucht und mehr als 20 Energiedrinks getrunken. Nachts soll der Sänger kaum noch ein Auge zugemacht haben, ehe er gegen 5 Uhr vor Erschöpfung doch noch für kurze Zeit einschlief. Andererseits habe er tagsüber unter dem Einfluss von Psychopillen und Schmerzmitteln endlos vor sich hingestiert, berichteten Freunde. Abgesehen von der Sorge um seine Gesundheit fragen sich viele Fans, ob Williams jemals wieder seine Karriere in Schwung bringen kann. Der Mangel an neuen Erfolgen und die Enttäuschung seines aktuellen Albums „Rudebox" dürfte in den letzten Monaten eine ebenso verheerende Auswirkung auf die Psyche des Musikers gehabt haben, wie das, was er in sich hineinschluckte.

Der Patriot 15. Febr. 2007
Originalquelle: dpa-Meldung von Thomas Burmeister: „Kampf gegen Dämonen – Kann Robbie Williams seine Karriere retten?", 14.02.07

■ *Es ist gemäß der theologischen Forschung legitim, das antike Phänomen der Besessenheit auf den heutigen Drogenkonsum zu übertragen. Begründen Sie, warum die von Robbie Williams erwähnten „Dämonen", gegen die er zu kämpfen hat, gar nicht einmal so ironisch kommentiert werden müssen, wie es in diesem Zeitungsartikel vom Februar 2007 geschieht.*

H. Falken: Rauschgiftsüchtiger I (1975)

In einem Religionsbuch zu den Wundern Jesu findet sich zu Mk 5, 1–20 das Bild „Rauschgiftsüchtiger I" von Herbert Falken (1975). Ergänzen Sie die Zeichnung und vergleichen Sie anschließend Ihre Vorstellung mit dem Original. Wie wird „moderne Besessenheit" jeweils ins Bild gesetzt?

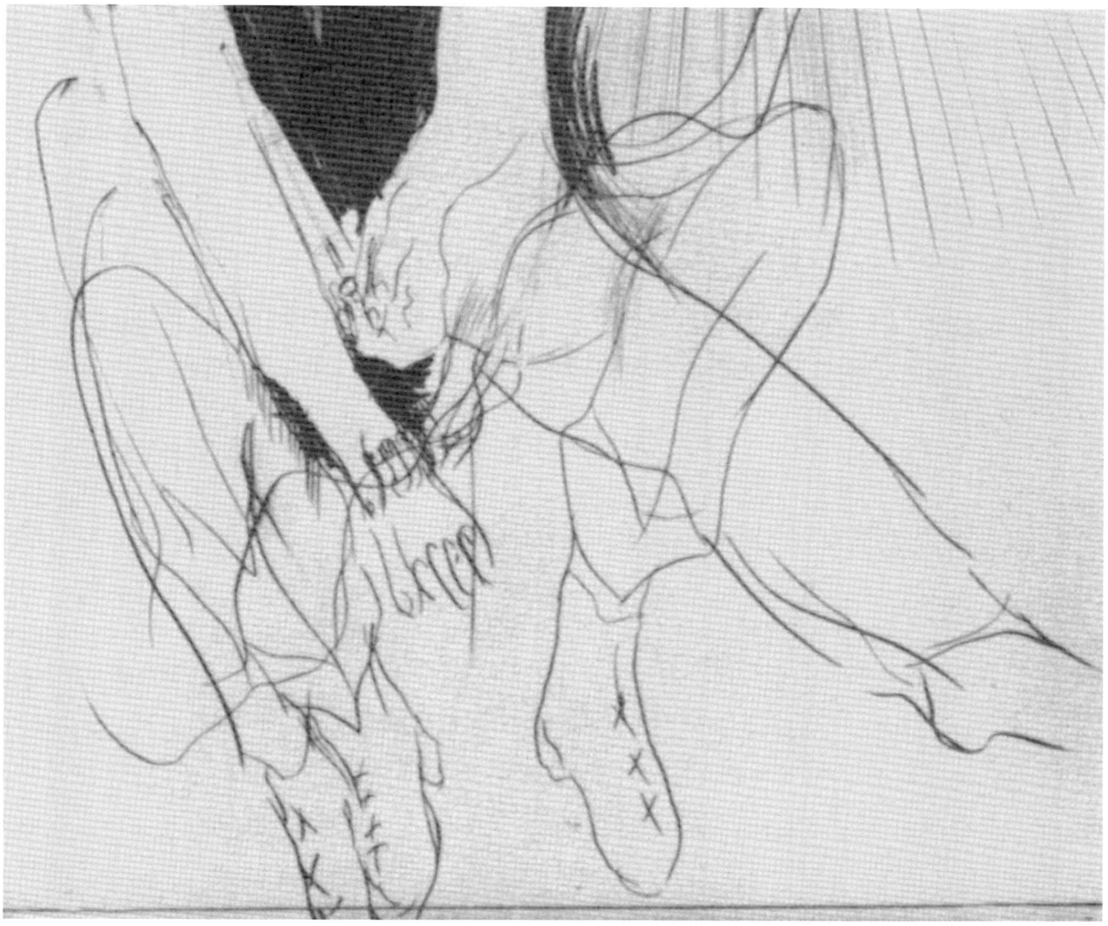

H. Falken: Rauschgiftsüchtiger I (1975)

Ernest Hemingway: Ein sauberes, gut beleuchtetes Café (1933)

Es war spät, und alle hatten das Café verlassen bis auf einen alten Mann, der in dem Schatten saß, den die Blätter des Baumes vor dem elektrischen Licht warfen. Bei Tag war die Straße staubig, aber nachts hielt der Tau den Staub nieder, und der alte Mann saß gern spät hier, denn er war taub, und jetzt in der Nacht war es still, und er spürte den Unterschied. Die beiden Kellner drinnen im Café wussten, dass er, obschon er ein guter Kunde war, ohne zu zahlen wegging, wenn er zu viel getrunken hatte, darum behielten sie ihn im Auge.

„Letzte Woche hat er einen Selbstmordversuch gemacht", sagte der eine Kellner.

„Warum?"

„Aus Verzweiflung."

„Worüber?"

„Über nichts."

„Woher weißt du, dass es nichts war?"

„Er hat 'ne Masse Geld."

Sie saßen zusammen an einem Tisch dicht an der Wand neben dem Eingang des Cafés und sahen hinaus auf die Terrasse, wo alle Tische leer waren bis auf den einen, an dem der alte Mann im Schatten der Blätter des Baumes saß, die sich leicht im Winde bewegten. Ein Mädchen und ein Soldat gingen auf der Straße vorüber. Das Laternenlicht fiel auf die Messingnummer auf seinem Kragen. Das Mädchen trug keine Kopfbedeckung und eilte neben ihm her.

„Die Wache wird ihn festnehmen", sagte der eine Kellner.

„Was macht's, wenn er das bekommt, worauf er aus ist?"

„Er sollte lieber jetzt von der Straße verschwinden. Die Wache wird ihn festnehmen. Vor fünf Minuten sind sie vorbeigekommen." Der alte Mann, der im Schatten saß, klopfte mit seinem Glas auf die Untertasse. Der jüngere Kellner ging zu ihm hinüber.

„Sie wünschen?" Der alte Mann sah ihn an.

„Noch einen Schnaps", sagte er.

„Sie werden sich betrinken", sagte der Kellner. Der alte Mann blickte ihn an. Der Kellner ging fort.

„Der bleibt die ganze Nacht", sagte er zu seinem Kollegen. „Ich bin schläfrig. Ich komme nie vor drei ins Bett. Er hätte sich letzte Woche umbringen sollen."

Der Kellner nahm drinnen im Café die Schnapsflasche und eine neue Untertasse vom Büfett und schlenderte hinaus an den Tisch des alten Mannes. Er stellte die Untertasse hin und goss das Glas voll Schnaps.

„Sie hätten sich vergangene Woche umbringen sollen", sagte er zu dem tauben Mann. Der alte Mann zeigte mit dem Finger. „Ein bisschen mehr", sagte er. Der Kellner goss weiter ein, sodass der Schnaps überfloss und am Stiel des Glases bis auf die obere Untertasse des Stapels hinunterlief. „Danke", sagte der alte Mann. Der Kellner nahm die Flasche ins Café zurück. Er setzte sich wieder zu seinem Kollegen an den Tisch. „Er ist bereits betrunken", sagte er.

„Er ist jeden Abend betrunken."

„Warum wollte er sich umbringen?"

„Woher soll ich das wissen?"

„Wie hat er's denn angefangen?"

„Er hat sich mit einem Strick aufgehängt."

„Wer hat ihn abgeschnitten?"

„Seine Nichte."

„Warum hat sie es getan?"

„Angst um sein Seelenheil."

„Wie viel Geld hat er?"

„'ne Masse."

„Er muss an die achtzig sein."

„Für achtzig halte ich ihn bestimmt."

„Ich wünschte, er ginge nach Hause. Ich komme nie vor drei ins Bett. Ist das eine Zeit, ins Bett zu gehen?"

„Er bleibt auf, weil er's mag."

„Er ist einsam. Ich bin nicht einsam. Ich habe eine Frau, die im Bett auf mich wartet."

„Er hatte auch mal eine Frau."

„Von einer Frau würde er jetzt nicht viel haben."

„Das weiß man nie. Vielleicht ging's ihm besser mit einer Frau."

„Seine Nichte kümmert sich um ihn. Du hast gesagt, dass sie ihn abgeschnitten hat."

„Ich weiß."

„ Ich möchte nicht so alt werden. Ein alter Mann ist etwas Ekelhaftes."

„Nicht immer. Der Alte da ist sauber. Er trinkt, ohne etwas zu verschütten. Sogar jetzt, betrunken. Sieh ihn dir an."

„Ich will ihn nicht ansehen. Ich wünschte, er ginge nach Hause. Er nimmt keine Rücksicht auf die Leute, die arbeiten müssen."

Der alte Mann sah von seinem Glas auf über den Platz und dann hinüber zu den Kellnern.

„Noch einen Schnaps", sagte er und zeigte auf sein Glas. Der Kellner, der es eilig hatte, ging hinüber.

„Schluss", sagte er, und dann, unter Umgehung aller Syntax, wie's dumme Leute tun, wenn sie mit Betrunkenen und Ausländern sprechen: „Nichts mehr heute. Schließen jetzt."

„Noch einen", sagte der alte Mann.

„Nein, Schluss." Der Kellner wischte mit einer Serviette über den Tischrand und schüttelte den Kopf. Der alte Mann stand auf, zählte langsam die Untertassen, zog ein ledernes Portemonnaie aus der Tasche, zahlte für die Getränke und ließ eine halbe Peseta Trinkgeld liegen. Der Kellner sah ihm nach, als er die Straße entlangging, ein sehr alter Mann, schwankenden Schritts, aber voll Würde.

„Warum hast du ihn nicht sitzen und trinken lassen?", fragte der Kellner, der es nicht eilig hatte. Sie ließen die Rolläden hinunter. „Es ist noch nicht halb drei."

„Ich will nach Hause, ins Bett."

„Was ist schon eine Stunde?"

„Für mich mehr als für ihn."

„Eine Stunde ist eine Stunde."

„Du redest selbst wie ein alter Mann. Er kann sich eine Flasche kaufen und zu Hause trinken."

„Das ist nicht dasselbe."

„Nein, das stimmt", gab der Kellner, der eine Frau hatte, zu. Er wollte nicht ungerecht sein. Er hatte es nur eilig.

„Und du? Du hast keine Angst, wenn du früher als gewöhnlich nach Hause kommst?"

„Willst du mich beleidigen?"

„Nein, *hombre*[1], ich mach nur Spaß."

„Nein", sagte der Kellner, der es eilig hatte, und richtete sich auf; er hatte gerade die eisernen Rolladen heruntergelassen. „Ich habe Vertrauen, vollstes Vertrauen."

„Du hast Jugend, Vertrauen und Arbeit", sagte der ältere Kellner. „Du hast alles."

„Und was fehlt dir?"

„Alles, bis auf Arbeit."

„Du hast alles, was ich habe."

„Nein, ich hab nie Vertrauen gehabt, und ich bin nicht jung."

„Los komm! Red keinen Unsinn und schließ ab."

„Ich bin einer von denen, die gern lange im Café bleiben", sagte der ältere Kellner. „Mit all denen, die nicht ins Bett gehen wollen. Mit all denen, die nachts Licht brauchen."

„Ich will nach Hause und ins Bett."

„Wir beide sind ganz verschiedene Naturen", sagte der ältere Kellner. Er war jetzt angezogen, um nach Hause zu gehen. „Es ist nicht nur eine Frage von Jugend und Vertrauen, obwohl beides wunderbar ist. Nur mit Widerstreben mach ich jede Nacht zu, weil vielleicht jemand das Café braucht."

„*Hombre*, es gibt *bodegas*[2], die die ganze Nacht offen sind."

„Du verstehst das nicht. Dies ist ein sauberes und angenehmes Café. Es ist gut beleuchtet. Das Licht ist sehr gut, und jetzt sind auch noch die Schatten der Blätter da."

„Gute Nacht", sagte der jüngere Kellner.

„Gute Nacht", sagte der andere. Er drehte das elektrische Licht aus und setzte die Unterhaltung mit sich selbst fort. Es ist natürlich das Licht, aber außerdem muss der Raum sauber und angenehm sein. Man will keine Musik haben. Man kann auch nicht mit Würde an der Bar stehen, obwohl das alles ist, was für diese Zeit vorgesehen ist. Wovor hatte er Angst?

Es war nicht Angst oder Furcht. Es war ____________, das er nur zu gut kannte. Es war alles ____________, und der Mensch war auch ____________. Es war nur das, und Licht war alles, was man brauchte und eine gewisse Sauberkeit und Ordnung. Manche lebten darin und fühlten es gar nicht, aber er wusste, es war alles ____________. ____________ unser, der du bist im ____________, ____________ sei Dein Name, Dein Reich ____________, Dein Wille ____________, wie im ____________ also auch auf ____________. Unser täglich ____________ gib uns ____________, und ____________ uns unsere ____________, wie wir ____________ unsern ____________. ____________ uns nicht in ____________, sondern erlöse uns von dem ____________. Heil dem ____________, voll von ____________. ____________ ist mit dir. Er lächelte und stand vor einer glänzenden Kaffee-Espressomaschine.

„Was bekommen Sie?" fragte der Mann hinter der Theke.

„*Nada*[3]."

„*Otro loco mas*[4]", sagte der Mann und wandte sich ab.

„Eine kleine Tasse", sagte der Kellner.

Der Mann schenkte sie ihm ein.

„Das Licht ist sehr hell und angenehm, aber die Theke ist nicht poliert", sagte der Kellner.

Der Mann sah ihn an, antwortete aber nicht. Es war zu spät in der Nacht, um sich zu unterhalten.

„Wollen Sie noch eine *copita*[5]?", fragte der Mann.

„Nein, danke", sagte der Kellner und ging hinaus. Er konnte Bars und *bodegas* nicht leiden. Ein sauberes, gut beleuchtetes Café war etwas ganz anderes. Jetzt würde er, ohne weiter zu grübeln, nach Hause in sein Zimmer gehen. Er würde in seinem Bett liegen und endlich bei Tageslicht einschlafen. Schließlich, sagte er zu sich, ist es wahrscheinlich nur Schlaflosigkeit. Sicher haben das viele.

[1] hombre (span.): Mann, Mensch, mein Lieber!; [2] bodega (span.): Weinstube, Kneipe; [3] nada (span.): nichts; [4] otro loco mas (span.): Noch so ein Verrückter; [5] copita (span.): kleines Glas, kleine Tasse

■ *Füllen Sie die Textlücken sinnvoll aus.*

Ernest Hemingway: Ein sauberes, gut beleuchtetes Café (Originalschluss)

„Gute Nacht", sagte der jüngere Kellner.

„Gute Nacht", sagte der andere. Er drehte das elektrische Licht aus und setzte die Unterhaltung mit sich selbst fort. Es ist natürlich das Licht, aber außerdem muss der Raum sauber und angenehm sein. Man will keine Musik haben. Man kann auch nicht mit Würde an der Bar stehen, obwohl das alles ist, was für diese Zeit vorgesehen ist. Wovor hatte er Angst? Es war nicht Angst oder Furcht. Es war ein Nichts, das er nur zu gut kannte. Es war alles ein Nichts, und der Mensch war auch ein Nichts. Es war nur das, und Licht war alles, was man brauchte und eine gewisse Sauberkeit und Ordnung. Manche lebten darin und fühlten es gar nicht, aber er wusste, es war alles *nada y pues nada y pues nada*[1]. *Nada* unser, der du bist im *nada*, *nada* sei Dein Name, Dein Reich *nada*, Dein Wille *nada*, wie im *nada* also auch auf *nada*. Unser täglich *nada* gib uns *nada*, und *nada* uns unsere *nada*, wie wir *nadan* unsern *nadan*. *Nada* uns nicht in *nada*, sondern erlöse uns von dem *nada*; *pues nada*. Heil dem Nichts, voll von Nichts. Nichts ist mit dir. Er lächelte und stand vor einer glänzenden Kaffee-Espressomaschine.

„Was bekommen Sie?" fragte der Mann hinter der Theke.

„*Nada*."

„*Otro loco mas*", sagte der Mann und wandte sich ab.

„Eine kleine Tasse", sagte der Kellner.

Der Mann schenkte sie ihm ein.

„Das Licht ist sehr hell und angenehm, aber die Theke ist nicht poliert", sagte der Kellner.

Der Mann sah ihn an, antwortete aber nicht. Es war zu spät in der Nacht, um sich zu unterhalten.

„Wollen Sie noch eine *copita*?", fragte der Mann.

„Nein, danke", sagte der Kellner und ging hinaus. Er konnte Bars und *bodegas* nicht leiden. Ein sauberes, gut beleuchtetes Café war etwas ganz anderes. Jetzt würde er, ohne weiter zu grübeln, nach Hause in sein Zimmer gehen. Er würde in seinem Bett liegen und endlich bei Tageslicht einschlafen. Schließlich, sagte er zu sich, ist es wahrscheinlich nur Schlaflosigkeit. Sicher haben das viele.

[1] nada y pues nada (span.): nichts und also nichts

1. *Vergleichen Sie Ihre Lösungen mit dem Original und interpretieren Sie Hemingways Kurzgeschichte abschließend.*
2. *Malen Sie sich folgende Szene aus: Noch am Ausgang der Bar trifft der ältere Kellner auf den Jesus von Gerasa. Verfassen Sie ein fiktives Gespräch, das die nächtliche Einsamkeit des Kellners zum Ausgangspunkt hat. Was könnten die beiden sich zu sagen haben?*

Notizen

Baustein 8

„Dämonie" als sexueller Missbrauch

Die folgende Deutung von Mk 5, 1–20 (**Arbeitsblatt 28**, S. 117 f.) vergleicht die biblischen mythischen Motive mit den bildhaften Ausdrücken von Opfern sexueller Gewalt, die diese zur Umschreibung ihrer Peinigung wählten. Die überraschenden Parallelen eröffnen neue Perspektiven auf das biblische Phänomen der Besessenheit. Der ursprüngliche Text wurde gekürzt, jedoch bewusst nicht übersetzt. Die Zusammenarbeit mit dem Englischunterricht bietet sich an.
Die Lieder „Sie" von H. Grönemeyer (**Zusatzmaterial 6**, S. 119) und „Böser Wolf" von den „Toten Hosen"[1] können die Parallelen nachträglich veranschaulichen.

Kurze Sachanalyse

Das Lied „Böser Wolf" der Rockband „Die Toten Hosen" bestätigt insofern mehrere Akzente des Horsfield-Textes, als hier aus der Sicht eines vergewaltigten Mädchens mythisch anmutende „Bilder" („Riesen", „Zwerge", „böser Wolf") zum Ausdruck von Kontrollverlust (vgl. v. a. „sie weiß keinen Rat") und Isolation werden.

Grönemeyer ergänzt diese Bilder („Gigant"), erinnert mit seinem Lied wie „Die Toten Hosen" an die gefühlte Lebensbedrohung (vgl. „Sterbenswörtchen"), an die „Todeszone" mitten im Leben („das Leben abrupt gestoppt") und die Isolation. Er betont wie die biblische Szene den Verlust des Verstandes („das macht sie bekloppt"), insbesondere in der stillen Nacht. Was Markus noch an Äußerlichkeiten beschreibt (das Schlagen mit Steinen), um die autoaggressiven Momente zu beleuchten, versetzt Grönemeyer direkt in die Psyche, skizziert aber dieselbe Brutalität: „die Seele hämmert so laut".

[1] Da die Gruppe die Abdruckgenehmigung nicht erteilte, liegt das Lied in diesem Band nicht als Kopiervorlage vor. Es ist im Internet unter http://www.dietotenhosen.de (13.11.07) nachzulesen bzw. auf der Audio-CD „Opium fürs Volk", JKP, Düsseldorf 1996, zu hören.

Peter Horsfield: The Gerasene Demoniac and the Sexually Violated

The account of the „Gerasene Demoniac“ as presented in Mark 5:1–20 is one of the most dramatic exorcisms and encounters by Jesus described in the Gospels. Indeed, were the Gospel of Mark a contemporary writing, the presence and style of the story of the Gerasene Demoniac would surely prompt scholarly speculation that Steven King was involved in authorship of the gospel in some way.

In this article, I want to explore the close parallels between the mythology and dynamics of the demoniac narrative and the mythology and dynamics of the contemporary experience of sexual violence as experienced predominantly by women. In doing so, I think the story of the demoniac gives us some valuable and necessary insights into how we may be called to respond many women and children today for whom the „invasion“ or „possession“ of the sexual assault is a reality. In turn, because the mythologic and dynamic parallels are so close, doing so may also prompt reflection and speculation on aspects of the original story.

Sickness has an impact on our lives far beyond the actual physical process of „getting sick“ – the „experience“ of „sickness“ has not only practical physiological characteristics, but also symbolic ones. At its root, the experience of sickness, or violation of the integrity of our person, introduces into our lives a dimension of something beyond ourselves coming to affect us, something over which we have had no control.

Understanding this „spiritual“ dimension of sickness or personal violation provides one way of understanding the contemporary significance of the „spirits“ in the story of the demoniac. The demoniac was a person „possessed“ – literally „owned“ and „used“ – by something beyond himself which ignored or refused to respect his sense of personal boundary and worth and which used him – in this case, apparently, as a dwelling place and personal gymnasium. That sense of being used or taken over beyond one's ability to control, mythologised in the Markan story by the occupation of the demon(s), is central to understanding the contemporary, existential truth of the story, for there are or will be times in all human lives when we are faced with situations or drives which ignore our autonomy and gifted self-worth, invade our space, one way or the other, and use us.

What is interesting is that when we deal with major crisis (and even minor ones), we frequently conceive of them of having been invaded by something outside ourselves. It is not unusual also to find that within the experience of sickness or being violated, the unified concept of the self, the sense of well-being, is broken up. While our mythologising (naming) of such situations may be quite different from similar biblical accounts, the impact and the reality being addressed is little different.

It is within this hermeneutical context that the narrative of the demoniac bears a remarkably close parallel to the dynamics found in the experience of those people (mainly women and girls) who have been victims of childhood sexual abuse or who have suffered sexual violence at the hands of men they have trusted. The experience of assault, which by invading a woman's or girl's bodily boundaries violates even the sense of one's own person, is traumatising, confusing and shattering, with deep and long lasting effects. Even though the event(s) may not be remembered, the effects generally continue to influence the girl's or the woman's attitudes, perception and actions, generally as seemingly irrational, disruptive, disorienting or personally destructive behaviour. This makes the mythology of understanding such behaviour as resulting from the invasion of something separate from one's own being a very relevant and powerful one. Women survivors of sexual assault speak frequently of the experience of being sexually assaulted in terms of being invaded, possessed and used.

The biblical mythology that emerges in Mark's story of the demoniac should not be taken too lightly, even today, that demons live among the tombs of what is dead and stinking. Not only can it tear apart woman's sense of herself, but it undermines the capacity to trust and love anyone, particularly men. The integrated self is frequently divided into several characters (known as „splitting“), literally making the one person, many – the very words used to describe the character of the demoniac. It is not unusual for people hearing such horrific stories or seeing such behaviour to deal with the fear it creates within them simply by not hearing or not believing what the woman or child is saying. Another common response is by trying to suppress what is being expressed – i.e. trying to control the demon by chaining the person. The other common way of controlling the demon is by chaining the woman through labelling – with terms such as crazy, hysterical, exaggerating, lying, permissive, that time of the month, or behaving like a victim – in order to contain or neutralise the social impact of what is being reported. It is testimony to the persistent love of God and the power of female spirit, that women so severely bound both personally and socially can still, like the demoniac in Gerasa, persist in breaking those chains and seeking out someone who has the courage not to run away.

It is difficult to know, in more contemporary mythological terms, what passed between Jesus and the demoniac when they met on the beach. Whatever it was, it was apparently communicated in such a way, with such compassion and confidence, that the one with the demons was restored to wholeness – the deep divisions, conflicts and wildness were removed. That same possibility and reality is spoken of frequently by victims/survivors when they encounter someone who embodies those qualities that appear to have been embodied by Jesus: "It was (Frank's) belief in my strength that kept me moving forward. Time and time again when I lost my belief in healing, Frank would say: 'Trust your process, allow it to lead you.' The greatest gift Frank gave me was his unwavering faith in the wisdom and power of my own healing spirit."

In relation to victim/survivors of sexual abuse, that embodiment of the spirit of Christ is found in someone having the caring and courage to hear the horror of abuse, to face the personal threat and challenge it poses to their perception of particular people or institutions, and to deal with it by naming the personal and social demons of sexual abuse rather than chaining the woman or running away. Those who knew the man were afraid and begged Jesus to leave the neighbourhood. This fearful and angry reaction is one that is well known to those who work in women's refuges and sexual assault centres. Breaking the silent around sexual violence and challenging the victimisation of women calls into question entrenched social attitudes and advantages. We do not always celebrate when a woman who was once thought to be crazy because she says she was assaulted by someone generally held in otherwise high regard is seen to be „clothed and in her right mind".

Aus: St. Mark´s Review 152 (1993), 2–7

1. *Geben Sie den Inhalt des Textes mit eigenen Worten wieder.*
2. *Diskutieren Sie die Parallelen zwischen den mythischen Bildern aus Mk 5, 1–20 und den Erfahrungen der Opfer sexueller Gewalt.*

Notizen

Herbert Grönemeyer: Sie

Sie sieht in ihm den Filmriss,
das Leben abrupt gestoppt
kann mit niemandem darüber reden,
das macht sie bekloppt.

Es liegt Ewigkeiten zurück,
gelähmt, panisch, als passiert es ihr jetzt.
Gegenwärtig sein stierer Blick, seine Fäuste,
widerwärtig, sein Atem gehetzt.

Sie hat versucht den Traum zu reparieren,
sich aus ihm zu befreien.
Sie hat lange verzweifelt gewartet,
die Jahre zeigen kein Erbarmen,
das heilt keine Zeit.

Immer auf Scherben laufen,
Schweigen ein zu schweres Gewicht,
ohnmächtig gegen den Giganten.
Seinen Nächsten verrät man nicht.

Die Nacht ist viel zu leise,
die Seele hämmert zu laut,
die Vergangenheit kommt anfallartig,
gebrochen an dem ekligen Stau.

Sie hat versucht den Traum zu reparieren,
sich aus ihm zu befreien.
Sie hat lange verzweifelt gewartet,
die Jahre zeigen kein Erbarmen,
das heilt keine Zeit.

Text und Musik: Herbert Grönemeyer

Baustein 9

Dämonie als Thema im Film „Requiem"

Sachanalyse

Der zu den bedeutendsten deutschen Filmemachern der Gegenwart zählende Regisseur Hans-Christian Schmid (geb. 1965) wartete in 2005 erneut mit einem Film auf, der die problematische Phase der Selbstfindung junger Menschen beschreibt, die sich vom Elternhaus lösen wollen. In „Requiem" setzt sich Schmid nach dem Dokumentarfilm „Die Mechanik des Wunders" (1992) nun in Form eines Spielfilms wiederholt kritisch mit der eigenen katholischen Herkunft auseinander. Rechnete er in dem Dokumentarfilm noch explizit mit dem (wirtschaftlich) wohlorganisierten Wallfahrtsbetrieb in Altötting (seinem Geburtsort) ab, so wird der dort entlarvte naive Wunderglaube jetzt eingebunden in den umfassenderen Problemkreis der „Besessenheit".

→ Kapitel 1.1

1. Zum Inhalt

Anfang der 1970-er Jahre verlässt die 21-jährige Michaela Klingler die spießige Enge eines Dorfes der Schwäbischen Alb, um in Tübingen Pädagogik zu studieren. Dieser Schritt ist gegen den erbitterten Widerstand der Mutter nur mit heimlicher Unterstützung des geliebten Vaters möglich. Seine Frau begründet ihre Skepsis mit der Epilepsie, unter der Michaela bereits zur Schulzeit litt und deren erneuten Ausbruch sie für Tübingen befürchtet. Michaela hält die Wirkung der Tabletten dagegen, die sie seit einem halben Jahr beschwerdefrei leben lassen. Mit der Freundin Hanna stürzt sie sich daher in Tübingen rasch in das Studentenleben und lernt hier ihren Freund Stefan kennen.

Der Zwiespalt zwischen den Freiheiten des Universitätslebens und dem beklemmenden katholisch-dörflichen Milieu schwäbischer Provenienz setzt sie von Beginn an unter Druck: Stefans Zutraulichkeiten entzieht sie sich, ohne ihr Verhalten zu reflektieren, das Baden im Fluss bereitet zwar Vergnügen – nicht jedoch ohne leichte Beschämung angesichts der Entkleidung (bis auf die Unterwäsche) vor anderen Jugendlichen. Der Zuschauer wird geschickt mit in diese Konfrontationen hineingezogen, wenn er im unmittelbaren Anschluss an die ersten Studientage Michaela beim Abendbrot im Elternhaus erleben muss. Noch klingt das Mahnwort des Pädagogikdozenten an die Studenten nach, die lebensrelevanten Werte für sich selbst (!) herausfinden zu müssen, noch sieht der Zuschauer Michaela in einer Art „Taufritual" (für das verwandelte, neue Studenten*leben*) vergnügt in den Fluss abtauchen, da muss er mit ihr von der eiskalten, bigotten Mutter im Anschluss an das Tischgebet hören, dass „hier die Musik spielt", ein gegen die jüngere Schwester gerichtetes Drohwort mit weitreichender symbolischer Bedeutung.

Ausgerechnet während der darauf eingespielten Wallfahrt, die Michaela mit ihrer Familie zur heiligen Katharina nach Italien führt, erleidet sie ihren ersten Anfall nach längerer Zeit. Michaela kann den von ihrer Mutter erhaltenen Rosenkranz nicht mehr berühren. Nach einem weiteren Anfall in Tübingen im Anschluss an eine durchtanzte Nacht vertraut sie sich dem Ortspfarrer Landauer an, glaubt, Stimmen zu hören und Fratzen zu sehen und folglich besessen zu sein. Landauer rät ihr dringend, die Rede vom Teufel nicht wörtlich zu verstehen und Psychologenrat einzuholen. Fatal, dass ausgerechnet er hinter seinen weisen Ratschlag zurückfällt und den jungen Pfarrer Borchert bemüht, der Sache in Tübingen nachzugehen.

Borchert ist ein eloquenter und beschlagener Mann, der in seiner gespielten Larmoyanz äußerst unsympathisch gezeichnet wird und durchaus diabolische Züge erhält (so suggeriert sein penetrantes Grinsen ebenso mephistophelische, z. T. ironisch vermittelte Allwissenheit wie seine raffinierte betuliche Gesprächsführung; dazu kommt – entsprechend dem „aalglatten“ Verhalten – sein glatt-gegeltes schwarzes Haar). Er kompensiert seine eigene gespaltene Persönlichkeit durch pastorale Machtfantasien, die am Ende in dem von ihm durchgeführten Exorzismus gipfeln werden. Seine fragwürdigen theologischen Sprach- und Gedankenspiele helfen Michaela nicht weiter, sodass sie dem Rat Hannas folgt, im Krankenhaus medizinische Untersuchungen über sich ergehen zu lassen. Dem dringenden Appell der Ärzte, seine Tochter solle sich in die Hände eines Psychiaters begeben, misstraut der Vater. Tragisch, dass er von den Möglichkeiten der psychiatrischen Therapie ebenso wenig hält wie Michaela selbst.

Während der nachfolgend geschilderten Weihnachtstage eskalieren die familiären Konflikte. Michaela erscheint zu Hause in neuer, modischer Kleidung, die sie sich in Tübingen zugelegt hat. Empört über diesen Chic, schmeißt die Mutter die neuen Sachen heimlich in die Mülltonne, was Michaela noch vor dem Besuch der Christmette erfährt. Wütend verlässt sie später daher die Messe und erleidet daheim einen neuen Anfall. Hilflos wendet sie sich an Borchert, fährt jedoch enttäuscht nach Tübingen und stürzt sich versessen in eine Studienarbeit, die sie als „religiöse Prüfung“ versteht. Nur mithilfe ihres Freundes Stefan gelingt es Michaela, die fantasierten Dämonen zu besiegen und die Arbeit fertigzustellen. Der dennoch nicht zu vermeidende körperliche und seelische Zusammenbruch und die Weigerung, sich medizinisch-psychiatrisch versorgen zu lassen, bringen Stefan dazu, Michaela in ihr Elternhaus zurückzubringen. Als sie von ihrer Mutter wie ein kleines Kind gefüttert wird, leistet Michaela Widerstand, bespuckt und verflucht sie, zertrümmert Küchengeschirr, nur um wenige Augenblicke später reuevoll in die Rolle der braven Tochter zurückzufallen, die um Vergebung für ihr Fehlverhalten bittet. Michaela willigt schließlich nach kurzer Abwehr ein, den Exorzismus über sich ergehen zu lassen, den der eilig herbeigerufene Borchert im Beisein von Landauer ausübt. Zuvor war es die Mutter, die der verzweifelten Überlegung des Vaters, Michaela doch noch in eine Psychiatrie einliefern zu lassen, widersprach. Michaela selbst ist mehr denn je davon überzeugt, von Dämonen besessen zu sein, schlimmer noch: Sie glaubt, die Sühnebesessenheit der von ihr verehrten, selbst neurotischen Heiligen als Verheißung für ihr eigenes Leiden interpretieren zu müssen. „Ich leide für etwas Gutes, Höheres – wie die heilige Katharina“, bezieht sie vor Hanna das Martyrium auf sich und ergänzt die hier absurd anmutenden Worte Borcherts aus einem früheren Gespräch: „Man kann sich nicht aussuchen, was Gott mit einem vorhat.“ Ihre Freundin, die als einzige das ganze Ausmaß des verheerenden katholischen Kontextes durchschaut, versucht bis zum Schluss, Michaela von „diesem Wahnsinn hier“ abzubringen, doch zu spät: „Ich muss jetzt meinen Weg gehen“, verweigert Michaela jede Hilfe. Die Folgen dieses „Wahnsinns“, so informiert der abschließend eingeblendete Text: „Nach einer Serie von mehreren Dutzend Exorzismen stirbt Michaela Klingler an Entkräftung im Haus ihrer Eltern.“

2. Prämissen der Deutungen

→ Kapitel 3.2

1. Michaela leidet unter dem subjektiven Erleben der akustischen Halluzination und der Wahrnehmung einer Fremdbestimmung im eigenen Körper (Psychogene Psychose). Die Subjektivität wird dadurch filmtechnisch veranschaulicht, dass der Zuschauer ihre psychotischen Schübe nur von außen miterlebt, die Stimmen und Fratzen keineswegs als objektiv vorgegebene Realität erfährt. Neurowissenschaftler erklären derartige Erlebnisse mit einem Transmitter-Ungleichgewicht im limbischen System, die Psychologie interpretiert das Verhalten darüber hinaus als histrionische (theatralische) Umformung eines existenziellen Konfliktes. In ihrer Erklärungsnot – neurologische und psychologische Therapien werden nicht akzeptiert – greift Michaela fatalerweise auf ein Erklärungsmodell

zurück, das ihrem religiösen Bezugsrahmen entstammt; sie ist der Überzeugung, von Dämonen – hier: personal gedachte Wesen – besessen zu sein.

2. Die Beschäftigung mit dem Film muss die Tragik deutlich machen, dass es keiner Person gelingt, dieses „wahnsinnige“ religiöse Erklärungsmuster heilsam zu zerstören. Der Glaube aber an personal gedachte Dämonen wird im Film gefördert und manifestiert durch die katholische Kirche, vertreten durch den dilettantischen Pfarrer Borchert und den in entscheidenden Momenten viel zu passiven Pfarrer Landauer. Die „Lösung“ des Besessenheitsproblems durch den Exorzismus trägt maßgeblich zum Tod der Studentin bei. Der Regisseur verzichtete sogar auf die Darstellung weiterer Austreibungsversuche, „weil man heute nicht mehr erzählen muss, dass einer psychisch Kranken mit Exorzismus nicht zu helfen ist“ (Schmid in: WELT am Sonntag, 05.02.06).

3. Gibt es einerseits keinen Zweifel an der tödlichen Absurdität des von Borchert vorgeschlagenen und von den Beteiligten (bis auf Hanna) zugestimmten Exorzismus (der ja den wortwörtlichen Glauben an die Dämonen voraussetzt), so kann andererseits eine genaue Sequenzanalyse helfen, den Erklärungsansätzen des Filmemachers auf die Spur zu kommen. Schmids Film erläutert die seit der Pubertät durchschlagende Epilepsie Michaelas nicht näher, es fällt jedoch auf, dass ihre Anfälle in ganz bestimmten Sequenzkontexten erfolgen. Diese Bezüge müssen von den Schülern realisiert werden, um zu erkennen, dass der Film sehr wohl psychologische Erklärungsmuster für die Anlässe der Anfälle anbietet. In diesem Zusammenhang wird man nicht umhinkommen, die existenziellen Konflikte Michaelas zu analysieren, die sich vor dem Hintergrund ihrer krank machenden religiösen Erziehung abspielen. Dazu zählen im Einzelnen: das gestörte Verhältnis zur bigotten Mutter und deren heimliche Motive, die Tochter nicht erwachsen werden zu lassen; die krude katholische Erziehung, die wie an Weihnachten auf Etikette achtet und dabei die theologische Botschaft des Nazareners völlig verfehlt; die bis zum Aberglauben gesteigerte Frömmigkeit, die sich in mechanisch abgespulten Ritualen, z. B. bei Wallfahrten, äußert und einem unreflektierten Glauben Vorschub leistet; die bis zur tödlichen Selbstaufgabe gehende und von der inakzeptablen katholischen Erziehung provozierte Identifizierung mit der heiligen Katharina; der Zusammenhang zwischen unbewusster, ängstlicher Verdrängung der Konflikte und den Aggressionsschüben.

4. Die Abhängigkeiten und Entfremdung auslösende Verflechtung in dieses Netz konservativ-katholischer Lebensbezüge aber entspricht exakt der hier vorgelegten Definition von biblischer Besessenheit gemäß den Ausführungen zu Mk 5, 1 – 20. Gegen die „Fesselbringer“ aus Familie und Kirche hat Michaela am Ende keine Chance, ihre angestrebte Emanzipation über kurze Momente des Glücks hinaus zu erreichen. Exemplarische Sequenzanalysen sollen diese Thesen bestätigen.

→ Kapitel 2.4

3. Sequenzanalysen

a) Die Wallfahrt nach Italien: Michaelas 1. Anfall

Während der Buswallfahrt zur heiligen Katharina nach San Carlo in Italien werden Marienlieder gesungen. Schmids Kritik an der Frömmigkeit der Mutter wird überdeutlich, weil er sie in bedenkenloser Selbstverständlichkeit, im inbrünstigen Gestus religiöser Selbstsicherheit mit der Pilgergruppe das bekannte Wallfahrtslied „Maria, wir rufen zu dir…“ singen lässt. Die Pointe dieser Einspielung wird jedoch nur einem Zuschauer mit katholischer Sozialisation einsichtig und, wenn die vorhergehende Sequenz mit in die Überlegungen einbezogen wird.

Michaelas Vater hatte am Abend zuvor noch seine Familie angeherrscht, „ob man hier nicht mal *in Frieden* essen könne“. Vorausgegangen war Michaelas kurzer Bericht von ihren neuen Erlebnissen in Tübingen, bis die heuchlerische Mutter herrisch konterte: „Dafür haben *wir* dich nicht nach Tübingen geschickt!“ Die Falschaussage provozierte Michaelas Widerspruch („*Ich* war es, der nach Tübingen wollte!“).

Der Streit wird nun abrupt durch den Szenenwechsel beendet und thematisch an die Wallfahrt gebunden. Dabei wird die Marienanrufung als religiöses Alibi, als Ersatzhandlung für soziale Praxis entlarvt. Jene Frau, die eben noch bestimmte „Hier spielt die Musik“, die den Familienfrieden zerstört, die eine wesentliche Ursache der angstbesetzten Familienstruktur und damit von Michaelas Leid verkörpert, singt jetzt voller Inbrunst das (Schmid sehr wohl) bekannte Marienlied, das pikanterweise folgende Verse enthält: „Du bist ja die Mutter der Gnade; die Liebe der Boten des Friedens; Trösterin in der Betrübnis; Hilfe des Volkes Gottes; Ursache unserer Freude; die Mutter aller Erlösten.“ Gnade, Frieden, Trost, Freude und Erlösung – allesamt religiöse Vokabeln, die für Frau Klinglers Erziehung gerade keine Rolle spielen. Die Satire ist vollends erreicht, wenn man in Rechnung stellt, dass die besungenen Attribute der „Mutter Gottes“, näherhin die „göttliche Weisheit“, „geistliche Stärke“ und der „ewige Rat“ auf raffinierte Weise von Frau (*Marianne*) Klingler selbst vertreten werden sollen: Sie gibt sich als die uneingeschränkte „Königin“ des Hauses aus, deren Herrschaft wahrhaft dämonisch, weil entfremdend ist. So bekennt auch der überforderte Vater vor Michaela später zwangsläufig: „Deine Mutter macht mir das Leben zur *Hölle*!“

Die letzten Bilder der Busfahrt zeigen Michaela neben ihrer schlafenden Schwester sitzend, aus dem Fenster schauend – diametral gegenüber ihre Mutter neben ihrem schlafenden Mann, ebenfalls aus dem Fenster blickend: Mutter und Tochter haben verschiedene Blickwinkel, unterschiedliche Sichtweisen, schauen nicht mehr in eine gemeinsame Zukunft. Es dürfte für Schüler interessant sein, jetzt in ihre Gedankenwelt einzutauchen: Was denken beide in diesen Momenten der nächtlichen Busfahrt?

Am Morgen erreichen die Pilger ihr Ziel. Stolz verweist Michaela Pfarrer Landauer darauf, noch keine Wallfahrt verpasst zu haben, ein Hinweis auf die besondere Stabilität des religiösen Erziehungssystems und auf ihren fanatischen Ehrgeiz. Unterstützt wird diese Interpretation durch die Raumeinblendungen: steil aufragende, Beklemmungen assoziierende Berge lassen keinen Zweifel daran, dass Michaela in einem in sich geschlossenen System aufwächst, das nur schwer zu verändern und oder gar zu überwinden sein dürfte. Die Prozession führt zu einer Bergkapelle, dort küssen die Pilger unter Beschallung eines vom Band abgespulten Ave-Maria der Reihe nach ein Bild der Heiligen.

Beim Zubettgehen schenkt die Mutter Michaela einen Rosenkranz. Perfide fügt sie hinzu, dass sie Gott gebeten habe, er möge ein Auge auf sie haben: Missbrauch Gottes als funktionalisiertes Über-Ich, als Erziehungsmittel zur Gefügigkeit. Michaela versteht diesen Hinweis; sie werde ihre Eltern nicht enttäuschen, fügt sie sich zunächst dem Konformitätsdruck. Ihre versöhnliche Geste wird sofort von der Mutter harsch abgewehrt, sie flieht förmlich ins Bad, schließt die Tür, die der Vater noch sinnbildlich geöffnet ließ. Vater und Tochter bleiben ratlos, resignierend zurück. Wenn der Regisseur veranschaulicht, dass beide die Frau im doppelten Sinne des Wortes (langsam) nicht mehr sehen können (und der Mann sie im Übrigen nicht mehr hören kann, so wohl die Symbolik des Hörgerätes), dann muss das eine Relevanz für die folgende Szene haben, in der Michaela ihren ersten Anfall nach langer Zeit hat. Der Regisseur verzichtet hierbei darauf, Michaelas spätere Erklärung von Fratzen und Stimmen einfach zu übernehmen und ein Horrorszenarium darzustellen, und bietet stattdessen zur Interpretation der Besessenheit die Außensicht auf das Geschehen an, die mit der besonderen Technik der symbolisch zu verstehenden Bewegung der Person im Raum arbeitet.

Michaela wacht frühmorgens alleine auf, die Kamera isoliert sie, das Gegenlicht von draußen lässt die Atmosphäre kalt erscheinen, die Kontraste und Schatten wirken hart und unversöhnlich (wie ihr gestörtes Verhältnis zur Mutter). Michaela geht in den Frühstücksraum, setzt sich an einen Tisch. Die Lichtverhältnisse werden aus der vorherigen Szene übernommen. Als sie den Rosenkranz betrachtet, fällt er zu Boden; im Bild gesprochen: die Sache entgleitet ihr, sie gibt (am liebsten und unbewusst) das Geschenk (als Pars pro toto für die Mutter, für die religiöse Erziehung) aus den Händen, versucht aber sofort, es vom Boden aufzuheben (sich also weiterhin pflichtbewusst an Mutter und Religion zu klammern). Die Bildsprache zeigt, wie sie sich dabei verrenken und krumm machen muss, denn sie bleibt auf dem Stuhl sitzen. Ihre Finger verkrampfen, sie bekommen den Rosenkranz nicht zu fassen, nicht in den Griff. Vom Krampf geschüttelt, wankt Michaela zum Fenster (Richtung Licht, frische Luft), taumelt, fällt rückwärts nach hinten und krümmt sich wimmernd unter dem Tisch zusammen. In Analogie zum Verhältnis zu ihrer Mutter lässt sich aus der Filmsprache (Bewegung des Körpers im Raum) ablesen, dass der Rosenkranz als Synonym für die katholische Erziehung, insbesondere für das drohend-wachende Auge Gottes, für Michaela unbewusst ein einziger Krampf, ein großer Schwindel ist, in dem sie sich winden und verbiegen muss, bis sie, da sie kein entsprechendes Rückgrat besitzt, den Weg zur Freiheit (Fenster) abbrechen muss und dabei den Boden unter den Füßen verliert. Der Versuch des aufrechten Ganges wird abgebrochen zugunsten einer Regression: wie ein großes Baby liegt sie am Boden und wird von ihrem inzwischen eingetretenen Vater aufgehoben und wie ein Kleinkind tröstend an die Schulter gedrückt. Verwirrt blickt Michaela in den leeren und kalten Raum zurück.

Die Bewegungen der Personen im Raum lassen sich zusammenfassend so auslegen, dass der Anfall als psychologisch nachvollziehbarer Protest gegen die mütterliche, v. a. religiös motivierte Erziehungsstrategie zu sehen ist. Der existenzielle Grundkonflikt wird theatralisch in das Innere verlagert, die Stimmen und Fratzen könnten verzerrte Abbilder der Mutter sein, wahrscheinlich auch des verinnerlichten Angst einflößenden Gottesbildes und der verehrten Heiligen, deren Stimmen Michaela ohnehin wahrzunehmen glaubte. Das ergibt insofern einen Sinn, als der Rückzug der Mutter in das Bad am Abend zuvor sämtliche Kommunikation boykottierte, Ratlosigkeit, Wut und Hass mussten unterdrückt werden und entladen sich nun als überschüssige Energien in den Anfällen, ohne jedoch vollends erfolgreich ausagiert werden zu können. Die Szene im Speisesaal macht deutlich, wie das Es (Michaelas unbewusster Wunsch nach Befreiung aus den unterdrückenden Erziehungsmechanismen) gegen das Über-Ich (die durch den Rosenkranz symbolisierten Erziehungsnormen) kämpft und wie das Ich hilflos in diesen Spannungen, Schuldgefühlen und Ängsten zerrissen wird, da eine reflexive und ausgewogene Abstimmung von Triebwelt und Werten nicht gelingt. Hilflos appelliert Michaela mit ihrem Anfall, der eine infantile Form der Regression (Babyhaltung) annimmt, an die Rettung von außen. Die Schlussworte des „helfenden" Vaters „Sei froh, dass die Mama nicht aufgewacht ist, das wär's jetzt gewesen" belegen, wie hilflos neurotisch er selbst ist, wie angsterfüllt die bedrohlichen Konflikte verdrängt werden und wie allgegenwärtig die Gebote der Mutter (als personifiziertes Über-Ich) in den Köpfen der Familie verankert sind. Ohne diesen psychologischen Mechanismus wird man auch den 2. Anfall Michaelas schwerlich deuten können.

b) Eine Hymne an das (unterdrückte) Leben – Michaelas 2. Anfall

Michaela fährt nach der Wallfahrt mit dem Zug nach Tübingen, betrachtet den Rosenkranz in ihren Händen. Nachdem Hanna ihr die Haare geschnitten hat (ein Bild für ihre angestrebte neue Identität), besuchen die beiden eine Studentenparty. Michaela lernt Stefan kennen, er zieht sie beiseite, küsst sie, Michaela wehrt jedoch die Zuneigung ab und tanzt alleine mit einem glücklichen Lächeln zu dem Lied „Anthem" („Hymne") der Rockgruppe „Deep Purple" (**Arbeitsblatt 29**, S. 130).

Die Tanzszene setzt sich vom Rest des Filmes deutlich ab, bei dem Schmid Grün-, Beige- und Rosttöne sowie grobkörniges Filmmaterial und einen grünstichigen Schleier nutzt, um das

Geschehen mit einer tristen Farblosigkeit zu untermalen. Bezeichnenderweise macht er davon während der traumverlorenen Bewegungen Michaelas eine Ausnahme. Während Michaela und der Zuschauer für Sekunden das Lied „Anthem" hören (man spricht filmtechnisch von der Realmusik), fallen für Momente die Strahlen der Scheinwerfer ins Auge der Kamera, die farbige Schlieren ziehen: Ein Moment des Glücks wird eingefangen, weil Michaela es endlich wagt, Farbe zu bekennen und dem Alltagsgrau zu entkommen.

Dass dieser Augenblick positive, im weiteren Sinn religiös-transzendente Konnotationen besitzt, verdeutlicht nicht allein die Licht- und Farbsymbolik, sondern auch das Lied der „Deep Purple". Die Hymne, ursprünglich ein antiker feierlicher Lob- und Preisgesang auf einen Helden oder Gott, wurde in der christlichen Liturgie des Mittelalters zu einem Lobgesang Gottes umgeformt. Spätestens mit dem Dichter Klopstock ist die Hymne adäquater Ausdruck der erhabensten und tiefsten persönlichen, nicht allein religiösen Gefühle in rauschhafter Ekstase und Begeisterung. Der amerikanische Dichter Walt Whitman demonstrierte in seinen Prosahymnen, wie sie auch ganz bewusst schlichte Alltagsprobleme aufnehmen können. Indem Schmid die Augenblicke der stillen Glückseligkeit auf der Tanzfläche mit „Anthem" unterlegt, mischt er vorsichtig Wehmut in die ausgelassene Feier des Lebens und den Lobgesang auf die Heldin. Das Lied handelt nämlich von der Erinnerung an eine verlorene Liebe, und ein in der englischen Sprache sicherer Zuschauer kann erahnen, was in der finalen Sequenz des Filmes offenbar wird: Michaela wollte sich in Tübingen aus der Starre befreien, zu der sie von ihrer Familie erzogen worden ist. Sie, die eine Sequenz vorher noch starr und verkrampft am Boden lag, spürt hier nun ihre Glieder wieder und bewegt ihren Körper frei im Raum.

Aber am Ende hat sich Michaela eingesponnen in einen religiösen Wahn, sie sitzt passiv im Auto, wird bewegt, hat das Steuer ihres Lebens sozusagen abgegeben. Das helle Licht der kalten Sonnenstrahlen erinnert zwar noch an die Tanzszene, aber es bricht auf der Scheibe, die deshalb nur leblose, kahle Bäume spiegelt, weil der Frühling noch nicht gekommen ist – eine Anspielung darauf, dass Michaela sterben wird, ohne die Blütezeit ihres Lebens je richtig erfahren und genossen zu haben. Aus dem Lied „Anthem" hört man am Schluss des Filmes die Zeilen „Now the night wind softly blows sadness to tomorrow/Bringing tears to eyes so tired/ Eyes I thought could cry no more": Das Requiem, die filmisch-säkularisierte Form der Totenmesse, ist mit dem erneut eingespielten Lobgesang auf die (nun: Anti-) Heldin an sein Ende gekommen. Doch auf dem Weg zum Filmende lässt Schmid Michaela einen 2. Anfall erleiden, und zwar im unmittelbaren Anschluss an die ekstatische Nacht, an die Hymne an das Leben.

Als Hanna am Morgen ihre Freundin zur Vorlesung abholen will, entdeckt sie Michaela bewusstlos unter dem Schreibtisch, sie hat einen weiteren Zusammenbruch erlitten. Michaela gesteht Hanna, an Epilepsie zu leiden. Zieht man die Analyseergebnisse der vorhergehenden Sequenz (Wallfahrt) in Betracht, so wird deutlich, warum Michaela noch in der Nacht der Ausgelassenheit zusammenbricht. Auch hier kann der innere Konflikt, der sich in Angstbildern einer verstockten Frömmigkeit äußert, rekonstruiert werden.

Das Erlebnis von Ekstase, die ersten vorsichtigen Empfindungen für Liebe, Erotik und Sexualität sowie das Gefühl der völligen Freiheit – sehr schön gespiegelt in der Rockmusik, die sich im Zeitalter der Studentenbewegungen demonstrativ von der „biederen" Musik der Elterngeneration absetzte – repräsentieren die Triebe des Unbewussten (Es) und korrelieren natürlich mit den religiösen Werten und Normen der Mutter, die sich überschneiden mit den fragwürdigen Leitbildern im Katholizismus.

Der Film zeigt, welche Frauenbilder Michaelas Denken bestimmen: Da ist nicht nur die emotionslose, kalte und sinnlicher Regungen nahezu unfähige Mutter; da ist die tief verehrte sühnebesessene heilige Katharina, eine deutliche Anspielung auf Katharina von Siena, jene Gebet und Einsamkeit liebende Jungfrau, die bereits der Legende nach in der Kindheit (!) das Gelübde der Keuschheit ablegte und allen elterlichen Versuchen trotzte, sich vermählen zu lassen. Aus ihren Büchern weiß Michaela um die überzogen asketisch lebende Ordensfrau, die sich mit dem Leiden Jesu wahnhaft identifizierte und infolgedessen eine masochistische Freude an ihren eigenen Schmerzen entwickelte (was der Regisseur offensichtlich von der theologischen Forschung nicht weiß: Katharina von Siena kritisierte ihre Magersucht zur größeren Ehre Gottes im Nachhinein sehr wohl, erkannte diese tödliche Spirale jedoch viel zu spät). Bedenkt man weiterhin, dass die „Mutter Gottes“, die Michaela ebenfalls verehrt und in persönlichen Notlagen anbetet (die Madonnenfigur gehört wie selbstverständlich zur Raumausstattung), nach offizieller kirchlicher Lehrmeinung biologisch als asexuelle Jungfrau zu sehen ist, dann erklären sich erst recht die verheerenden Konsequenzen dieser verinnerlichten Vorbilder für eine spätpubertierende Studentin. Sie muss ihre Triebe unterdrücken, darf Erotik und Sexualität möglichst nicht erleben, will sie selbst so rein sein wie eine Heilige oder wie eine Madonna. Man muss bedenken, dass gerade der Bereich der Sexualität in den 60er-Jahren durch die prüde-rigide katholische Sexualmoral und Beichtpraxis stark durch die Kirche reglementiert wurde. Michaela lebt also mit einem Ideal der Selbstverleugnung und Triebverneinung. An den nächtlichen Erlebnissen klebt der Makel der Sünde.

Asketischer Raubbau des Körpers, Sinnenfeindlichkeit, Sexualunterdrückung und masochistische Tendenzen korrelieren daher als erstrebenswerte Lebensideale mit der skizzierten hymnischen Feier des Lebens. Ausdruck dieser Spannungen ist einmal mehr die Symptomsprache des Anfalls, der ganz im Sinne von Mk 5, 1 – 20 erkennen lässt, wie die „Legion“ der internalisierten Frauenstimmen das Ich kommandieren will. Religiöse Elemente wie die Madonnen- und Heiligenverehrung stehen in Funktion des Über-Ichs, nicht der gesunden Ich-Entwicklung, sodass von einer humanitären Form des Katholizismus hier nicht gesprochen werden kann.

c) Weihnachten im Kreis der unheiligen Familie – Michaelas 3. Anfall
Nachdem sich Hanna von ihrer Freundin für die Weihnachtsfeiertage mit den markanten martialischen und vorausdeutenden Worten „Auf in den Kampf“ verabschiedet hat, heißt Michaelas Vater die Tochter herzlich willkommen. Seine tiefe Freude über ihre Ankunft kontrastiert mit der Abweisung der Mutter, die ihre Tochter – vordergründig wegen der schmutzigen Küchenarbeit – nicht zu nah an sich heranlässt und den Körperkontakt abwehrt. Die in Tübingen gekaufte modische Kleidung wird ebenfalls abgewertet.

Später singt die festlich herausgeputzte Familie „Stille Nacht ...“, Michaela spielt dazu brav das Klavier, an der Wand hängt die Madonna. Während der Vater das moderne Geschenk, einen Rasierapparat, sichtlich gerührt annimmt, weiß die Mutter mit einer Lederhandtasche so recht nichts anzufangen. Michaela selbst hat von Stefan ein Schäfchenmodell zugeschickt bekommen, ein Geschenk mit großem Symbolgehalt.

Kurz vor Weihnachten trollte sich Michaela nämlich noch mit ihrem Freund ausgelassen auf einer Wiese herum und ließ inmitten einer Schafherde Drachen steigen. Dieses Motiv wird von Schmid sinnvoll vernetzt mit den darauf folgenden Szenen: Zum einen mit dem über Michaela und Hanna aufsteigenden Vogelschwarm und dem anschließenden Einkaufsbummel, bei dem die neuen Kleider gekauft werden. Die Bilder von den im stürmischen Wind fliegenden Drachen, den wild durcheinander laufenden Schafen, den sich in die Lüfte aufschwingenden Vögeln und der die alte Kleidung ablegenden Michaela werden zusammengehalten durch das Leitmotiv der Freiheit und Unbeschwertheit. Wenn Michaela das Päckchen an Weihnachten mit den Worten kommentiert „Na, das ist doch mal was“, ist das für den aufmerksamen Zuschauer mehr als eine Dokumentation ihrer Liebe zu Stefan.

Wie unfrei Michaela in Wahrheit ist, zeigt sich, als sie kurz vor der Christmette erfahren muss, dass ihre neuen Kleider als Symbol der Freiheit im Mülleimer gelandet sind. „Damit du nicht rumläufst wie ein Flüchtlingskind", begründet die Mutter ihre Willkür – nicht realisierend, dass sie gleich in der Messe eines ganz besonderen Flüchtlingskindes gedenken wird. Schmid treibt die Kritik an der Bigotterie auf die Spitze, wenn er konsequenterweise Michaela wütend die Christmette verlassen lässt. Was hat sie noch verloren in diesem Theaterstück der biederen Frommen, die heuchlerisch anmutig „Es ist ein Ros entsprungen aus einer Wurzel *zart [...] hilft* uns aus allem Leide" singt, nachdem die Tochter gedemütigt und am Ende sogar geschlagen wurde (Michaelas spätere Beschimpfung der Mutter als „dreckige Lügensau" ist im Sinne dieser Scheinheiligkeit vollkommen berechtigt).

Kein Wunder also, dass Michaela zu Hause einen weiteren Anfall erleidet und erneut den Rosenkranz der Mutter nicht berühren kann. Sie sagt, dass sie nicht mehr beten dürfe, und der Zuschauer kann ihren Widerwillen gegen diese schizoide religiöse Praxis gut verstehen. Michaela hatte vor der Messe die mütterliche Aufforderung erhalten, sich „zusammenzureißen", und sie hatte gefragt: „Wie lange denn noch?" So „riss" sie sich noch für Momente „zusammen" – schon der Ausdruck spiegelt die gewaltsame innere Verrenkung, die ganze Verkrampfung ihres Seelenlebens –, bis sich die aufgestaute Aggression wieder ein Ventil sucht und Michaela den verhassten Rosenkranz stellvertretend für die religiöse Erziehung der psychotischen Mutter von sich wirft. So wird mit Schülern die Verzweiflung Michaelas „Ich *darf* nicht mehr beten" zu übersetzen sein mit: „Ich *will* nicht mehr beten." Die vernommenen Stimmen aber, die ihr nach vorheriger Aussage bei Pfarrer Landauer zuriefen, sie sei eine „Dreckschleuder", lassen sich nach dem Weihnachtsabend nachdrücklich als internalisierte Stimme der eigenen Mutter interpretieren, die ihre Tochter nicht als (dreckiges) Flüchtlingskind sehen möchte und ihre neuen Kleider „dorthin, wo sie hingehören", gebracht hat, in den Mülleimer. Michaela mit ihrer Sehnsucht nach Freiheit und neuer Identität ist für die Mutter eben nichts als „Dreck" und „Abfall".

Die folgenschwere Dialektik für Michaela: Das, was sie selber anziehen möchte, ist das Verkehrte. Nur dort, wo sie sich verleugnet und aufopfert (das hat sie ja von der Heiligen gelernt), da liegt die Wahrheit auch des von der Mutter repräsentierten Göttlichen, des Religiösen. Mutter/Gott will in der Christmette diese Kleidung nicht, sie/er will also deine neue Identität nicht, lautet in etwa die ideale Vorschrift. Der solchermaßen angenommene Status der Entfremdung – wieder ist an Mk 5, 1–20 zu erinnern – wird ergänzt durch eine Randnotiz. Die Mutter vergleicht Michaela eben mit einem (Flüchtlings-) *Kind*, nimmt sie als Erwachsene gar nicht wahr. Man wird nicht übertreiben, sagen zu können, dass Frau Klingler die Anfälle Michaelas gerade recht sind, um ihre ebenso sorgende wie reglementierende Mutterrolle weiterhin spielen zu können. Die Schlussszenen zeigen, wie sie Michaela wie ein Kleinkind füttert und ihr in der Badewanne die Haare wäscht. Michaela hat das Ringen um Mündigkeit verloren, die Mutter hat (unbewusst wohl) aber die Psychose der Tochter gar nicht wirklich bekämpfen wollen, weil sie bei erfolgreicher Entwicklung der Tochter zu einer unabhängigen Frau dann in ihrer Funktion als „ewiger Rat" (so das Wallfahrtslied) überflüssig geworden wäre.

Methodischer Kommentar

Die Übungen versuchen, die krankmachenden, ja tödlichen Strukturen und Erfahrungen zu erarbeiten und einsichtig werden zu lassen, die Michaelas Leben prägen. Ziel ist die Erhellung der problematischen katholischen Sozialisationsbedingungen als Ursachen für eine Lebenskrise, deren Erscheinungsbild mit den Analyseergebnissen zu Mk 5, 1–20 konfrontiert werden kann. Die Aufgaben sollen lediglich als Anstöße verstanden werden, sie müssen nicht nacheinander bearbeitet, können exemplarisch ausgewählt und natürlich auch variiert werden. Zu diesen und weiteren Aufgaben sei daher auf das Filmheft zu „Requiem" verwiesen, das von der Bundeszentrale für politische Bildung herausgegeben wurde und unter folgenden Adressen zusammen mit weiteren Analysen und Materialien eingesehen werden kann: www.bpb.de und www.katholische-filmarbeit.de.

S.II

Hinführung

- *Erstellen Sie im Anschluss an den Film eine fiktive Rollenbiografie Michaelas. Beschreiben Sie, wie sie als Kind und Jugendliche in der Schwäbischen Alb aufwächst, wie sie im Dorf groß wird. Erzählen Sie dazu exemplarische Geschichten. Impulse können sein:*
  - *das familiäre Gefüge der Klinglers (evtl. Familienfeste, Urlaube etc.);*
  - *die religiöse Erziehung in der Kindheit (Eltern, Kindergarten/Schule, Gemeindepriester);*
  - *Michaelas religiöses Leben (privat, in der Gemeinde und Jugendgruppe z. B.).*

Erarbeitung

- *Michaela leidet an einer psychogenen Psychose. Die Psychologie interpretiert die Halluzinationen wie die von Michaela gehörten Stimmen und gesehenen Fratzen als histrionische (theatralische) Umformung eines existenziellen Konfliktes. Sie unterstellt also, dass die Anfälle unbewusste, in Körpersprache umgesetzte symbolische „Theateraufführungen" der Seele sind, die uns viel über die unbewussten Konflikte sagen. Welche Konflikte spielen sich demnach in Michaela ab? Analysieren Sie zur Beantwortung die Anfälle in den Szenen der Wallfahrt, am Weihnachtsabend und während der Studentenparty in Tübingen.*

  Folgende Impulse können Ihnen bei der Analyse helfen:

  a) *Zur Wallfahrtssequenz: Beobachten Sie, wie der Regisseur die Personen (besonders Michaela und die Mutter) im Raum anordnet, wie sie also im doppelten Sinn des Wortes demnach zueinander stehen. Impulse können sein:*
     - *das Abendessen vor der Wallfahrt;*
     - *die Busfahrt;*
     - *abends im Zimmer der Pension;*
     - *Michaela (und der Vater) im Frühstücksraum.*

  b) *Der Regisseur spielt folgende Kirchenlieder ein: „Maria, wir rufen zu dir …" (Wallfahrtslied) – „Stille Nacht, heilige Nacht …" (Weihnachten) und „Es ist ein Ros' entsprungen" (Weihnachten). Besorgen Sie sich die vollständigen Liedtexte und ergründen Sie dann die Funktion der Lieder für die jeweiligen Szenen.*

  c) *Holen Sie Erkundigungen zur heiligen Katharina (von Siena) ein. Welches Modell von Religiosität verkörpert sie? Welche Folgen für Michaelas Entwicklung hat die Idealisierung der Heiligen?*

  d) *Der Song „Anthem" von „Deep Purple" spielt in der Tanzszene in Tübingen eine wichtige Rolle. Er wird zudem am Ende des Films nochmals eingespielt. Analysieren Sie die jeweiligen Kontexte und zeichnen Sie die Bedeutungsverschiebung nach, die damit verbunden ist (vgl. Arbeitsblatt 29).*

Vertiefung

1. *Diskutieren Sie folgende These: „Der Katholizismus im Film ‚Requiem' – eine krankmachende Religion".*

2. *Pfarrer Borchert glaubt daran, dass Michaela von Dämonen besessen ist, und holt sich von seinem zuständigen Bischof die Erlaubnis zur Durchführung eines Exorzismus. Verfassen Sie auf dem Hintergrund Ihrer Kenntnisse zur Dämonie in Mk 5, 1–20 einen fiktiven Brief an den Bischof, in dem Sie erläutern, dass die von ihm vertretene Annahme von personal gedachten Dämonen der wissenschaftlichen Forschung widerspricht.*

3. *Schreiben Sie die analysierte Passage rund um den Weihnachtsabend in Partnerarbeit um, indem Sie die Rolle der Mutter „um 180 Grad" wenden. Michaela kehrt freudig in neuer Kleidung aus Tübingen zurück und begrüßt in der Küche ihre Mutter … Welche Konsequenzen ergeben sich aus einem anderen Charakter der Mutter, insbesondere für das Verhältnis zu Michaela? Worin läge das „Wunder"(-bare) dieser neuen Familienstruktur?*

Deep Purple: Anthem

When the night wind softly blows
Through my open window
Then I start to remember the girl that brought me joy
Now the night wind softly blows sadness to tomorrow
Bringing tears to eyes so tired
Eyes I thought could cry no more

If the day would only come
Then you might just appear
Even though you'd soon be gone
When I reached out my hand
If I could see you
If only I could see you
To see if you are laughing or crying
When the night winds softly blow

In my dark and whispering room
Memories still bring me a numbness to my feelings
Take my hand and brush me by
In the warm and fevered dark
Heart is madly beating
My crazy thoughts are burning
When the night winds softly blow

If the day would only come
Then you might just appear
Even though you'd soon be gone
When I reached out my hand
If I could see you
If only I could see you
To see if you are laughing or crying
When the night winds softly blow

■ *Der Song „Anthem" von „Deep Purple" spielt in der Tanzszene in Tübingen eine wichtige Rolle. Er wird zudem am Ende des Films nochmals eingespielt. Analysieren Sie die jeweiligen Kontexte und zeichnen Sie die Bedeutungsverschiebung nach, die damit verbunden ist.*

Baustein 10

Vorschläge zur Leistungsüberprüfung

Sachanalyse

1. Wilhelm Willms. wussten sie schon ...

→ Kapitel 2.5

Das Gedicht „wussten sie schon" von Wilhelm Willms (**Arbeitsblatt 30**, S. 133) lässt sich auf viele Wundergeschichten beziehen, die grundsätzlich von „Befreiung und Heilung" erzählen (vgl. H.-K. Berg u. S. Berg (Hg.), Biblische Texte verfremdet 11: Himmel auf Erden. Wunder und Gleichnisse, München 1989, 34f.). Willms veranschaulicht, dass Krankheiten und Symptome Ausdrucksformen psychischer Konflikte sein können, insofern ihnen oft ein gestörtes Verhältnis zu den Mitmenschen und zu sich selbst vorausgehen. Gilt auf der einen Seite, dass Begegnungen die Harmonie zerstören und sich diese Zerstörung auch auf körperlicher Ebene zeigt, so kann andererseits die Nähe eines Menschen wie in Mk 5, 1–20 Heilung bewirken (beachte in diesem Zusammenhang die Kritik an einer rein schulmedizinischen Betrachtung des Menschen, die mit einer noch so gelungenen Operation das Grundproblem der fehlenden zwischenmenschlichen Nähe nicht beheben würde). Darüber hinaus deutet Willms in seinem Gedicht an, dass unsere Sprache stark psychosomatisch geprägt ist, d.h. psychisch belastende Prozesse wirken sich negativ auf den Leib (gr.: soma) aus. Ein Hilfsmittel, um diesen bei Willms und in Mk 5, 1–20 thematisierten Zusammenhängen zwischen Sprache und Körper auf die Spur zu kommen, ist das alltägliche bildhafte Sprechen (z.B. „für alles taub oder blind sein"; „du machst mich krank"; „du bringst mich noch ins Grab"; „keinen Durchblick mehr haben" etc.). Die Schüler können über derartige Assoziationen zu den rhetorischen, apodiktisch formulierten Fragen „wussten Sie schon ..." die Brücke zu Mk 5, 1–20 schlagen und durch Konkretisierungen der allgemeinen Aussagen im Gedicht unter Beweis stellen, dass sie jetzt sehr wohl „schon" einiges davon „wissen".

2. Reinhard Mey. Selig sind die Verrückten

→ Kapitel 3.1
→ Kapitel 3.3

Eine ähnliche Konkretisierung bietet das Lied „Selig sind die Verrückten" von Reinhard Mey (**Arbeitsblatt 31**, S. 134f.). Unter Anspielung auf die Bergpredigt Jesu stellt Mey unterschiedliche Schicksale von „Verrückten" unserer Gesellschaft vor, die denen ähneln, die sich in der Antike hinter dem Begriff der Dämonie verbargen. Da ist der sympathisch gezeichnete Pfarrer, der „besessen" ist vom Alkohol, um das Leben in der „Grabeseinsamkeit" überhaupt ertragen zu können; die Adjektive verraten viel über sein Aussehen, aber ebenso über seine Minderwertigkeit und Entfremdung: er besitzt eben nur eine unbedeutende, „kleine" Existenz, ist eine „graue Maus", eine Persönlichkeit also, die nach außen kaum in Erscheinung tritt und der man wenig Beachtung schenkt; sein alkoholisierter Zustand demonstriert, dass er den Boden unter den Füßen verliert und ins Wanken geraten ist, ein Schatten seiner selbst, auch weil er sich wie ein scheues Reh erst im Schatten der Dämmerung hervorwagt, eben einer, der auf der Schattenseite des Lebens steht. Ein entfremdetes Dasein im „Grab" des Betonsilos fristet auch jene Frau, die sich wegen fehlender sozialer Unterstützung prostituiert; ihre Wohngegend, umschrieben mit dem Neologismus „Betonwüste", ist zugleich Chiffre des Inneren; ein Ort der Einsamkeit, des Kampfes ums nackte Überleben, ein Zustand der Sinnlosigkeit, der seelischen Vertrocknung, eine Anhäufung des Nichts (vgl. den Kellner in Hemingways „Ein sauberes, gut beleuchtetes Café"), eine Versandung der Liebe, eine betonfeste und eisenharte Krise. Wie der Besessene von Gerasa ist auch die Alte mit ihrem Hund (immer schon ein Sinnbild für die verachtete Kreatur) auf die Spenden aus dem „Dorf" angewiesen, auch sie derart „besessen" vom Alkohol und weiteren Problemen (denkbar: Arbeitslosigkeit, Isolation), dass man mit Recht annehmen darf, sie sei „auf den Hund gekommen". Und da ist schließlich Sven, belagert von dämonischen Stimmen der modernen Konsumwelt, die ihn wahnsinnig machen, weil er mit den anderen Jugendlichen nicht mithalten kann. Seine Minderwertigkeit ist tödlich. Bis auf Kurti, der vermutlich geistig behindert ist, entpuppen sich folglich alle „Verrückten" als moderne Besessene. Dass sie „selig" sind, ergibt nur dann einen Sinn, wenn ihnen im Sinne der Bergpredigt im Hier und Jetzt jene Heilung und Befreiung widerfahren könnte, die auch der Besessene von Gerasa in der Begegnung mit Jesus gespürt hat.

→ Kapitel 2.3
→ Kapitel 2.4

3. Dieter Bartel. Die Hölle auf Erden. Ein Paderborner Theologe in Brasilien

1989 dokumentierte Dieter Bartel die Arbeit des Religionspädagogen Johannes Niggemeier von der Universität Paderborn in den Favelas von Rio. Sein im Auftrag des WDR-Schulfunks gedrehter Film „Die Hölle auf Erden. Ein Paderborner Theologe in Brasilien" ist in mehrfacher Hinsicht für das Dämonie-Thema relevant. Er beleuchtet die Praxis der Theologie der Befreiung am Beispiel der Resozialisation von Straßenkindern in den Elendsvierteln von Rio.

Die Straßenkinder arbeiten oft als Kuriere für ihre „Besatzermacht", die Drogenmafia. Selbst abhängig von Alkohol und Drogen, von Familienangehörigen vergewaltigt, geschlagen oder verstoßen, bleibt ihnen oft nur der Weg in die Prostitution. Können allein diese Entfremdungszustände ausreichen, um eine Vernetzung mit Mk 5, 1–20 sowie den anderen verhandelten Bausteinen vorzunehmen, so wird spätestens an einer Stelle im Film die Analogie vollends einleuchten: Diese Kinder leben auf der Rückseite, gleichsam im Schatten der berühmten Christus-Statue von Rio, sozusagen abseits vom „Dorf" in den Bergen. Bartel und Niggemeier spüren diesen Kindern nach: Sie, vom fröhlichen Treiben an der Copa-Cabana abgeschnitten, leben in den Gräbern eines Friedhofes; dort haben sie die Grabplatten beiseite geschoben, um vor den „Fesselbringern", den Mafiabanden und der Polizei Schutz und Ruhe zu finden. Um die Verfolger abzuschrecken, haben sie die Schädel der Toten auf die Grabplatten gelegt. Hier „leben" die lebendig Toten, die vom inhalierten Klebstoff Benebelten, die sich brutal wehren, wenn sie sich angegriffen fühlen.

Der Film zeigt aber auch, wie die, die sich in den Dienst dieser modernen „Besessenen" stellen und für ihre Befreiung von den „Legionen" (was sowohl psychologisch als auch politisch zu verstehen ist) eintreten, vom „Dorf" auf der Stelle „aufgefordert" werden, die „Gegend" zu verlassen, wenn aus den ungepflegten, ungebildeten Drogenkurieren plötzlich ihre Situation reflektierende, eben „vernünftige" junge Menschen werden, die auch äußerlich wie der Besessene von Gerasa wieder auf sich achten, weil sie ihre Würde nicht aufgeben wollen. Natürlich haben die „Dorfbewohner" kein Interesse an einer Theologie der („Dämonen"-)Befreiung, sie würde ja ihren Status quo in Frage stellen. Die Drogenmafia, die in die Drogenkonflikte involvierte Polizei, die Wirtschaft, die an gerechten Löhnen und Sozialversicherungen für die „Besessenen" nicht interessiert ist und „Knebelverträge" favorisiert, die Sextouristen aus Deutschland, die sich der Straßenkinder gerne bedienen und doch auch einen „sauberen", d. h. von Straßenkindern „gereinigten" Strand in Rio genießen wollen (dort herumlungernde Kinder werden nachts erschossen), sie alle („denn viele sind wir") versuchen, die Kinder auf ihre Art zu „bändigen", worauf diese schließlich in die Berge zu den Gräbern fliehen. Und auch der Vatikan zählt zum „Dorf", insofern auch er die Theologie der Befreiung kritisiert und lähmt. Eine vertiefende Auseinandersetzung mit ihr bietet sich folglich an, nachdem die Schüler die Bezüge vom Film zur Reihe über Mk 5, 1–20 hergestellt und somit ihren Leistungsstand belegt haben. Die Kontaktadresse zu Film und weiteren Materialien lautet: Brasilieninitiative AVICRES e.V. – Gemeinschaft für Leben in Wachstum und Solidarität. Karin und Karl Heinz Herting, Mallinckrodtstr. 10, 33378 Rheda-Wiedenbrück; Tel.: 05242-54372; www.avicres.de; mail@avicres.de

Wilhelm Willms: wussten sie schon ...

wussten sie schon
dass die nähe eines menschen
gesund machen
krank machen
tot und lebendig machen kann
wussten sie schon
dass die nähe eines menschen
gut machen
böse machen
traurig und froh machen kann
wussten sie schon
dass das wegbleiben eines menschen
sterben lassen kann
dass das kommen eines menschen
wieder leben lässt
wussten sie schon
dass die stimme eines menschen
einen anderen menschen
wieder aufhorchen lässt
der für alles taub war
wussten sie schon
dass das wort
oder das tun eines menschen
wieder sehend machen kann
einen
der für alles blind war
der nichts mehr sah
der keinen sinn mehr sah in dieser welt
und in seinem leben
wussten sie schon
dass das zeithaben für einen menschen
mehr ist als geld
mehr als medikamente
unter umständen mehr
als eine geniale operation
wussten sie schon
dass das anhören eines menschen
wunder wirkt
dass das wohlwollen zinsen trägt
dass ein vorschuss an vertrauen
hundertfach auf uns zurückkommt
wussten sie schon
dass tun mehr ist als reden
wussten sie das alles schon
wussten sie auch schon
dass der weg vom wissen über das reden
zum tun
interplanetarisch weit ist

Wilhelm Willms, wussten sie schon. Aus: Ders., der geerdete himmel,

1. *Machen Sie sich mithilfe des Gedichtes bewusst, inwiefern die Nähe eines Menschen Auswirkungen auf unsere Gesundheit haben kann.*
2. *Weisen Sie anhand Ihrer Kenntnisse zu Mk 5, 1–20 nach, dass die im Gedicht aufgestellten Thesen für die Begegnung Jesu mit dem Besessenen zutreffend sind.*

Notizen

Reinhard Mey: Selig sind die Verrückten

Immer montags nach Einbruch der Dämmerung
seh' ich den kleinen, grauen Pfarrer mit dem Fahrrad fahr'n.
Zwei Plastiktüten mit leeren Weinflaschen voll
am Lenker schlenkernd zum Glascontainer karr'n.
Und da nimmt er die Flaschen, doch er wirft sie nicht rein,
er legt sie einzeln, behutsam und liebevoll hinein.
Denn am Montag ist der Glascontainer immer fast voll,
dann geht das lautlos und keiner hört, was er nicht soll.
Und er faltet die Tüten in der Dunkelheit,
und dann schaukelt er zurück in seine Grabeseinsamkeit.

Selig, die Abgebrochenen,
die Verwirrten, die in sich Verkrochenen.
Die Ausgegrenzten, die Gebückten,
die an die Wand Gedrückten.
Selig sind die Verrückten!

Da ist Kurti und Kurti ist ein Fan von James Dean,
der sammelt alles über ihn und fragt mich dann und wann,
weil ich doch auch ab und zu beim Fernsehen bin,
ob ich ihm nicht ein Autogramm von ihm mitbringen kann.
Ich hab' ihm schon mal eins von Harald Juhnke mitgebracht.
Ich glaub', das hat ihn wirklich glücklich gemacht.
In dem Album, das er mit sich rumträgt, klebt es nun
bei „Giganten" und „Denn sie wissen nicht, was sie tun".
Hin und wieder an der Haltestelle seh' ich ihn,
und dann winkt er mir zu und er unterhält sich weiter … – mit James Dean!

Selig, die Abgebrochenen,
die Verwirrten, die in sich Verkrochenen.
Die Ausgegrenzten, die Gebückten,
die an die Wand Gedrückten.
Selig sind die Verrückten!

Das Jüngste war ein halbes Jahr, als er abgehau'n ist,
und sie weiß nicht, wie sie mit den dreien durchkommen soll.
Keinen Job außer Haus ohne Kindergartenplatz.
Ein Nachbar hilft mal mit 'nem Schein und ist verständnisvoll.
Und er redet mit ihr und bleibt auch mal über Nacht.
Und irgendwann hat sie's auch mal für Geld gemacht.
Den Widerwillen überwunden und den Frust verdrängt,
ein rotes Neonherz ins Wohnsilofenster gehängt.
Wenn die Kinder endlich schlafen, dann leuchtet es weit
in die Betonwüste und sagt, hier gibt es Liebe in dieser Eisenzeit!

Selig, die Abgebrochenen,
die Verwirrten, die in sich Verkrochenen.
Die Ausgegrenzten, die Gebückten,
die an die Wand Gedrückten.
Selig sind die Verrückten!

Die Alte tanzt mit ihrem steinalten, unförmigen Hund
vor der Pommes-Bude rum und spricht dich zahnlos an,
ob du ihr vielleicht eine oder auch fünf Mark geben kannst,
nein, nicht für sie – damit sie ihrem Hund 'ne Wurst kaufen kann.

Der räud'ge Köter ist ihr Freund und ihr ganzes Kapital.
Für'n Menschen gibt keiner was, für den Hund schon manchmal.
Der sieht dann zu, wie sie sich seine Gage einverleibt
und kriegt, was auf dem Pappteller noch übrig bleibt.
Und macht Männchen für den allerletzten Tropfen Bier.
Und sie weiß, was sie an ihm hat und er an ihr.

Selig, die Abgebrochenen,
die Verwirrten, die in sich Verkrochenen.
Die Ausgegrenzten, die Gebückten,
die an die Wand Gedrückten.
Selig sind die Verrückten!

Sven hat sich aus der fahrenden U-Bahn gehängt
zwischen Bahnhof „Gleisdreieck" und „Hallesches Tor",
ein bisschen mutiger als die andern, bisschen weiter noch,
und da stand so'n blöder Mast ein bisschen weiter vor.
Svens Mutter arbeitet alleine und macht Doppelschicht,
Sven ist schmächtig und blass und hat ein Pickelgesicht,
Sven hat keine Baseball-Mütze und kein Mountainbike,
auf Svens Kleidung steht nicht „Diesel", „Levis" und „Nike".
Und jetzt hat der Unfall ihm das bisschen Zukunft vergeigt,
aber einmal im Leben, einmal hat er's allen gezeigt!

Selig, die Abgebrochenen,
die Verwirrten, die in sich Verkrochenen.
Die Ausgegrenzten, die Gebückten,
die an die Wand Gedrückten.
Selig sind die Verrückten!

Aus: Taschenbuch „Alle Lieder" Maikäfer Musik Verlagsgesellschaft mbH, Berlin

1. *Begründen Sie unter Berücksichtigung Ihrer Kenntnisse über Mk 5, 1–20, warum die hier vorgestellten Figuren (bis auf Kurti) moderne „Besessene" sind, deren Schicksale sich grundsätzlich mit der Ausgangslage des Besessenen in den Bergen von Gerasa vergleichen lassen. Warum hinkt der Vergleich zwischen Kurti und dem Mann aus Gerasa?*
2. *Ergründen Sie, warum bzw. wann sie eigentlich „selig" zu nennen sind bzw. wären.*

Notizen